U0019445

經濟學
A——Z
速查指南

《經濟學人》教你
當代最重要的
700個經濟學關鍵字

Economics
An A-Z Guide

馬修・畢夏普
Matthew Bishop

吳書榆——譯

CONTENTS

INTRODUCTUON
為什麼經濟學在我們生活中
越來越重要？

　　以經濟學而言，目前大概是最令人亢奮的時間點。雖然多數的經濟學家讓人避之唯恐不及，尤其是某些經濟學家，因為他們提出的想法促成了 2008 年的金融崩盤和之後的大衰退，但人們還是經常求教經濟學家，請他們提出見解和答案，詳細解釋影響生活各個面向的重大議題，包括地球如何永續存在。

　　時代快速變動，經常有人質疑人類社會將何去何從，如果你想知道究竟發生了什麼事，以及該如何因應，對經濟學有一定程度的理解是必要的。這本秉持《經濟學人》（The Economist）雜誌精神寫成的書，目的就是協助非經濟專業出身的人更快速地理解經濟學。

　　我們就從最基本的問題出發：何謂經濟學？

　　「經濟學就是經濟學家做的事。」雅各布・瓦伊納（Jacob

Viner）如是說。他是 21 世紀一流的經濟學家，但他的答案並沒有太大幫助。美國前總統雷根（Ronald Regan）則說，經濟學家是一群超脫俗世的人，「他們看到實務上有些做法有用，然後就在想，理論是不是同樣也有用。」

比較有用的定義是《蘋果橘子經濟學》（Freakonomics）兩位作者從根本上提出的講法，他們說經濟學是在「研究誘因——人們如何得到他們想要的或需要的，尤其是在別人也想要或需要同樣的東西時。」

人常常會爭奪相同的東西，這一點或許點出了經濟學的最佳定義：經濟學是研究社會如何運用稀少性資源。或者，用比較掉書袋的方式來說，經濟學是一門「選擇的科學」。

不管是土地、勞力、原物料、資本、創業精神，還是時間，如果沒有「稀少」的問題，就不需要選擇如何運用這些資源創造最大效果，經濟學也就無用武之地了。在最好的情況下，經濟學可以在個人面和集體面上幫助人們做出適當的選擇，並告訴人們在達成目標的過程中，最有效率地運用稀有資源的方法是什麼。

目前，經濟學有三個面向最讓人熱血沸騰，每一項都亟需這一行裡最聰明的人注入新的想法。

首先是總體經濟，這門學問談的，是如何用最好的方法管

理整個經濟體。儘管在事情發生之前，已經有人對金融崩盤和大衰退提出警告，但其力道之猛、幅度之深，還是讓多數主流經濟學家大感意外。多數國家的經濟復甦腳步也慢到出乎意料，讓預測會出現典型相對快速經濟反彈的傳統經濟學跌破眼鏡。

其次，個體經濟學發動了一場革命，傳統經濟學結合更符合實際的人類行為模式，經濟學家將焦點轉向如何改善人們的日常生活方式，包括創新的商業模式（如 Uber 和 Airbnb 開發的手機應用程式），以及運用所謂的「推力」鼓勵人們，導引他們以自身（以及社會）的最大利益行事（若缺乏誘因，他們可能會做出次佳選擇），增進政府的效能。

第三，大衰退的嚴重性，以及氣候變遷與日俱增的威脅等等，激盪出迫切的辯證，討論經濟與社會之間、組織與個人目標之間的關係。一味地追求經濟成長，人們將背負超出能力範圍的債務，因此在經濟走下坡時變得極為脆弱，從而做出種種威脅環境永續生存的行為，難道我們不應該以更好的目標導引經濟走向，比方說「社會進步指數」或不丹模式的「國民幸福毛額」？

金融崩盤之後的總體經濟學

打從主張自由市場的自由放任經濟學，結合米爾頓‧傅利曼（Milton Fredman）的重貨幣論出頭，取代 1970 年末期、1980 年代初期大政府、自由支出的正統凱因斯學派以來，今天，關於總體經濟學的辯證比任何時候都沸沸揚揚。

2008 年金融崩盤與隨之而來的大衰退，摧毀了以下這種主張的可信度：世界經濟已經進入「大緩和」階段，通貨膨脹與失業率恆低。這場戰役持續延燒，需要發展出總體經濟政策的新範式。這股需求很緊急，尤其是，政治人物絕少觸及經濟稀少性的現實，他們大力鼓吹民粹主義，吸引想要因應現在的經濟問題、但又不想做出艱難選擇的選民，讓情況更是火上加油。

2008 年金融崩盤，引發大衰退，凸顯了過去傳統總體經濟思維的嚴重錯誤。各國的中央銀行與財政部等總體經濟決策重鎮匯聚了滿室的經濟學家，但這些人大部分都未偵測出金融體系即將毀壞，低估了損害的程度。受創的不只是金融業，更波及經濟體的其他面向。（民間的經濟學家表現也好不到哪去，只有末日博士諾瑞爾‧羅比尼〔Nouriel Roubini〕預測總體經濟將出現末日。）提出大緩和概念的，正是這些人。他們也確信，由於採用了以尖端金融經濟理論為基礎的風險管理系統，金融體系有能力控管更高的債務。

投資銀行雷曼兄弟（Lehman Brothers）倒台後，接著而來的是前所未見的金融崩盤，並出現 1930 年代大蕭條以來最嚴重的全球經濟衰退。主流經濟學家至少有一點值得喝采，因為他們協助政府從大蕭條中學到最重要的一課：政府需要趕快撐起金融體系，提供某種財政刺激方案，以避免出現大蕭條 2.0 版。

即便如此，對於是什麼理由引發危機，以及應該用哪些適當的政策因應，經濟學家們莫衷一是，到目前為止仍是如此。（雖然這麼說，但經濟學家們何時達成共識過了？愛爾蘭劇作家蕭伯納〔George Bernard Shaw〕開過一個有名的玩笑，他是這麼說的：「光是叫所有經濟學家躺下來頭腳相接，他們也得不出結論要朝哪個方向。」）

有些經濟學家主張，崩盤過後，最佳的總體經濟政策是樽節政府的支出與借貸，至少在公部門債務占國內生產毛額比例高的國家是如此。隨著名目利率逼近零，有些國家的央行藉由購買銀行的債務，試圖強化銀行體系，改善經濟體制，這樣的政策稱為「量化寬鬆」。此舉雖然看來有正面效果，至少短期先在美國收效，繼而在歐元區發酵，但是長期可能造成哪些後果，仍是經濟學家之間激烈爭辯的主題。

讓很多人訝異的是，催生出大衰退的環境，是一個將通貨膨脹視為最大經濟威脅的世界，但大衰退卻導引出新的焦點，讓世人關注起價格下跌造成的重大危險，會不會演變成通貨緊

縮，以及如何防範這件事發生。

由於金融崩盤與大衰退，使得某些既有的全球總體經濟斷層面更加惡化。歐盟努力建置新的單一貨幣——歐元，但就多數會員國而言，即便在金融崩壞之前，還未遭遇主權債務危機毀壞金融體系，經濟也還在成長之時，這件事就已經很吃力。

以美國來說，在血腥的南北戰爭之後，美元成美國的單一貨幣；但是在歐洲，推出歐元時，歐盟尚未針對如何處理歐洲貨幣聯盟造成的某些棘手政經問題達成協議，包括如何支援在歐元單一匯率下失去競爭力的國家。德國在改用歐元之後，受惠於較低的匯率，國家經濟優於使用德國馬克時。但希臘經濟在新制下競爭力更弱，不比使用希臘貨幣德拉克馬時。在金融與經濟危機當中還要試著解決這些問題，有時候看來是把歐元帶向解體邊緣，像德國人和希臘人就特別水火不容。要設計出一套能帶動歐盟繼續向前邁進的總體經濟政策，是一項現實又迫切的挑戰。

在中國和其他新興國家，眼見它們亟欲效法的富裕國家危機一發不可收拾，如何發展本國經濟，也引發新的辯論。它們再度提問，究竟該讓資本主義、自由市場，以及國家等等扮演何種角色。它們另闢不同於西方已開發國家模式的蹊徑，在崩盤之後大力奉行，是自蘇聯解體以來最認真的時候。但是，富裕經濟體走下坡，對於新興市場也造成了負面影響。仰賴銷售大宗商品的國家，比方說巴西，必須因應需求大幅下滑。至於

中國等靠著出口商品到富裕國家的經濟體，則必須重新調整經濟的重點，轉向服務內部的消費者需求，但現在證明，這比在海外市場開疆拓土更困難。同樣的，假設新興市場不會跟著淪陷，那麼，它們如何設法再度興起？當中仍有許多無解的經濟問題待處理。

千年以來，經濟強權的起落一向是引發嚴重經濟與地理政治壓力的源頭，後果通常包括了國際衝突，以及戰爭。當中國興起，美國歷經相對的衰退之時，究竟會引發多大的地理政治風險，經濟學家還沒有定論。

即便在大衰退之前，中國等經濟體日趨壯大的影響力也已引發種種問題，例如，布列敦森林（Bretton Woods）制度下的各機構是否合宜？這些機構包括國際貨幣基金與世界銀行，設立於二次大戰之後，用意在於管控全球經濟。金融崩盤之後，國際貨幣基金在終結危機上扮演重要角色，完全說明了為什麼需要這類機構。但是，把全球經濟交給這些機構（它們仍受制於美國、法國等國家）監督，越來越顯得無力。控管全球經濟的制度需要全面性的改造，讓新的經濟強權，如中國、印度等能夠適度發聲（隨著這些國家不斷成長，在全球經濟中的占比還會不斷升高），但這股需求到目前仍未獲得滿足。

迫切性最高的幾件要項如下：我們需要新的系統以管理匯兌，因為美元身為全球準備貨幣的地位受到人民幣的威脅，或許歐元也造成了影響。

氣候變遷引發的破壞性威脅，更加深我們需要更好的辦法來管理全球經濟的必要性。要將全世界的碳排放成長量限制在可永續發展的水準，必定得結合已開發和開發中國家的力量。如何跨越國界，在國際間醞釀出這股協作的力量，仍是有待討論的問題。

　　技術的快步變遷，也使得經濟學家質疑起傳統的總體經濟學概念。以人工智慧為基礎的機器學習興起，以及精密機器人、自動駕駛汽車等的發展，是否會取代現在的許多工作？這些趨勢會不會以前所未見的速度推進，快到我們根本來不及創造出新職務來取代舊工作？如果是這樣，多數人能做些什麼？又要如何才能賺到足夠的錢以維持生計？先進經濟體已經歷連續幾波的技術性工作消失潮，從勞力密集的農業轉入大量製造，再轉入服務業，每一次的轉變，都比之前創造出更好、數量也更多的工作。但是，一些最受敬重的經濟學家擔心，這一次情況不同了。

　　以總體經濟學來說，有一個面向看來已經凝聚共識：總體經濟學模型需要升級，以精準反映經濟體各個部分如何運作，尤其是在經濟條件惡化之際。這包括要了解銀行、企業和監督單位的內部流程，以及個人的決策過程。

　　金融崩盤與大衰退透露出幾項訊息，例如，各國的央行不太清楚各家銀行是否會將低利率移轉到企業與消費者身上，以及會移轉到何種程度，它們並未預測出許多銀行根本沒有調降

給客戶的利率，反而是利用更便宜的資金來強化自家的資產負債表。

決策者沒想到的則是，在經濟嚴重下滑之際，消費者比較傾向於將減稅而多得的可支配資金存下來，而不是如決策者的盤算，把錢花掉，刺激經濟。

這些聚焦在特定面向，而非整體經濟的主題，是個體經濟學的範疇。要解決現今最重大的總體經濟問題，有一部分必須從個體經濟學的洞見當中去找。個體經濟學也同樣在變遷。

新個體經濟學誕生

在總體經濟學一團混亂、亟需新思維之際，個體經濟學則發生了兩場智性上的革命，帶動了復興，讓人感到熱血沸騰。

第一場革命是最近一波科技創新的結果，尤其是資訊科技。這場革命創造出更多的數據供經濟學家分析，也催生出創新的商業模式，以新的方法運用人們早已熟知的經濟原理，大大衝擊工作面和消費面。

第二場革命，則是「行為經濟學」蔚為流行。這門學科運用心理學以更深入了解人類的經濟決策，得出某些與傳統經濟

學模型大不相同的結果。

智慧型手機在全球快速普及，也對經濟造成重大影響。如 Uber 與 Airbnb 等企業開發應用程式，讓供給與需求這兩股基本經濟動力互動起來比過去更有效率，影響範圍廣及各大產業（汽車服務與旅館住宿是其中兩種成長最快速的產業）。這改變了各種經濟活動的走向，轉入即時的隨選模式，有時也稱作「共享經濟」。共享經濟能提高實體資產（例如車子和房子）的利用率，大幅降低某些服務的成本，此外，還大量增加自由業性質的職務，可能永遠改變許多工作的本質（至少在機器人與人工智慧完全取代人力之前）。

「應用程式經濟學」已經萌芽，雖然我們大可安心地說這要對經濟的運作產生重大的衝擊還有待時間發酵，但其中一種可能性讓研究開發中國家的經濟學家十分興奮，那就是：智慧型手機在世界上某些最貧困的角落逐漸普及，是否會讓他們比過去更快脫離貧窮？（持平而論，優質的經濟政策已大幅減少全世界生活在極貧困條件下的人口比例，從 1990 年時的 36%，到了 2015 年已經不到 10%。）從銀行業務到福利津貼支付、從教育到醫療保健，在先進經濟體當中，政府和其他各種服務可以透過應用程式提供，效率會高於傳統方式，若是如此，開發中國家將能三級跳超越已開發國家，至少在某些層面上辦得到。

數位革命在經濟上造成的結果，在其他面向上也逐漸明

朗。3D 列印等創新對於商業模式和消費型態將造成哪些影響（或許是在家裡就能列印出更多產品）？新型態的數位貨幣，比方說比特幣，以及背後的區塊鏈技術，會不會讓經濟體中的金融與中介機構改頭換面？當然，數位經濟產生的大量數據，也就是所謂的「大數據」，將替經濟學家帶來前所未見的機會，讓他們能設計並驗證和經濟行為每一個面向相關的新理論。透過數據，已經讓很多的創新冒出頭，包括利用個人在 Facebook 的朋友資訊來判斷一個人償還貸款的機率。

從數據中得到的資訊，強化了個體經濟學中的第二股潮流：將更實際的人類行為納入經濟模型當中。經濟學家通常把智人的思考過程描述成《星際爭霸戰》（Star Trek）裡半個瓦肯、半個人類的史巴克：完全理性，將重點放在為定義明確的目標，而且顯然不會受到情緒或非理性的不穩定影響。然而，我們比較習慣的情境，卻是在充滿著不確定與經常犯錯的情況下設法應付過去。當然，人類行為中有一大部分符合經濟學家鍾愛的理性，但也有很多並非如此。

經濟學家正在覺醒，開始面對前述事實。改變的風潮，將這些人性面吹回了孕育經濟學理論的象牙塔。有一批經濟學家善用實驗心理學家找到的眾多行為特質，正面迎擊人類（包括個人與整體）大致上會理性行事的概念。舉例來說，各種泡沫和危機看來是人們受到群眾心理左右的結果，而非謹慎、理性的決策。另一門運用神經科學的更新興經濟學，讓行為經濟學更是如虎添翼，那就是「神經經濟學」。神經經濟學運用腦部

掃描的實驗，進一步探問經濟學設定「理性經濟人」的傳統是否有用。

隨著新的行為學派進入主流，關於政府要如何和公民互動，也激發出一些以經濟學為基礎的新變革。哪些屬於政府的領域、哪些又該歸為個人在市場中的選擇，經濟學家過去的態度是要在兩者之間畫出一條楚河漢界。幾十年來，經濟學家不斷爭辯這條線到底該畫在哪裡，有時候是主張大政府的一群占優勢，有時候則是力倡小政府、支持市場經濟的一方帶頭向前衝。行為經濟學則開出了第三條路，過去這稱為「自由父權主義」，因為當中結合了自由市場與父權主義。

在某些國家，包括美國和英國，政府以所謂的「推力」做實驗，鼓勵人民改變行為，轉向國家、社會樂見的結果。簡單的做法如用不同的方式撰寫公文，以改變讀者的回應，這可以廣泛用來達成各種目標，比方說，讓民眾付清欠稅、減少用電量、促成健康飲食等等。經濟學家也開始發展出能自動達成樂見結果的智慧型契約，例如事先承諾當所得提高時要多存點錢。行為經濟學家指出，如果放任人民自由選擇，將無法達成目標。這些新方法帶來的成果能否持續下去，仍有待觀察，但早期的成效已經很不錯，未來幾年應該還會出現更多的推力。

經濟學的未來使命

湯瑪斯‧卡萊爾（Thomas Carlyle）是維多利亞時代的蘇格蘭作家，他對經濟學的描述後來成了一句名言，他說這是一門「憂鬱的科學」，特別指經濟學把一切簡化成商店櫃檯的買賣法則。他繼續問道：「除了可以寫進現金分類帳裡的東西之外，難道人性裡沒有任何其他價值？」

學院派的經濟學，普遍都是以只想追求最高貨幣所得與財富的「理性經濟人」為模型，剛好契合卡萊爾的悲觀言語。國家經濟活動的主要目標應為追求最高國內生產毛額、國民所得，這項由政治人物大力傳揚、經濟學家奮力鼓動的主張，也有同樣的效果。

現在，經濟學家開始嚴正面對一件事，那就是人的生活（甚至工作）目標有可能遠遠超越追求最高所得。至少，大眾普遍都同意，當傳統經濟學家說經濟人是追求自身最高效用的理性人時，並不一定把效用和金錢畫上等號，舉例來說，會因為助人而得到滿足的經濟人，會盡可能為善，理性地追求自身的最高效用。也因此，當今的經濟學家安心地探索各種議題，例如愛、爭權、宗教信仰與慈善。

對於職場上和職場外的人來說，什麼才是真正重要的事，行為經濟學和神經經濟學有更多的想法，這很可能導引出新的

模型，告訴我們怎麼做才是激勵人的最好方法，並認可目標更廣泛的新商業模式，例如最近發展出來的「Ｂ型企業」，就在企業的 DNA 裡套入了一項事實：企業可以訂下社會與環保的目標，就像它們渴望賺錢一樣。

從總體經濟面來說，有更多人開始探討如何使用其他指標來反映更廣義的目標，不再僅是追求最高所得和國內生產毛額。先有「人類發展指數」，後來又加上「社會進步指數」，接下來是將不丹國王倡導的「國民幸福毛額指標」套用到其他國家。長期下來，這些指標可以奠下基礎，讓我們更周延地了解一個國家如果國內生產毛額提高了，廣義來說是否真的能讓這個國家變得更好。

經濟學家很可能扮演要角，努力改善各種非經濟性進步指標的品質，例如環境的永續性、天然資本估值與社會影響力。

另一個重要的相關研究與辯證主題，是所得與財富不均日漸擴大的性質與理由，還有可能的解決方案是什麼。湯瑪斯·皮凱提（Thomas Piketty）的《21 世紀資本論》（*Capital in the Twenty-First Century*）意外暢銷，這本書衝擊了各種經濟與政治的辯證，書中強調前 1% 最富有的人與其他人的財富落差不斷擴大，未來幾年將持續有感。當然，對經濟學家來說這不是新主題，19 世紀卡爾·馬克思（Karl Marx）寫出來的作品，至今仍有影響力。也有經濟學家持續主張，把焦點放在所得與財富的不平等上是錯誤的，他們說，更好的政策是確保

機會的平等，而不是結果的平等。

在二次大戰後的幾十年裡，機會的平等與結果的平等看來是同向移動，至少當經濟體在金錢上成長時是如此，但這樣的日子遠去了。如今，整個局面變得更微妙，開發中世界裡千百萬人民找到方法脫貧，但許多先進經濟體的一般家庭實質所得卻停滯不動，甚至下降。同時，多數國家金字塔最頂端的人們擁有的所得和財富，成長速度遠快過其他人。這當中有很多讓經濟學家情緒激動的問題。

英國經濟學家約翰・梅納德・凱因斯（John Maynard Keynes）曾經期待能看到一個時代，那個時候，經濟學家會是和牙醫師一樣謙遜而稱職的技術專家。或許，某一天經濟問題真的會變得百般無聊，但絕非現在。對經濟學家而言，未來幾年將會精采得不得了。

關於本書

本書的目的，是闡述經濟學和最重要的經濟學觀念，並揭開關鍵經濟學術語和概念的神祕面紗。本書意在做到實用，不打算針對經濟學理論提供全面性的概覽。書中重點放在影響工作、價格和貿易的經濟學上，不管是在董事會上或酒吧裡，不管是政治人物還是名嘴，這些問題都會讓大家爭得面紅耳赤。

簡而言之，本書著重的是觸及與影響日常生活的經濟學。

　　接下來的內容，會按照英文字母順序來解釋相關術語、專有名詞和概念，也有一些一流經濟思想家的簡短生平介紹。需要對照參考不同條目時，會特別以粗體字標出詞彙。基於本書的性質，無可避免的，書中很多條目借用了許多人的心血，特此感謝，包括許多在《經濟學人》雜誌上發表過的文章，以及之前的經濟學導讀。我要感謝所有同事與同路人，他們對本書貢獻良多，在此特別感謝奧斯卡・曼德茲（Oscar Mendez），謝謝他寶貴的研究，為新版提供了強力支持。

I A

absolute advantage │ 絕對利益

　　這是衡量經濟表現最簡單的指標。不管是一個人、一家企業或一個國家，若投入同樣的心力和資源，能生產更多的成果，那麼，相對於其他生產者，他們便具備絕對利益。但這並不表示生產這項產品就是運用手中稀少性資源的最好方法，到底要專精在哪一方面，以及如何從國際貿易當中獲得最大的好處，最好的判定準則是根據**比較利益**。長期而言，不管是絕對利益或比較利益，都可能會出現大幅變化。

adaptive expectations │ 適應性預期

　　這套理論說的是人們如何形成自己對未來的觀點，假設人們在看待未來時會運用過去的**趨勢**，並修正自己過去預測中的誤差（參見「rational expectation │ 理性預期」）。

advance market commitment (AMC) | 先進市場推動疫苗計畫

2007 年 2 月，英國、加拿大、義大利、挪威、俄羅斯的政府與慈善機構比爾蓋茲基金會組成**公私合營夥伴關係**，推出一種新型態的創新誘因，他們承諾投入 15 億美元購買肺炎疫苗，預計在 2030 年前拯救五百四十萬名孩童的性命。發想出這個概念，是因為確定肺炎疫苗有需求，可以大大提高疫苗研發出來的機會，不論是由一家廠商還是多家廠商從事研發。先進市場推動疫苗計畫是政府支持、具有法律拘束力的契約，如果沒有這項計畫的助力，藥廠會認為，投入足量的費用開發疫苗，風險過高。

adverse selection | 反向選擇

和其他人從事業務往來時，避開這一點比較好。和保險有關的**市場失靈**主要有兩種，這是其中之一，另一種是**道德危險**。當保險的賣方與買方之間存在資訊不對稱時，反向選擇可能會變成一大問題。當買方的資訊充分，比賣方更清楚自身索賠風險多高時，尤其如此。在理想條件下，保費應該根據被保險人口（比方說，55 歲吸菸男性）隨機中選者的風險設定，實務上，這是這個群體的平均風險。

出現反向選擇問題時，知道自身索賠風險高於群體平均值的人會購買保險；而風險低於平均值的人，會判定保險太貴、不值得購買。購買保險的人當中，風險高於平均值的人多，低

於平均值的人少，在這種情形下，根據平均風險訂出的保費，最終將不足以支應索賠。

提高保費無助於解決這個問題，因為提高保費，對於多數知道自身索賠風險較低的人而言，保險將變得毫無吸引力。要減少反向選擇，方法之一是強制規定買保險，就算某些人認定根據平均風險制訂保費的保險不具吸引力，也不得不買。

advertising ｜廣告

許多企業會替自家產品或服務做廣告，這是在浪費經濟資源嗎？有些經濟學家認為，廣告的功用僅在於操縱消費者的品味，創造出原本不存在的欲望。廣告可以擴大產品差異性，鼓動品牌忠誠度，從而降低消費者的價格敏感度，促使市場從**完全競爭**邁向**不完全競爭**，增進企業的定價能力，開出高於**邊際**成本的價格。花大錢做廣告也可以築起**進入障礙**，因為其他企業若想進入市場，也必須跟著花大筆的廣告費用。

但也有經濟學家主張，廣告還具有經濟上的價值，因為廣告會增進經濟體中的資訊流動，減少賣方和消費者之間的資訊不對稱。這導致競爭加劇，因為當有人提出更好的交易條件時，消費者很快就會知道。

agency cost ｜代理成本

當某個人（委託人）聘用另一個人（代理人）執行任務，而代理人的利益和委託人的利益互相衝突時，就會引發代理成

本。這類委託人和代理人的問題,有一個典型範例,就是持有公開上市公司股票的股東與負責經營的經理人之間的關係。所有權人希望經理人在經營企業時要努力讓他們手中股票的價值達到最高,但經理人的優先考量可能不同,比方說,他們想的可能是透過快速擴張和併購,開創事業版圖,但這些行動可能無法拉高公司的股票價格。

要降低代理成本,方法之一是由委託人監督代理人的所作所為,確認代理人履行他們受聘應負擔的責任。但這麼做成本很高,而且也不可能以達成有效監督為理由,規定代理人的工作內容。當經理人透過收購擴張公司規模,結果導致股價下跌,很難判定他是為了實踐自己打造事業版圖的夢想,還是為了追求最高的**股東價值**,只是運氣不好,結果並未如願。

另一種降低代理成本的方法,是讓代理人的利益和委託人的利益更一致,特別是當監督成本太昂貴、太困難時。舉例來說,1990 年代早期,為了降低公開上市公司因區分所有權和管理權而導致的代理成本,有一種做法日漸普遍,那就是經理人的部分薪酬是公司的股票與股票選擇權。希望藉此能給經理人強大的誘因,根據所有權人的利益行事,追求最高的股東價值。但即便這麼做,結果也並不完美,除非制定周延的規範,限定何時才能發給或出售股票或選擇權,否則的話,這種做法不僅無法消除原本的代理成本,還會引發新的成本,坐擁大量股票選擇權的經理人甚至涉入會計詐欺,以提高自己手上的選擇權價值,直到他們能變現為止,而不顧公司以及其他股東的利益。

經濟學家大致上同意代理成本在 2008 年的金融崩盤中扮

演重要角色，因為金融產業大部分是立基於管理他人的資金，但相關從業人員並未以客戶的長期最佳利益為優先。

agricultural policy ｜農業政策

許多國家會利用貿易障礙與補貼來支持農民，理由包括：

▌就算和全世界相比之下效率不彰，各國的國內農業是一種保險，以防萬一難以從國外購買農產品（比方說戰爭時期）
▌農民團體精於遊說
▌政治人物想減緩農村人口減少的速度
▌農產品價格會因為天候難以預測等因素而劇烈波動
▌財務上的支援可以在市況意外惡劣時提供安全網
▌為遏阻氣候變遷，生質燃料可能成為化石燃料的有利替代品

大致上，政府會嘗試用兩種方法來補貼農業。1930 年代的美國，以及加入歐盟之前的英國用的是第一種：如果農民的所得低於可接受的水準以下，就提高其所得，但農民可能必須釋出一些土地才能獲得資助。

第二種是保證收購價格，如果農產品的價格低於保證價格之下，就用最低保證價格買下多餘的供給，充作庫存或銷毀。歐盟在制定共同農業政策時用的便是這種方法。為了壓低補貼的直接成本，歐盟設置了各種貿易障礙，包括課徵進口稅，盡

量減輕歐盟農民面對其他廉價市場農產品的競爭。更近期,美國支持農業的政策則結合了提高所得與最低保證收購價格。

　　隨著多數政府大力承諾強化國際貿易,這類農業政策備受攻擊,然而,自由貿易通常雷聲大雨點小,口號多於真正的改革。2012 年,全球前二十一個糧食生產國總計花了 4,860 億美元補助農民,幾乎比 2006 年高了兩倍。就目前來說,為了促成全球自由貿易而努力磋商的人士所遭遇的最大挑戰,仍是如何找到方法終結農業補助。

　　2001 年以來,有幾段時期食物價格飛漲,尤其嚴重打擊開發中國家的貧窮消費者,在這些地方,和糧食有關的暴動次數不斷增加。雖然糧食價格上漲肇因於短期的金融投機操作,但有兩股長期趨勢也有推波助瀾之效,帶動這股「農業通膨」:一是開發中國家日漸繁榮,導致肉類的需求大增(與食用穀類相較,食用肉類需要消耗更多穀類來養殖動物);其二是農民將土地的用途從生產糧食轉為生產生質燃料。這也形成一股新的動力,為了提高農業生產力,或許會帶動新的「綠色革命」。過去也曾有過類似的行動,在 20 世紀後半葉估計拯救了幾十億條人命(主要在亞洲)。

agriculture ｜ 農業

　　全球農業生產力持續提高,然而,農業在就業與國民所得中的占比卻越來越低。在某些貧窮國家,農業仍是該國與人民賴以維生的產業。1913 年,農業、林業和漁業在美國就業人口中約占 28%、法國的占比為 41%、日本的占比為 60%,英

國僅占 12%。如今，在前述以及其他多數工業化國家，這類經濟活動的就業勞動人口占比已經降至約 5%，甚至更低。

農業的國際貿易總價值穩定成長，但全球農業市場仍因貿易障礙和政府補貼而嚴重扭曲，例如歐盟的共同農業政策。近年來，生質燃料的用量快速增加（通常得到政府補助），進一步扭曲農業市場，導致糧食價格大幅上揚。

aid ｜ 援助

參見「international aid ｜ 國際援助」。

altruism ｜ 利他主義

一般來說，利他主義不符經濟理性。經濟理性假設人會自私行事。誠然，多數經濟分析關心個人如何行事，並且假設**經濟人**的行為會以自身利益為依據。但自利並不必然代表自私，**行為經濟學**與**神經經濟學**領域裡的某些模型假設，自利的人也會展現利他行為，因為當他們這麼做時，能從中獲得利益（也稱為**效用**）。比方說，他們可能會因為利他行為而強化自我觀感，或者，讓他們自覺是穩定社會動盪的有效保險。某些經濟模型更進一步放寬傳統的完全理性行為假設，改為即便和自利相衝突，但人有時候仍會展現利他行為。不管是哪一種，現在已經有很多經濟文獻在討論慈善、國際援助、公共支出，以及重分配性質的稅捐。

amortization │ 攤還

　　這是指以分期付款的方式償付貸款。償付房貸的攤還方式是一個範例，慣例是先約定償還期間，期間內每個月支付一筆款項，金額為攤還的貸款本金加上利息。非攤還式的貸款，債務人在貸款期間內僅支付利息，然後到期時一次支付貸款本金。

animal spirit │ 動物本能

　　凱因斯用這個很有意思的說法來指稱造成經濟繁榮的一個重要因素：信心。根據凱因斯的說法，動物本能是一種特別的信心，是「天真的樂觀主義」，特別是對創業者來說，「雖然想到最後的損失會讓先驅者裹足不前，但就像經驗告訴我們與他們的，這種念頭通常會被放在一旁，就像健康的人不會去想人必有一死。」這類動物本能出自何處，還是個謎。確實，政治人物等人士會試著信心喊話，故意放出樂觀言論炒作實際上根本沒這麼好的經濟前景。

antitrust │ 反托拉斯

　　這是政府用來處理壟斷的政策。制訂反托拉斯法律的用意，是要阻止大型企業濫用**市場力量**，有時候也是為了防止企業藉由併購，創造出壟斷者或強化其力量。不同國家的反托拉斯政策大不相同，同一個國家長期下來也會出現差異，反映的

是各種不同的概念，例如哪些要素構成壟斷、哪裡出現壟斷，以及對濫用行為的認定。

在美國，反壟斷政策以 1890 年的〈夏曼反托拉斯法〉（Sherman Antitrust Act of 1890）為基礎，禁止用契約或勾結來限制貿易，以日後的法律來說，就是禁止壟斷商業。20 世紀初，美國便是使用這項法律削減如摩根（J.P. Morgan）、洛克斐勒（John D. Rockefeller）等所謂「強盜大亨」的經濟勢力，這些人透過握有企業投票權股份的大型信託，占據多數的美國工業。杜邦化學公司、各家鐵路公司，以及洛克斐勒的標準石油公司等，都因此遭到分割。1970 年代，〈夏曼反托拉斯法〉轉而把矛頭對準 IBM（最後並未成功），1982 年時則打破 AT&T 的全美電信壟斷地位。

1980 年代則採取**自由放任**的做法，背後的論據是**芝加哥學派**的經濟學理論。這些理論主張，採取反托拉斯干預手段的唯一合理理由，應該是因為缺乏競爭導致損害消費者權益，而不是基於某些企業規模變得太大（以某種錯誤的定義來說）。之前遭到反托拉斯主管機關盯上的某些壟斷性活動，比方說**掠奪性定價**和排他性行銷合約，對於消費者的傷害並不如過去所想的那般嚴重。這些經濟學家也批評，傳統定義壟斷的方法，基本上是看最大型企業的市占率，使用名為**赫芬達爾─赫希曼指數**的指標，他們則有不同的主張，認為即便由單一企業獨霸市場，也不必然會成為反托拉斯顧慮的問題，只要這是一個**可競爭市場**。

1990 年代，美國的反托拉斯政策又變得偏向干預。1998 年，美國政府對微軟提出一場沸沸揚揚的訴訟，這家軟體巨擘

被發現涉入反競爭行為，據稱會拖慢創新的腳步。然而，擔心微軟因此遭到分割、象徵美國反托拉斯政策走向干預性更強的憂慮，最後並未成真，微軟並未遭到重罰。較近期，反托拉斯政策鎖定大型網路公司如 Google 和 Facebook 逐漸壯大的市場力量，歐洲尤其如此。

在英國，反托拉斯政策長期都由決策者根據是否符合公眾利益來判斷，這種做法有時候相對較容許併購，有時候則反。然而，1980 年代中期，英國跟隨美國的腳步，以競爭的變化是否會傷害消費者作為反托拉斯政策的根據。歐盟的幾個大國推動各種意在扶植國家級冠軍企業的政策，允許某些企業在國內享有某種程度的壟斷力量，藉此讓它們在海外更具競爭力。到 1990 年代，歐盟委員會在反托拉斯政策上採取更積極的立場，主要是為了促進歐盟內部的競爭。

2000 年，歐盟在紛紛擾擾之下禁止奇異（GE）與漢威聯合（Honeywell）這兩家美國公司合併（但美國反托拉斯監理單位已核准）；之後，歐盟也對微軟大力開罰。某些經濟學家指出，這反映出歐洲的反托拉斯定義比美國更嚴苛。這些爭議凸顯了一項重要議題：隨著全球化的程度日深，要判斷相關市場中是否存在市場力量，或者是否遭到濫用，有必要涵蓋更廣大的地域，而不只考慮單一經濟體。確實，日後或許會需要建立全球反托拉斯監督機制，可以由**世界貿易組織**主導。

appreciation ｜升值

指資產的價值增加；反之則為「**貶值**」。當一種貨幣相對

於另一種貨幣，價值增加時，前者便升值了。

arbitrage ｜ 套利

在某個市場購買一種資產，同時又以更高的價格售出。有時候，套利的標的是不同市場裡的相同資產，比方說，同時在倫敦證券交易所和紐約證券交易所上市的某家公司股票。通常，套利資產之間的共同點比這複雜多了，比方說，可能是暴露在相同風險之下的不同種類金融證券。根據**效率市場假說**，唯有市場出現無效率時才可能套利——套利是讓市場更有效率的過程。

有些類型的套利完全無風險，也就是所謂的「純套利」。比方說，在倫敦用美元買歐元比在紐約買便宜，那麼，套利者便可以在倫敦買歐元，然後在紐約賣掉等額的歐元，藉此賺得無風險利潤。近年來少有純套利的機會，部分理由是因為金融市場全球化，再加上其他因素，使得**規範套利**（指利用不同國家之間金融規範的差異進行套利）的機會大減。如今，套利多數都是藉由**避險基金**進行，利用性質相似、但不完全相同的資產來套利，這並非純套利，有時候風險極高。

arbitrage pricing theory ｜ 套利定價理論

有兩套深富影響力的理論探討如何制訂金融市場裡的資產價格，這是其中之一，另一套則是**資本資產定價模型**。套利定價理論指出，金融資產的價格反映的是幾個關鍵風險因素，例

如利息的預期利率、資產的價格相對於整體投資組合價格的變動。若某項資產價格偏離理論的價格，投資人的**套利**行為應該能將價格拉回該有的水準。

asset-backed security ｜ 資產抵押證券

參見「securitisation ｜ 證券化」。

assets ｜ 資產

指對持有者來說具備獲利能力或其他價值的東西。

asymmetric information ｜ 資訊不對稱

指一方所知的資訊超過另一方。資訊不對稱會讓雙方難以一起做生意，正因為如此，經濟學家，尤其是**賽局理論**專家，才對這一點深感興趣。

涉及資訊不對稱（或者說私有資訊）的交易無所不在，政府出售廣播執照時，並不知道有哪些買家準備競標；債權人不知道債務人償還的機率有多高；二手車的賣家比潛在買家更了解待售汽車的品質。像這樣的非對稱性會扭曲人們的誘因，導致嚴重的效率不彰，包括常見的詐騙與操縱市場。

asymmetric shock｜不對稱衝擊

指發生意外對某個經濟體（或經濟體的某些部分）造成的衝擊超過其他經濟體。倘若決策者試圖同時針對遭受衝擊影響的地區和不受影響的地區制定**總體經濟政策**，將會引發嚴重問題。比方說，某些經濟區域可能是石油出口區，因此景氣非常仰賴石油的價格，但其他地區則否。倘若油價大跌，拉抬石油需求的政策能嘉惠仰賴石油的地區，但可能並不符合其他地區的需求。2008 年金融崩盤之後幾年，便凸顯出不對稱衝擊為制定歐元利率的主事者帶來大問題，因為歐元區內各個經濟體的差異極大，各自面對不同的潛在衝擊。

auction｜拍賣

出價，繼續出價，成交！當賣方要為自家產品設定價格時，舉辦拍賣可以是極有效率的方法。當賣方資訊不多，不太清楚人們願意支付多少錢時，尤其如此。經濟學家對拍賣非常著迷，特別是**賽局理論**的專家。蘇富比與佳士得等銷售藝術與古董的企業，長久以來便以拍賣為一大特色，然而，拍賣在經濟體中的其他部分扮演的角色也越來越重要，從配置國家掌控的廣播寬頻，到政府和大企業利用競標來發包工作，更近期則有網路拍賣。

「英式拍賣」最為人熟知。出價人競出高價，過程中逐漸退出，直到只剩一位出價者。在「荷式拍賣」中，拍賣官喊出最高價，然後一路往下降，直到買主出現。另外還有各種不同

形式的密封出價拍賣。在「最高價密封拍賣」中，每一位買家將出價放在密封的信封裡，同時開啟所有報價，由出價最高者得。「次高價維克里拍賣」是以獲得諾貝爾獎的經濟學家威廉‧維克里（William Vickrey）命名，出價者將出價放在密封的信封裡，同樣由出價最高的人贏得拍賣，但支付的價格是第二高價，這讓出價者更有誘因出價。

只要有超過一位認真的出價者，不管是英式、荷式，還是維克里拍賣，都可以為賣方發揮效果，透過競爭，確保價格定在只有優勝者認為值得、其他出價者認為不值得的水準。確實，在競爭性的拍賣中，勝出者最後的出價可能超過標的物的實際價值，這稱為「**贏家的詛咒**」。

哪一種拍賣法可以讓賣方拿到最好的價格，取決於有多少出價者參與拍賣，以及他們了解的資訊有多周詳。對賣方來說，遺憾的是，在舉行拍賣之前不見得能知道這些資訊。

austerity ｜ 樽節開支

這是政府用來減少支出的各種方法，試圖縮小不斷擴大的預算赤字。在 2008 年金融崩盤後的大衰退期間，幾個國家的政府大張旗鼓擁抱樽節開支政策，認定必須實施這類政策來降低公共負債，才能穩住金融市場的信心。當時各個金融市場已經十分緊繃，擔心債台高築的政府（例如愛爾蘭和希臘）是否能維持下去。這類政策和**凱因斯學派**經濟學家的建議完全相反，後者力主在嚴重衰退時要實施財政刺激政策。英國採取樽節開支的做法，美國則否，但兩國在大衰退之後都呈現相對穩

健的復甦，因此，對於樽節開支政策是否有意義，以及在哪些條件下有意義，經濟學家仍爭論不休。

Austrian economics ｜奧地利學派經濟學

這是 19 世紀末、20 世紀上半葉時在維也納成形的一派**新古典經濟學**。這一派大力反對**馬克斯**主義，從更廣泛的角度來說，是反對利用經濟學理論為政府找理由，任其在經濟體中採行干預。這一派中出色的人士包括**海耶克**與路德維格‧馮‧米賽斯（Ludwig von Mises）。奧地利學派定義的經濟學是研究人類行為的科學，而人類行為則是稀少性資源的多種用途與最終用途之間的關係。奧地利學派的特色是認為一切經濟性的活動（包括顯然並非自然人的制度）總歸都是出於個人的希望與行動，做法則是以**機會成本**來檢視選擇（也就是以考量中的資源來說，次佳的用途是什麼？），並且分析時間點對於決策的影響。

海耶克正確預測出蘇維埃式中央規畫的失敗。1980 年代雷根主政下的美國和柴契爾（Margaret Thatcher）領導下的英國推動自由市場改革，據說有許多靈感是源自於他的想法。

autarky ｜自給自足

這個概念認為一個國家應該可以滿足自身，無須參與國際貿易。某些國家曾經追尋這個烏托邦式的理念，以內部生產代替進口，但經驗都不太美妙。任何國家都無法以具競爭力的價

格生產全國人民需要的全部產品。確實，與從事國際貿易的國家相較之下，試圖完全自給自足的國家，讓自己落入無效率與相對貧窮的境地。

authoritarian capitalism ｜ 威權資本主義

參見「capitalism ｜ 資本主義」。

average ｜ 平均

算出一個數值，藉此摘要說明一群數字。最常用的平均是**平均數**，這是把所有數值加總起來，除以這一群數字的個數。**中位數**是一群數字按照大小排列後，最中間的數字。**眾數**是一群數字裡出現最多次的數值。

以 1、2、2、9、12、13、17 這組數字為例：

▌ 平均數：56 ÷ 7 = 8
▌ 中位數：9
▌ 眾數：2

I

B

B Corp ｜ B 型企業

　　一家公司獲得 B 型企業認證，意義就相當於咖啡獲得公平貿易認證。任何尋求獲利的企業，有明確的環保或社會使命以改變世界現狀，就可以獲得 B 型企業認證。一般的認知是，如果追求最大利潤會阻礙完成使命，B 型企業就不會去做。要成為 B 型企業，必須通過一套認證流程，以證明公司是真心要達成使命。B 型實驗室（B Lab）是一家全球性的非政府組織，2006 年首次為企業提供 B 型企業認證，目前負責監督整套認證流程。在 2015 年之前，全球四十二國有逾一千四百家 B 型企業，反映新一代主張「做好事來把事做好」的創業者興起。在美國，有越來越多州，企業可以藉由設立 B 型企業以體現使命，並且實際獲得法律許可，無須追求最高利潤。

backwardation ｜ 逆價差

這是指某種大宗商品的現貨市場（在現貨市場中，當天就要交割）估值高於期貨市場（在期貨市場中，未來某個時點才要交割）。一般而言，因為有利息成本，期貨價格會高於現貨價格，除非市場預期商品的價格長期會下跌，可能是因為供給出現暫時性的瓶頸。反之，現貨價格低於期貨價格，稱為「正價差」（contango）。

balance of payment ｜ 國際收支平衡

這是指一個國家所有自國外流入的錢，減去同一時期流出該國的錢之後的總額。這通常可以再細分為「經常帳」和「資本帳」。

經常帳包括：

▌有形貿易：在美國又稱為「商品貿易」，指實質商品的出口與進口
▌無形貿易：指提供服務，例如銀行服務、廣告、無形商品（例如著作權）等所收付的金額，以及跨境支付的股利和利息
▌私人移轉：例如海外工作者匯回家的錢
▌官方移轉：例如國際援助

資本帳包括：

▍ 長期資本流動：例如海外企業投資的錢，以及出售這些投資後匯回本國的利潤

▍ 短期資本流動：例如國際投機客投資他國貨幣的錢、跨國企業為了業務目的在全世界各地挪動的資金。短期資本流動很可能導致匯率劇烈波動。匯率和貨幣的正確價值並沒有太大關係（貨幣的價值是由基本價值指標，如**購買力平價**決定）

　　欠債必須還錢，同樣的，一國的帳到最後必須平衡，但現實生活永遠無法做到這麼乾淨俐落，因此，通常會插入平衡調整項以修正不一致。

　　「國際收支平衡危機」是充滿政治意涵的詞彙，一個國家可以在不損及經濟的前提下背負經常帳赤字多年，因為與**國民所得**和財富相比，這類赤字很可能不過是九牛一毛。確實，如果造成赤字的原因是因為企業從海外進口技術和其他資本財，提升生產力，經濟體可能因此受惠。比較麻煩的赤字，是公部門必須透過融資處理的赤字。倘若公部門在加稅、借貸上有所限制，或是少有金融**準備**，那更加麻煩。舉例來說，俄羅斯政府在 1998 年 8 月無力支付外債利息，無法從國際金融市場借到更多錢，也無法對正在崩解的經濟體加稅，在俄羅斯境內更找不到任何人願意借錢給政府 —— 這是貨真價實的國際收支平衡危機。

　　在 21 世紀最初幾年，美國的經常帳赤字成長到**國內生產毛額**的 5% 以上，使得美國經濟越來越仰賴（也讓某些經濟學家越來越擔心）對外信貸，尤其是來自中國的資金。

balanced budget ｜預算平衡

在同一時期內，公部門的總支出等於稅收加公共服務費用的政府總收入時，即達成預算平衡。美國等國家的政治人物主張，政府應該要達成預算平衡，以維繫穩健的公共財政。然而從經濟上來說，沒有任何理由指稱公部門借貸就一定是壞事。如果負債是投資於能夠提高經濟體成長率的事務上，例如基礎建設或教育，負債便有道理，而且政府借貸的成本通常低於其他債務人。努力在完整的經濟週期間達成預算平衡，而不求每年平衡，在經濟上來說比較合理，因為公部門的赤字能在衰退時刺激經濟，結餘則能在景氣好時阻止過熱。

bank ｜銀行

一開始，銀行是保護你的錢的地方，後來則變成**創造信用**的主要源頭。自 1980 年代以降，越來越多債務人到金融市場、信用卡公司與消費信貸企業等非存款機構告貸，削弱了傳統銀行貸款的獲利能力，導致許多銀行涉足新的業務領域，例如銷售保險保單和共同基金。傳統銀行也開始推動證券化的流程，將自家的各種貸款包裝好後，拿到金融市場出售。隨著**信用緊縮**，銀行系統與金融市場雙雙遭到衝擊，2007 年夏天這套流程嚴重崩壞，對全球經濟造成嚴重後果。

就算在信用緊縮問題發生之前，如何才能最有效率地區分同樣從事放款的銀行與其他機構，都有很多可討論之處。經濟學家們爭論不休，探討企業不靠銀行，反而倚重股票和債券市

場來取得投資資金的經濟體（像美國），效能是否高於傳統上仍以銀行為企業主要資金來源的經濟體（像德國）。

銀行有各種形式，「商業銀行」也稱為「零售銀行」，直接為一般大眾服務，並貸款給企業（多半是中小企業）。過去，商業銀行多半透過分行網從事業務，但現在有越來越多事務交由自動櫃員機和智慧型手機應用程式接手。「批發銀行」多半和其他銀行與金融機構進行交易。「投資銀行」也稱為「商人銀行」，著重於透過私人投資者或在金融市場裡為企業籌資，找到買方購買公司的股票與債券。

全方位的銀行從事上述多數或全部項目，包括銀行保險業務，也就是利用銀行的經銷管道來銷售保險。這類銀行長期以來是歐洲各經濟體的一項特色，但是在美國，〈葛拉斯—斯帝格爾法〉（Glass-Steagall Act）等金融法律把不同形式的銀行業務切分開來，不讓銀行從事保險業務。這些法律在 1999 年正式廢除，但在這之前的幾十年，監理單位已經改變法律的適用方式，觸發銀行業更快速整合。即便如此，由於相關法律多年來禁止銀行業跨州經營，使得美國擁有比其他國家更多的貸款機構。2015 年，美國有超過五千三百家銀行（已經少於 2000 年時的逾八千家），相較之下，德國不到一千八百家，義大利約有七百家，而法國則有約六百家。

2007 年開始出現信用緊縮，繼而則有 2008 年金融崩盤與大衰退，銀行系統普遍承受壓力，許多銀行倒閉或瀕臨倒閉，多國政府插手干預，試圖穩定金融體系。政府將動輒幾十億美元的資金注入銀行，協助它們達成法定的**資本適足率**。一流的投資銀行變成了商業銀行，接受更嚴格的監督，以換取額外的

政府援助。在許多國家（包括美國和英國），政府要求取得（至少暫時持有）一流銀行的股份，同時也引進更嚴格的規範，監督銀行的活動。新規範造成的立即性衝擊，就是銀行大量避開承擔風險的活動，並使得所謂的「影子銀行」產業興起，影子銀行所受的監督要少得多。這番戲劇性的變化到底造成的全面性結果是什麼，要等到多年後才會見分曉。

bankruptcy ｜ 破產

當法院判定債務人無力償還欠債權人的錢時，債務人便破產了。用不同的觀點處理破產，會對經濟成長造成不同的影響。如果太嚴厲懲罰破產，可能會讓想成為創業者的人裹足不前，不敢承擔實現多數構想帶來的財務風險。正因為如此，有限責任才會成為現代**資本主義**中的重要元素。然而，任憑拖欠錢的債務人太過逍遙會引發**道德危險**，也會讓可能拿出錢來的債權人遲疑。

美國的破產法律，尤其是〈第十一章〉，保護企業面對債權人，是對深陷泥淖的債務人很友善的法律，容許他們借更多的錢，並讓他們有時間解決問題。有些國家則會快速關閉破產的公司，並出售擁有的資產以償還債務。

barrier to entry (or exit) ｜ 進入（或退出）障礙

這是企業阻止競爭的方法，也是一種重要的現存者優勢。障礙主要有四種：

- 企業擁有重要的資源（比方說油井）、獨家營運執照（比方說可以用特定波長進行廣播），或者擁有某些智慧財產（例如專利）
- 具備**規模經濟**的大企業也擁有明顯的競爭優勢，因為與其他規模較小的對手相比，能夠用更低的成本大量生產產出
- 既存公司可以投入大筆的**沉沒成本**，在廣告等方面花大錢，任何對手若想有效競爭，就必須起而效尤，如果競爭失敗，之前投入的這類成本將毫無價值
- 強大的企業可以拉高退出成本，藉此阻礙他人進入，比方說，把長期聘僱變成業界慣例，使得解聘員工變成所費不貲的流程

barter ｜以物易物

用某種產品或服務來交換另一種產品或服務，而不是用錢買。當錢因為通貨膨脹或偽鈔問題，導致價值很低或不確定時，或者，當人們擁有很多資產、但錢不多時，抑或是，當稅捐很高或勒索犯行嚴重時，以物易物通常很普遍。也因此，1990 年代末期俄羅斯處處可見以物易物，不足為奇。

Basel 1, 2 and 3 ｜巴塞爾資本協定 1、2、3

制訂這一系列的協定，是要在銀行的**資本適足率**與放出貸款的風險之間建立起一定關係，試圖減少銀行倒閉的數目。舉

例來說，放給政府的貸款變成呆帳的機率，低於放給新創公司的貸款，因此，銀行在放出第一類貸款時，不用像放出第二類貸款時握有這麼多資本。1988 年，巴塞爾國際銀行監管委員會開始嘗試在全世界推動這種做法，但是判斷不同貸款相對風險的標準極為粗糙，例如，銀行放款給泰國不老實的軟體公司，所面對的處罰不比放款給微軟嚴苛；或者，放款給 1998 年接受**國際貨幣基金**援助的韓國，所面對的處罰也不比瑞士更嚴厲。

1998 年，有人提出「巴塞爾資本協定 2」，使用更精細的風險分類。然而，新的分類標準引發爭議，而且銀行要實施新方法也要付出成本，導致引進巴塞爾資本協定 2 的時機幾度延宕。

2008 年金融崩盤，大量銀行倒閉，之後引進「巴塞爾資本協定 3」，增添了更多指標以提高銀行相對於貸款的資本，並確保銀行體系在危機當中保有足夠的**流動性**。然而，同樣的情況再度發生，全球採行新規則的腳步很慢，而且，相較於各國政府的承諾，落實的部分也顯得片段零碎。

basis point ｜ 基點

這是指百分點的百分之一。利率、匯率與債券殖利率的小幅變動，通常都以基點為單位。如果債券殖利率從 5.25% 漲至 5.45%，代表上漲 25 個基點。

bear ｜熊／看空

指投資人認為一檔證券或特定證券類別（例如股票）價格即將下滑；反之則為「牛／看多」。

behavioural economics ｜行為經濟學

這是經濟學的一個分支，重點放在解釋人們實際做出的經濟決策，特別是和傳統經濟學理論預測的人類行為相牴觸的決策。行為學家借用心理學的決策模型，強化或取代傳統的經濟理性（即**經濟人**）思維。心理學家認為，對遺憾的恐懼會對人造成不成比例的影響，常導致人為了避免輕微的失敗風險而放棄重大利益。人有「認知失調」的傾向，就算看到新證據出現，也會堅持己見，因為他們長久以來就是這麼相信的。還有所謂的「錨定效應」，讓外界的建議造成過度的影響。人顯然也有「維持現狀偏誤」，會願意下重本以維持現狀。此外，人也會拖延。

傳統的**效用**理論假設，人會在大格局的脈絡下做個人層面的決策，但心理學家發現，一般來說，人通常會局限在小框框裡，而且用很表面的方式進行劃分。人會在特定的心理狀態下做選擇，而不考慮這些事物在其他狀態下有什麼意義。許多證據指出，人會固執且不理性地抱持過度的信心。人也很容易受到「後見之明偏誤」的影響：當一件事情發生，就認定自己早就知道了。行為經濟學核心的**展望理論**，便掌握了以上的多項特色。

近幾年，越來越多人有興趣了解個人的行為偏誤如何加總成為大規模的群眾不理性，包括金融泡沫的形成。包括美國和英國在內的許多政府，都在使用行為經濟學設計政策，運用**推力**鼓勵人民表現出更好的行為，比方說，促進健康飲食或提高繳納應付稅額的比率。

beta ｜貝他

資本資產定價模型是用來評價金融證券與計算**資本成本**的經濟學理論，貝他是其中的一環，衡量特定資產的價格對於整體市場變動的敏感度。假設一家公司的股票貝他值是 0.8，表示當股市大盤變動 1% 時，這檔個股的股價將會變動 0.8%。從一檔證券過去和市場變動關係計算出來的貝他值，能否預測兩者之間未來關係的變動，是長久以來爭論不休的問題，某些懷疑論的經濟學家也因此宣稱「貝他已死」。

big data ｜大數據

數位經濟產生的資訊數量，遠勝過網際網路時代之前。一般認為，管理與理解大數據是一大挑戰，也是前所未見的機會。新的統計技巧，或是可套用到更大規模數據集合的舊技巧，料可挖掘出更多寶貴的新資訊，這能創造競爭優勢，嘉惠能把相關分析做到最好，或是有權利存取新數據的企業（包括各家電話公司或 Facebook、Google 等網路巨擘）。同樣的，大數據分析或許也可替「老大哥」政府帶來更大的力量以掌控

國民。越來越多人把焦點集中在大數據很可能挑戰對於個人隱私的傳統標準。

Big Mac index ｜ 大麥克指數

這是 1986 年時由《經濟學人》雜誌的潘·伍德爾（Pam Woodall）設計的指數，用來判斷各國貨幣是否處在「正確」水準的簡易指南。大麥克指數憑藉的是國際經濟學裡一個古老的概念：**購買力平價**。根據購買力平價，1 美元應能在各國能買到相同的數量。支持購買力平價的人主張，長期來看，匯率應等於相同的一籃產品與服務在每一個國家的相對價格。以大麥克指數來說，這個籃子裡裝的就是許多國家都有提供的麥當勞大麥克。用大麥克購買力平價當成一種匯率，代表大麥克的製作成本在美國和其他地方均相同。拿實際匯率與大麥克匯率相比，就可以指出一國貨幣是遭到低估或高估。雖然謹慎的經濟學家指出有太多因素造成大麥克的價格出現國際差異，因此各國的大麥克是不可互換的品項，並非良好的購買力平價指標。但幾項研究發現，大麥克指數通常更能預測貨幣的走向，表現優於其他理論嚴謹的模型。

bitcoin ｜ 比特幣

這是在 2008 年發表的一份宣言中發明的數位貨幣，也稱為「加密電子貨幣」，發明人為中本聰（Satoshi Nakamoto）。比特幣最初的用途，多半是用來支付網路上的非法活動，例如

毒品交易或賣淫，之後卻在主流經濟中受到某種程度的重視，但並無法取代各國政府既有的法定貨幣。比特幣是透過一套名為「數位挖礦」的流程創造出來，投機者必須挖出大量的數據，解決數學問題。**投機**行為使得彼特幣的價值在最初幾年大幅上下震盪，一開始，1 比特幣為 0.30 美元，到了 2013 年 11 月時來到歷史高點 1,242 美元，2015 年初，又回到了 224 美元的低點。如此劇烈的波動，阻礙人們廣泛以比特幣當成主流貨幣使用，取代法定貨幣。

有越來越多人對於比特幣背後的軟體技術「區塊鏈」所具備的革命性潛力感興趣，推崇者認為，區塊鏈技術可以扶植出更優質的數位金融體系，因為利用這套技術可以從事更便宜、無風險的交易，取代許多目前要支付高額費用給受信賴的中介單位（如銀行與交易所）才能進行的活動。也有理論認為，區塊鏈技術可以扮演重要角色，用更民主的方式來監督網際網路經濟。

black economy ｜ 黑暗經濟

如果你參與非法活動，交易的價值就不會出現在你所在國家的**國內生產毛額**數據內。黑暗經濟或地下經濟的存在，可能代表一個國家比官方數據所指稱的更富裕，至少以狹義的貨幣層次來看是如此。在美國和英國，預計黑暗經濟可以讓國內生產毛額再提高 5% 到 10%。在義大利，或許可以增加 30%。至於俄羅斯，在 1990 年代末期，黑暗經濟的規模預估高達國內生產毛額的 50%。不受政府監督或承認的經濟活動（比方

說不用繳稅），可能是「灰色」經濟或「非正規」經濟的一部分。在某些開發中國家，非正規經濟的規模可能很大，估計約占經濟活動的一半或以上。

Black-Scholes ｜ 布萊克—休斯模型

這是一套公式，用來決定金融選擇權的價格。有了這套公式之後，選擇權的定價更加精準，超乎過去能想像的地步（過去選擇權的定價使用粗略的基本原則法），而且，選擇權和其他衍生性商品市場之所以出現爆炸性的成長，很可能就是因為 1970 年代初期這套公式廣為應用。梅隆·休斯（Myron Scholes）和羅伯·莫頓（Robert Merton）獲頒諾貝爾經濟學獎，表彰他們在發展這道公式上的貢獻；另一位共同創作者費雪·布萊克（Fischer Black, 1938-1995）則因為已經離世而無法獲獎。2008 年的金融崩盤引發人們質疑起這套公式，因為定價錯誤的衍生性商品在這場危機中扮演重要角色，但這道公式仍是現代金融的基礎之一。

black swan ｜ 黑天鵝

這是指會造成嚴重衝擊、但難以預測且罕見的事件。長久以來，人們認定天鵝都是白色的，黑天鵝便是一種比喻，用來指稱不可能存在的事物。17 世紀時，在澳洲發現黑天鵝，黑天鵝也就變成代表意外的出現。數學家納西姆·尼可拉斯·塔雷伯（Nassim Nicholas Taleb）2006 年出版《黑天鵝》（*The*

Black Swan）一書，讓這種說法流行起來。他所說的黑天鵝，是諸如網際網路與個人電腦興起、2011 年發生在美國的 911 恐怖攻擊，以及 2008 年金融崩盤期間銀行的損失遠遠高於風險模型的預估等種種事件。他主張，多數人偏向忽略黑天鵝出現的可能性，因為他們樂於相信整個世界井然有序，而且可以預測。他尤其批評建立現代金融理論的經濟學家帶著這種想法，例如**效率市場假說**，這帶動衍生性商品市場快速成長。批評者則主張，黑天鵝的概念太不精準，實務上難有用處。

bond ∣ 債券

「紳士愛債券。」美國大亨兼財政部長安德魯・梅隆（Andrew Mellon）曾語帶雙關地這麼說（bond〔債券〕與 blonde〔金髮美女〕諧音）。債券是由政府、公司或其他機構發行的支付利息證券。債券是發行者籌措資本的方法，這樣就毋需出售股票或向銀行貸款。就像上市公司的股票一樣，一旦公司發行債券之後，也可以在公開市場上交易。債券的殖利率，是債券支付的利率，也就是息票除以債券的市場價格。債券被視為低風險的投資，尤其是政府公債，無法償付承諾金額的可能性微乎其微。公司債通常會有不同的評等，反映各自的風險。績優股企業發行的債券被評為「投資等級」，不太可能違約；財務體質較不健全的企業發行的高收益「垃圾」債券，情況可能就不太妙。

boom and bust ｜繁榮與蕭條

參見「business cycle ｜景氣循環」。

bottom of the pyramid ｜金字塔底層

全世界有幾十億人每天僅靠幾美元度日，這些人多半都在開發中國家。服務富裕經濟體的主流企業，多半忽略金字塔底層的人，認為他們擁有的錢太少，不可能成為讓企業獲利的客戶。然而，就像經濟學家普哈拉（C.K. Prahalad）在他 2004 年的著作《金字塔底層大商機》（*The Fortune at the Bottom of the Pyramid*）中寫到的，服務這些人有很多機會獲利，而且，透過服務也可以幫助他們脫離貧窮。企業必須重新改造商業模式以開發這些市場，比方說，利用不同的經銷方法，或透過普哈拉所謂的「簡約製造」降低成本。

bounded rationality ｜有限理性

這是一套關於人類決策的理論，假設人會理性行事，但只限於他們能獲得的資訊範疇之內。由於人們握有的資訊可能並不適當（是有限的），因此，以傳統**經濟人**的理論來看，他們做出的決策顯然並不理性。

brand ｜品牌

　　品牌已經成為國際**資本主義**暗度陳倉的掩護。不管是憂心傷害環境、侵害人權，還是血汗勞工，反對全球化的人士樂於把所有重點瞄準品牌，寫在他們的抗議牌上。品牌是美國企業力量的代表，從可口可樂到 Nike，全球最知名的品牌多半是美國品牌，而這也是反對品牌的論據。不過，許多經濟學家認為品牌是好東西。品牌是可靠與品質的承諾，消費者的信任是品牌一切價值的基礎。擁有品牌的公司會想要努力留住這份信任。唯有當消費者有選擇時，品牌才有價值。在前共產國家和其他較貧窮的國家，海外品牌進入，以及國內品牌的興起，代表競爭加劇，消費者可以從中受惠。強大的品牌通常需要昂貴的廣告和良好的行銷，因此會提高價格和**進入障礙**。但品牌也不至於到不可超越的地步，品牌會因為品味的改變而褪色，如果無法維持品質，也無以為繼。

Bretton Woods ｜布列敦森林

　　1944 年，在美國新罕布夏的布列敦森林舉行一場會議，目的是設計二次大戰後國際貨幣系統的架構，並成立**國際貨幣基金與世界銀行**。與會代表同意，國際貨幣基金成員國的匯率應釘住美元，不管漲跌，最大的差異是約定匯率的 1%。如果一國的**國際收支平衡**基本面出現失衡，可以更大幅調整匯率。1971 年 8 月，經濟不景氣，再加上支應越戰的成本，當時的美國總統尼克森（Richard Nixon）讓美元貶值，粉碎了國際

對於固定匯率的信心。到了 1973 年，所有主要的貨幣都自由浮動，匯率多半由**市場動力**決定，而不是政府規定。

起初，開發中國家在布列敦森林制度建構流程中少有發言權，但隨著這些國家的經濟影響力越來越大，再加上 2008 年的金融崩盤與之後的大衰退凸顯出全球**治理**系統失靈，因此有人呼籲要從根本重新設計全球性經濟架構與機構，這一切可以概括成「新布列敦森林制度」。

BRIC ｜金磚四國

這一詞用來簡稱四個快速成長的開發中國家。2011 年，高盛首席經濟學家吉姆·歐尼爾（Jim O'Neill）率先使用這個字頭縮寫詞來稱呼預期未來將進入「經濟大聯盟」一較高下的四個國家：巴西（Brazil）、俄羅斯（Russia），印度（India）和中國（China）。金磚四國的經濟成長率各自發展，與後來嶄露頭角、更有前景的新興經濟體相比之下，也有很大的差異。2008 年金融崩盤之後尤其如此，一些新興國家的前景看來比巴西和俄羅斯更勝一籌，這兩國經歷了嚴重的經濟下滑。

bubble ｜泡沫

指資產的價格漲幅超過基本面（比方說，持有資產可能得到的收益）能解釋的程度。1890 年 4 月 13 的《芝加哥論壇報》（*Chicago Tribune*）評論房價狂飆，說到：「人們很清楚自

己根本是以不可思議的高價買下房地產，這些人之所以願意付出此等天價，不過是因為他們知道還有其他更笨的人會從他們手上接手房地產，讓他們能夠獲利。」這種行為正是所有泡沫的特色。

知名的泡沫包括 17 世紀荷蘭的鬱金香熱，當時鬱金香球莖的價格來到前所未聞的高點。一個世紀之後，英國出現南海泡沫，自此之後，林林總總的泡沫多不勝數，包括 2000 年網路公司股票價格暴跌的網路泡沫，以及觸動**信用緊縮**的 2007 美國房價泡沫。

經濟學家主張，無論泡沫是否出於群眾的不理性行為（或許當中暗藏著某些機巧投機客，趁機利用易上當的大眾牟利），都是人們理性決策的結果，但做出這些決策的人僅具備有限資訊，不清楚資產的基本價值，因此，對他們來說，假設資產價格很穩固或許是合理之事。無論理由是什麼，泡沫都不會持續很久，而且，通常終結泡沫的不只是破滅而已，而是完全崩盤。

budget │ 預算

國家每年都要進行預算的相關程序，決定當年度公共支出的金額，以及如何以稅捐、服務費用和借貸的組合來支應。每個國家的預算流程都大不相同，以美國為例，是由總統在 2 月份針對 10 月開始的新會計年度提出國家預算，這必須經由國會通過。在拍板定案（理想上不能晚於 9 月）之前，通常會提出三個版本：總統的最新預算提案、參議院的提案，以及眾議

院的提案。最後出線的版本會是協商出來的結果。偶爾，當遲遲無法達成合意通過預算時，會導致某些聯邦政府辦公室暫時關閉。相形之下，英國的情況是，政府提出的預算案大部分國會都會同意，若有變動則在發布後立即生效（由國會之後的投票結果決定）。

bull ｜牛／看多

指投資人認為某一檔證券價格即將上漲；反之則為「熊／看空」。

business confidence ｜企業信心

指公司經營者對自家企業前景的看法。在許多國家，會透過調查來衡量平均企業信心，這些調查提供有用指標，有助剖析經濟現況，因為公司通常比政府的統計學家更快取得和消費者需求相關的資訊。

business cycle ｜景氣循環

指繁榮與蕭條的交替，經濟的長期模式便是成長與衰退。據哥倫比亞大學景氣循環國際研究中心指出，在 1854 年到 1945 年間，經濟擴張期平均為二十九個月，收縮期則為二十一個月。但二次大戰後，擴張期幾乎延長兩倍之多，平均為五十個月；收縮期則縮短了，平均僅十一個月。

多年來，經濟學家提出大量理論，說明為何經濟活動波動如此劇烈，但沒有一套理論特別具有說服力。基欽循環（Kitchin cycle）據說持續三十九個月，引發循環的因素是企業存貨的變動。朱格循環（Juglar cycle）則持續八到九年，起因是企業花在工廠與機器上的投資變動。另外還有持續長達二十年的庫茲涅茨循環（Kuznets cycle），據稱帶動循環的因素是房屋建築。其中最知名的理論，或許是循環期長達五十年的**康德拉捷夫波浪理論**。

海耶克和**凱因斯**糾葛多年，爭論引發景氣循環的理由。海耶克主張，經濟體產出的變動取決於所擁有的資本，並因此獲得諾貝爾經濟學獎。後來風潮為之丕變，1960 年代末期，曾擔任過美國甘迺迪和詹森兩位總統的經濟顧問亞瑟・奧肯（Arthur Okun）宣稱，景氣循環已經過時了，但一年後，美國經濟陷入衰退。1990 年代，某些經濟學家再度宣稱，科技創新與全球化代表景氣循環已經是過去式了，但很快又證明他們錯了。

buyer's market ｜ 買方市場

指一個市場的供給量大且價格低；反之則為「**賣方市場**」。

I C

cannibalise │ 自相殘殺

吃人是錯的，但吃掉自己的業務可不一定。企業過去不願意推出新的同類產品與服務來和自家打對台，因為新產品很可能會吃掉現有的業務。但在現今的創新、科技密集經濟中，願意自相殘殺通常被視為好事。因為創新經常以經濟學家所說的「**創造性破壞**」形式出現，這時，更好的新產品便摧毀了現有產品的市場。在這樣的環境下，成功企業想要避免把市場拱手讓給創新的對手，最佳的行動方針或許就是自行發動創造性破壞。

capacity │ 產能

指一家公司或一個經濟體動用現有設備、員工、資本，以及其他資源生產出來的數量。判斷一個經濟體目前的產出與完

全產能之間的差距，是**貨幣政策**的一項要素，因為，如果經濟體中沒有足夠的產能來因應增加的需求，價格很可能上漲。衡量一個經濟體的**產出落差**，亦即目前的產出比完全產能高多少或低多少，就算不是辦不到，也是很困難的事。正因為如此，即便是立意最佳的中央銀行，都要很努力才能壓低通貨膨脹。然而，當過剩產能太多時，結果很可能會變成通貨緊縮，因為企業和員工會降低價格與薪資要求，競逐任何可能存在的需求。

capital ｜ 資本

這是指用於經濟用途的錢或資產，是**資本主義**的生機。經濟學家說，資本是經濟活動四大基本生產要素之一，另外三項是土地、勞力和創業精神。在生產流程中，若使用的資本相對多、勞力相對少，稱為「資本密集」；使用的資本的相對少，則稱為「勞力密集」。

資本有不同形式，一家企業的資產就是它的資本，可能包括「固定資本」（機器、建築物等）和「營運資本」（原物料、半成品庫存、錢等，可以快速用在生產過程中）。「財務資本」則包括錢、債券和股票。「人力資本」是人身上蘊藏的經濟財富或潛能，有些是與生俱來的天賦，其他則是教育訓練的成果，比方說在社會大學的歷練。把整個經濟體緊緊維繫在一起，宛如隱形膠水的種種關係與制度，則是「**社會資本**」。

capital adequacy ratio ｜資本適足率

這是指一家銀行的資本，相對於總資產的比率，監理單位會制定一個最低水準（所謂「適足水準」），把銀行破產的風險降到微乎其微。這個最低水準要設在多高，可能會有很多差異，由銀行活動的風險性而定（參見「Basel 1, 2 and 3 ｜巴塞爾資本協定1、2、3」）。

capital asset pricing model (CAPM) ｜資本資產定價模型

有兩種方法可用來評估資產與計算**資本成本**，這是其中一種，另一種為**套利定價理論**。資本資產定價模型獨霸現代財務界。

資本資產定價模型的理論可以簡化如下：持有分散投資的資產投資組合，投資人可以消弭某種風險。可以消弭的風險稱為「**剩餘風險**」或「A風險」（參見「modern portfolio theory ｜現代投資組合理論」），這是個別資產特有的風險，比方說，公司的經理人最後可能表現不佳的風險。有些風險則無法透過分散來消弭，比方說全球衰退的風險。因此，即便手中握有股票市場所有的股票，仍有風險。人會投資有風險的投資組合，是為了獲得獎賞，能賺得的平均報酬率必須高於投資較安全的資產，比方說國庫券。假設投資人靠著分散投資成功消除了剩餘風險，之後，他們要評價某項資產，便大大取決於整體市場的風險如何影響該資產的價格。相對波動性的指標貝他，反映的就是市場風險的影響力，預估當整體市場發生變化

時，特定資產的價格將如何改變。

安全投資的貝他值接近於零，經濟學家稱這些為「無風險資產」。風險性較高的投資，例如股票，就應該提供高於**無風險報酬率**的溢價。至於溢價是多高，則是以同類所有資產的平均溢價，乘以特定資產的貝他值來計算。

但是，資本資產定價模型有用嗎？模型的重點在於貝他，有些經濟學家覺得這個指標的用處有待商榷，他們認為資本資產定價模型是一套很漂亮的理論，但實務上並不好用。然而，在計算資本成本時，這是最廣為使用的方法。

capital control ｜ 資本管制

指政府限制資本流進或流出一國，例如限制海外投資、限制外國人直接投資企業或房地產，以及限制本國居民投資海外。在 20 世紀之前，資本管制並不普遍，但也有許多國家實施。二次大戰之後，只有瑞士、加拿大和美國採行開放資本制度，其他富裕國家維持嚴格的限制。在 1960 年代與 1970 年代間，許多國家的規定更是嚴格。但是在 1980 年代與 1990 年代初期有了轉變，多數已開發國家都揚棄了資本管制。

開發中國家的模式則比較偏向複合式。拉丁美洲國家在 1980 年代債務危機時大量實施資本管制，但是在 1980 年代末期以後就鬆綁了大部分。亞洲各國在 1980 年代紛紛放鬆廣泛的資本管制，1990 年代開放速度更快。

就已開發國家來說，主要基於兩個理由放棄資本管制：自由市場漸成風潮，金融從業者也越來越懂得如何找方法規避管

制。開發中國家後來發現，海外的資本可以資助國內的投資，從泰國的道路到墨西哥的電訊系統都有外資的影子；而且，財務資本通常會帶來寶貴的人力資本。他們也發現資本管制無用，更會造成讓人不樂見的副作用。1980 年代拉丁美洲的資本管制既無法把錢留在本國，也阻礙了海外投資。

1980 年代晚期的亞洲金融風暴與資本外流，重燃各國對資本管制的興趣，某些亞洲政府在想，是否因為解除資本管制導致它們容易受到國際投機客的攻擊，這些投機客的錢流出一個國家的速度就和流入時一樣快，引發了經濟動盪。阿根廷積極管制資本流動，使得外國人不願意投資該國。也有人討論要對短期資本流動課徵「托賓稅」；這是諾貝爾經濟學獎得主**托賓**的發明。即便有此提議，但他們考慮的多半僅是對短期資本流動設限，尤其是外流的資本，並未逆轉二十多年來的全球金融與經濟自由化大格局。然而，2008 年金融崩盤後的全球經濟危機，促使某些國家改弦易轍，很可能改變全球化和自由化的某些面向。

capital flight ｜ 資本外流

這是指資本快速流出一國的情況，通常是因為發生某些事件，導致投資人忽然間失去對該國經濟的信心。（嚴格來說，最嚴重的問題並非大量的錢離境，而是投資人忽然間普遍調降對該國所有資產的評價。）如果外流的是本國人民的資本，特別讓人憂心。資本外流常導致流出國的貨幣匯率重貶。

capital gain ｜ 資本利得

這是指出售資本、資產（例如股票或房地產）的利潤。在多數國家，資本利得都要承擔稅捐。某些經濟學家主張，資本利得就算要課稅，與其他收益來源相較，也應該比較輕。他們主張，對資本利得課徵的稅越低，將資本用於生產性用途的誘因就越高。換言之，資本利得實際上是對**資本主義**課稅。然而，如果稅務機關對資本利得太過友善，會計師無疑會發明各式各樣充滿創意的方法，把其他收益偽裝成資本利得。

capital market ｜ 資本市場

指債券和股票等證券的市場。政府和公司利用這類市場向投資人籌得較長期的資本。資本市場裡每天有千百萬樁交易，但其中絕少和證券的原發行機構有關，多數交易都發生在**次級市場**，由購買這些證券的投資人和想要賣出的投資人進行交易。反之則為「**貨幣市場**」，貨幣市場籌募的是短期資本。

capital structure ｜ 資本結構

指在公司的融資組合當中，債券和股權的比例各占多少。公司的負債權益比，通常稱為**負債比**。多負債，稱為負債比提高，或放大槓桿。1960 年代，弗蘭科・莫迪利安尼（Franco Modigliani, 1918-2003）與默頓・米勒（Merton Miller, 1923-2000）發表了一系列的論文，主張無論一家公司是透過

發行債券、股權，還是兩者混合，來為營運活動籌募資本，都不重要。（他們也因為這套理論獲得諾貝爾經濟學獎。）但是，他們說，如果稅務機關對不同的資本來源有差別待遇，上述的規則便不適用。在美國，債券長期以來比股權更具稅務優勢，因此，他們的理論暗示著美國企業應該用債券來籌資。企業也會用發放股利後剩餘的利潤來融資。

capital-intensive ｜ 資本密集

指使用相對大量資本的生產流程；反之則為「**勞力密集**」。

capitalism ｜ 資本主義

這是各種經濟主義當中的勝利者（至少到目前為止），但是在 2008 年金融崩盤與大衰退之後，遭受嚴重打擊。資本主義是一套自由市場體系，立基在私有權之上，尤其強調擁有資本的人擁有財產權，有權賺取利潤，當作他們拿自己的資本冒險，投入某些經濟活動的獎勵。關於國家在經濟體中應扮演何種角色，同樣奉行資本主義的國家各有不同的想法（與做法），但每個人都同意的是，在最低限度下，資本主義要能運作，國家必須強大到能夠確保財產權。**馬克思**認為，資本主義本身帶有自我毀滅的種子，但是到目前為止，這句話比較適合用來描述馬克思留下來的**共產主義**。

人們相信，當資本主義搭配民主時成效最佳，但這種想法只到最近為止，因為中國在沒有民主之下擁抱資本主義，開始

快速成長。某些經濟學家主張這種「威權資本主義」比在民主之下的資本主義效果更好。他們說，對照之下，印度的民主過度限制了商業人士的行動能力，或許阻礙了資本主義的發展。

CAPM ｜資本資產定價模型

見「capital asset pricing model (CAPM) ｜資本資產定價模型」。

cartel ｜卡特爾

指同一產業中兩家或多家企業簽訂協議，合謀限定價格、劃分市場及／或限制產出量，在**寡占**市場中，這種做法特別常見。這類勾結的目的，是透過減少競爭來提高利潤。辨識與打破卡特爾，在多數國家都是競爭政策中很重要的一環，由**反托拉斯**主管機關負責監督，但是要證明卡特爾確實存在並不容易，因為企業通常不會這麼輕忽，用書面締約的方式勾結。企業想組織卡特爾的欲望很強烈，就像**亞當・斯密**說的：

「同一個產業的人很少聚在一起嬉鬧消遣，多半的對話結論都是如何合謀對付公眾或以某些手段來抬高價格。」

catch-up effect ｜追趕效果

不管是哪一段期間，大致來說，一開始較貧窮的國家，經濟成長速度會比一開始就很富裕的國家更快。因此，貧窮國家

的**國民所得**通常可追趕上富裕國家的國民所得。新科技讓開發中國家能三級跳超越科技較老舊的工業化國家,至少傳統經濟理論是這麼認為。近年來,有大量的討論在辯證兩種國家實際**收斂聚合**的程度與速度。

預期會出現追趕效果的其中一個理由,是貧窮國家的勞工能夠取得的資本通常較少,因此他們的生產力通常較低,若能提高可支配資本,就算只是小幅提高,也能大量提高生產力。擁有大量資本的國家,生產力較高,小幅增加資本能帶來的益處就比較小。這是一種可能的理由,可以解釋為何二次大戰後,相較於美國與英國,日本與德國的成長速度較快,以及 1980 年代與 1990 年代大半時期,相較於已開發國家,亞洲各「小龍」的成長速度較快。

CDO ｜抵押債務憑證

這是 collateralised debt obligation 的縮寫,參見「securitisation ｜證券化」。

CDS ｜信用違約交換

見「credit default swap (CDS) ｜信用違約交換」。

central bank ｜中央銀行

中央銀行是一國貨幣系統的捍衛者,它制定短期利率,監

督金融體系的健全，包括評估各銀行的穩健度，並擔任**最終放款人**的角色，解救陷入財務困境的銀行。美國的央行是**聯準會**，成立於 1913 年。英國的央行被暱稱為「針線街老太太」，成立於 1694 年，比瑞典成立全世界第一家央行的時間晚了二十六年。隨著 1999 年歐元誕生，十一個歐盟會員國央行的**貨幣政策**也移轉到歐洲央行，總部在法蘭克福。

1990 年代，**趨勢讓各國央行的日常營運獨立於政治干擾**之外，自行制定利率。獨立的央行應聚焦在經濟體的長期需求上，政府的短期需求則會引發政治干預。理論上，獨立的央行應能降低通貨膨脹的風險。某些國家的央行要遵循法律規定，設定利率以達成明確的**通貨膨脹目標**。政治人物常有動機利用通膨與失業兩者之間的短期取捨，顧此而失彼，但（多數經濟學家說）用這種方式採取寬鬆政策的長期結果，失業率將回到原點，卻推高了通貨膨脹。獨立的中央銀行不需要考慮選票，因此更可能以經濟體的最佳長期利益行事。

在 2008 年的金融崩盤與之後的大衰退，讓各國央行感受到前所未見的壓力，更大力干預金融體系，挹注大筆的錢給銀行以強化**流動性**，想盡辦法讓銀行存活下來。這種做法在許多國家（包括美國和德國）引來政界砲火猛烈的批評。在金融崩盤之後，身為最終借貸者的央行延長戰線，支持許多過去沒有獲得類似保護的金融企業，也飽受攻擊。然而，聯準會決定不要成為雷曼兄弟的最終借貸者，導致這家華爾街投資銀行於 2008 年 9 月破產，卻受到許多經濟學家責難，認為此舉讓經濟危機更加惡化。某些經濟學家也批評，各國央行無法在 2008 年崩盤的前幾年防範資產泡沫，在泡沫泡滅之後，很多

人將經濟危機如此嚴重歸罪於此。

ceteris paribus ｜其他條件相同

這指的是其他的情況都一樣。經濟學家使用這個拉丁詞彙來替自己找藉口，比方說，他們可能會說：「利率高，會導致通貨膨脹下滑，前提是其他條件相同。」他們會堅持自己對於通貨膨脹的預測，但前提是開始升息之後其他條件都沒有改變。

charity ｜慈善

「哼，騙人的。」這是狄更斯筆下的小氣財神史古基對於慈善贈與的看法。有些經濟學家認為慈善違反了經濟理性，有些則主張，慈善贈與受到歡迎，正好證明了人在經濟上並不理性，有些則認為這證明了人會從**利他**主義當中得到愉悅，也就是所謂的**效用**，因此願意挪出自己的部分所得花在慈善活動上。有趣的問題是，在某些議題上，比方說，把富人的錢重新分配給窮人，或者多花錢改善醫療保健，這些時候政府和私人之間的競爭該到哪種程度，以及這樣做到底有沒有效率？自1990 年代末起，富人與大企業大量參與慈善活動，這種類似經營事業的行善手法，稱為「**慈善資本主義**」。

Chicago School ｜芝加哥學派

　　這是一套熱情擁抱自由市場的經濟學理論，長久以來和芝加哥大學息息相關。偶爾，芝加哥學派會被視為不知人間疾苦的極端主義，二次大戰後**凱因斯學派經濟學**在大半個世界大行其道，在那幾十年間這種看法尤其明顯。然而，自 1970 年代後期，許多人反而把芝加哥學派視為主流，出身芝加哥學派的經濟學家也經常扮演要角，推行低通貨膨脹與市場自由化的政策，在 1980、1990 年代席捲全球。根據芝加哥大學的統計數據指出，截至 2015 年，總共有二十八位諾貝爾經濟學獎曾為該校教職員、學生與研究人員。

circular economy ｜循環經濟

　　指的是一個經濟體回收使用過的資源，從設計上達成永續。真正的循環經濟，工業流程不會產生任何淨污染或浪費。原始的構想至少可以追溯回 1966 年，當時英國的經濟學家兼系統理論學家肯尼斯・伯爾丁（Kenneth Boulding）發表一篇論文，說明循環性物質的流動可以成為經濟體的模型，這篇論文題為〈未來宇宙飛船經濟學〉（The Economics of the Coming Spaceship Earth）。中國於 2006 年啟動的「十一五規畫」就納入了推動循環經濟的承諾，但相關的行動似乎不多。2012 年，歐盟執委會發表一份〈打造具備資源效率的歐洲之宣言〉（Manifesto for a Resource Efficient Europe），聲明歐盟「別無選擇，只能轉型成為具備資源效

率、最終能再生的循環經濟。」

　　要建構循環經濟，必要的策略包括：回收；修整現有產品，設計上不採用內建式報廢；精心設計產品、製造流程與供應鏈，從取得原物料、使用產品與最終的處置產品，在產品生命週期的每個階段盡量減少資源的使用、浪費和污染；以及教育消費者用不污染、無浪費的方式使用與處置產品。

classical dichotomy ｜ 古典二分法

　　參見「monetary neutrality ｜ 貨幣中性」。

classical economics ｜ 古典經濟學

　　從 18 世紀到 20 世紀的主要經濟學理論是古典經濟學，到 20 世紀後演進成**新古典經濟學**。包括**亞當·斯密**、**李嘉圖**和約翰·史都華·米爾（John Stuart Mill）在內的古典經濟學家相信，透過「**看不見的手**」，追求個人的自利能為整體社會創造出最高的經濟利益。他們也相信，經濟體若不是處於均衡，就是朝向均衡調整。薪資的波動，是調節勞動市場達成均衡。利率的變動，是調整**資本市場**達成均衡。利率保證經濟體內的總存款等於總投資，一旦失衡，要不就利率上漲，鼓勵多儲蓄、少投資，要不就利率下降，減少儲蓄、增加投資。當勞力需求增減時，薪資也會隨之漲跌，使得勞動率回歸**充分就業**的水準。

　　1920 與 1930 年代，**凱因斯**攻擊古典與新古典經濟學的某

些主要信念，這兩派也因此退了流行。特別是，凱因斯主張，決定或影響利率的，是債券投資人的**投機**行為，而薪資則不太能調降，因此，如果勞動需求減少的話，結果將會是推高失業，而不是獲得更便宜的勞力。

closed economy ｜ 封閉型經濟

指不參與國際貿易的經濟體；反之則為「**開放型經濟**」。如今，唯一值得一提的封閉型經濟範例僅剩北韓。

cluster ｜ 群聚

同一產業的企業經常會聚集在鄰近區域。比方說，倫敦及紐約等城市是銀行業中心，已經繁榮了幾個世紀。至於電影產業，各企業則群集在美國好萊塢、印度寶萊塢和非洲奈萊塢。藉由群聚在一起，企業能從鄰近同業的大量專業與技能性員工當中獲益，也容易找到元件供應商和獲得資訊管道（包括當地酒吧的蜚短流長這類非正式管道）。即便有人預設，由於資訊科技普及造成的全球化和「距離已死」，會降低群聚的競爭優勢，但產業的群集仍繼續蓬勃。

工業化初年，群聚在英國很常見，史丹佛郡（Stafford-shire）是許多製陶業的大本營，這地方到現在仍被稱為陶鄉。諾丁罕（Nottingham）是蕾絲製造商的大本營，路頓（Luton）則帽商雲集，凡此種種。現代的高科技群聚通常環繞著知名大學，可以借力使力善用大學的研究成果，比方說，

矽谷鄰近加州的史丹佛大學，波士頓麻省理工學院與英國劍橋大學附近也有類似的高科技群聚。有越來越多政府投入公共資金以發展產業的群聚，例如製藥業，新加坡政府便是其中之一。

Coase theorem ｜ 寇斯理論

參見「externality ｜ 外部性」。

collateral ｜ 抵押品

由債務人拿出來擔保、可能會交由債權人持有的資產。倘若債務人付不出規定的利息或無法償付本金，可以用來償還貸款。

collateralised debt obligation (CDO) ｜ 抵押債務憑證

參見「securitisation ｜ 證券化」。

collusion ｜ 勾結

參見「cartel ｜ 卡特爾」。

command economy ｜統制經濟

指由政府管控經濟活動的所有面向（參見「communism ｜共產主義」）。

commoditisation ｜商品化

指變成大宗商品的過程。比方說，微晶片一開始是特殊化的技術創新，每一張晶片成本高昂，也能為製造商賺得高額利潤。如今，晶片大致上是同質的：同一張晶片可以用在許多不同的產品上，任何願意投資標準化設備的廠商，都有能力生產，也因此競爭激烈，而且價格與獲利率均低。某些經濟學家主張，現今經濟的創新步伐更快，使得商品化的流程更常見。

commodity ｜大宗商品

通常可以大量購買的相對同質產品，包括一些原物料，例如石油、棉花、可可和銀，以及用來製造其他商品的製成品，例如用在個人電腦中的晶片。大宗商品通常在大宗商品交易所交易。大約在 2005 年時，全世界開始歷經某些經濟學家認定的大宗商品泡沫，但在這之前，幾十年來天然大宗商品以**實質條件**計算的平均價格穩定下滑，與某些人的預測背道而馳。這些人說，銅等不可再生資源的消費大增，將會拉高價格。偶爾以實質條件計算的油價會飆漲，最明顯的是在 1970 年代，以及 2005 年至 2008 年之間，引發油價上漲的並非有限的石油

供給浩劫，而是因為**石油輸出國組織**實施產量配額、發生戰爭，或是擔心戰爭（特別是油藏豐富的中東），在最近期，則是因為全球需求高漲，再加上**投機**。

common goods ｜共有財

參見「tragedy of the commons ｜共有的悲劇」。

communism ｜共產主義

這是**資本主義**的敵人，如今幾乎已經絕跡。發明者**馬克思**預測，在封建制度與資本主義之後，繼起的將是「無產階級專政」，在這種制度下，國家會慢慢衰弱，經濟活動會受到適當的安排，達成「各盡其能、各取所需」。蘇聯可說是將共產主義付諸實行的最著名嘗試，結果顯然很失敗，但現代的馬克斯追隨者認為，是蘇維埃弄錯重點了。

comparative advantage ｜比較利益

保羅・薩繆爾遜（Paul Samuelson）是 20 世紀最偉大的經濟學家之一，他曾說過，比較利益是經濟學中唯一真實又讓人驚訝的原理。這也是最古老的經濟學理論之一，通常歸功於**李嘉圖**。比較利益理論為自由貿易奠下經濟立論的基礎，但經常遭到反自由貿易人士的誤解或誤讀。比較利益證明，就算一個國家在經濟活動的每一方面都更有效率，也就是具備**絕對**

利益，貿易仍可以讓所有國家都獲利。比較利益的重點在於找出一個國家（或企業或個人）做什麼最有效率。

要了解這套理論如何立論，先假設有兩個國家，A國和Z國。兩國都各有一千名勞工，也都能生產兩種商品：電腦和車。A國的經濟生產力遠高於Z國，要生產一部車，A國需要用到兩名勞工，相較之下，Z國要用到四名。要生產一部電腦，A國需要用到十名勞工，相較之下，Z國要用到一百名。如果沒有貿易，在每個國家，兩個產業各分到半數的員工，A國生產兩百五十輛汽車和五十部電腦，Z國生產一百二十五輛汽車和五部電腦。

如果兩國從事專業分工，那會如何？雖然A國生產電腦和車都比Z國更有效率（A國擁有絕對利益），但是生產電腦的差距拉得更大，因此，A國應該把多數資源投入電腦產業，聘用七百名員工製造電腦，僅留三百名製造汽車，讓電腦產量增至七十部，汽車產量減至一百五十輛。Z國則全力投入生產汽車，最後產出兩百五十輛。

這麼一來，兩種產品的全球總產量都提高了。如果有貿易，兩國都可以消費更多這兩種產品，但是，是用什麼價格消費？兩國都不想因為進口導致拉低本國製造的產品價格。因此，A國希望一部電腦至少可以換五輛車，Z國最多只願意用二十五輛車來換一部電腦。假設貿易條件固定在一部電腦換十二輛車，兩國用一百二十輛車交換十部電腦。這麼一來，A國有二百七十輛車和六十部電腦，Z國則有一百三十輛汽車和十部電腦，兩國都比不進行貿易時更好。

即便A國在生產電腦和車兩種產品上都具備絕對利益，前

述的結論也成立，理由正是每一個國家的比較利益不同。A 國生產電腦的優勢大於生產汽車。Z 國雖然生產兩種產品的成本都較高，但是在生產汽車時成本相對低。若各國各自專精於生產具備比較利益的產品，兩者均可從貿易當中獲利。

根據比較利益理論，基本上，國家從事貿易是有利的，因為每一個國家都不同，不可能有任何一個國家在任何一方面都不具備比較利益。一個國家可能生產每一種產品的效率都比其他國家低，但是在相對不那麼弱的產業上仍具備比較利益。

假定一國的比較利益是靜態的，並不合理。倘若一國專攻具備比較利益的面向，並提高所得，就可以提供更好的教育與基礎建設，未來，這些將能在其他經濟活動上為國家創造比較利益。

competition ｜競爭

競爭越激烈，就越可能拉高企業效率並壓低價格。經濟學家已經辨識出幾種不同類型的競爭：「**完全競爭**」是我們能想像到競爭最激烈的市場，在這裡，產品是同質的，每個人都是價格接受者（price taker）。企業僅能賺得正常的利潤，大概是讓業務能繼續經營下去的最低限度。如果企業賺得的利潤高於此（也就是賺到了超額利潤），就會有其他企業進入市場，把價格壓低，一直到僅能賺得正常水準的利潤為止。

多數市場都存在某種形式的「**不完全競爭**」，也稱為「**壟斷性競爭**」。這類競爭裡的企業數量比完全競爭市場少很多，而且每一家都有能力設定某種程度的**進入障礙**，因此，企業可

以賺得某些超額利潤，但也不會因此導致新廠商進入，壓低價格。

競爭力道最薄弱的是「壟斷」，由單一企業主導，藉由管制市場上的產出量或價格（但不能同時控制兩者），賺得高額的超額利潤。從這方面來看，壟斷廠商是價格設定者（price setter）。當市場上只有少數幾家廠商時（也就是寡占），這些廠商有機會透過某種形式的勾結（參見「cartel｜卡特爾」），如同壟斷廠商一般行事。

如果是一個可競爭市場，就算由單一企業獨霸，也不必然能發揮壟斷力量。獨霸企業要是效率低落，或是能賺得超額利潤，另一家效率較高或獲利較低的企業將會進入市場，取而代之其獨霸地位。

competitive advantage｜競爭優勢

讓一家企業（或個人，或國家）面對競爭對手時具有優勢的因素。

competitiveness｜競爭力

「真正的經濟學家不談競爭力。」2008 年諾貝爾經濟學獎得主保羅・克魯曼（Paul Krugman）如是說。但真正的企業人士與政治人物總是在這個話題上打轉，許多企業進行嚴酷的精簡規模行動以維持競爭力，政府則設置多個委員會，檢討如何強化國家的經濟表現。

克魯曼的駁斥並非針對企業（企業通常都有必須打敗的對手），而是反對把這個詞用在國家上。如果套用到國家經濟上，在最好的情況下，這個詞不過就是個沒有意義的字眼，在最糟糕的情況下，還會助長**保護主義**。他宣稱，各國之間不能用企業之間的方式競爭。克魯曼主張，當兩家公司競爭，會有一輸一贏，但若兩國貿易，則不是**零和遊戲**。當兩個國家透過貿易競爭時，兩國都是贏家。

但是衡量一國競爭力的各種指標並非毫無意義。一個國家未來能否繁榮，取決於該國能否提高生產力，這是政府政策可著力之處。各國確實互相競爭，看選擇哪些政策能來帶動更高的生活品質。即便如此，概念上與衡量上的難處，代表在看待越來越多比較不同國家競爭力的指標時，應該要有所保留。

complementary goods ｜互補品

當你購買電腦時，也需要購入軟體，電腦硬體和軟體便是互補品。這兩種產品的特性是，當其中一種產品的需求提高（或降低）時，會導致另一種的需求也提高（或降低）。互補品的相反是「**替代品**」，比方說，以微軟視窗架構為基礎的個人電腦，就和蘋果公司的麥金塔電腦是替代品。

compound interest ｜複利

如果一個存款帳戶一年的利率為 10%，存入 100 元，到年底時，戶頭裡將有 110 元。如果把錢繼續放在帳戶裡，這 110

元都可以領到利息，因此，第二年增加的利息將會是 11 元，帳戶總數為 121 元，這就是所謂的複利。反之，**單利**則只付給帳戶裡的本金每年 10% 的利息。

concentration ｜ 集中

這是指市場趨向由幾家大企業主導。如果高度的集中，反映的是缺乏競爭，可能是出現**反托拉斯**問題的證據。傳統上，經濟學家會利用「**赫芬達爾－赫希曼指數**」來檢視是否過度集中。這個指數的計算方式，是加總所有相關企業的市占率數值平方。指數值低，代表參與的競爭對手很多，要施展**市場力量**很難；反之，指數值高，代表這是一個集中的市場，很容易就能拉高價格。較近期，反托拉斯的主管機構比較不重視集中的問題，原因之一是很難定義市場範疇去衡量集中度。這些主管機關把注意力轉向尋找賺得超額利潤或阻礙創新的企業，但這種做法也引發棘手的概念性與實務性問題。

conditionality ｜ 條件性

這指的是附加其他具有拘束力的事項，比方說，在國際援助，或是**國際貨幣基金**與**世界銀行**的貸款上加註其他限制，條件可能是受助國政府必須執行捐助者或放款者想看到的經濟或政治改革。

consumer confidence ｜消費者信心

　　指消費者對於經濟前景的感受。衡量平均消費者信心的指標，是很有用的指標，可以顯示消費者可能花多少錢，但並非絕對可靠。結合**企業信心**等指標，就可以顯示整體經濟活動的概況。

consumer price ｜消費者物價

　　當一般人憂心通貨膨脹時，通常想到的就是消費者物價。這是指最終消費者購買產品或服務時支付的價格；反之，則是企業在生產流程不同階段支付的價格，例如**出廠價格**。消費者物價的變化，通常都以「消費者物價指數」來表示，有兩種形式：一種包含所有消費者物價；另一種則刪除一次性的變動，僅追蹤核心消費者物價通貨膨脹。

consumer surplus ｜消費者剩餘

　　指消費者為了產品和服務願意付出的價格，減去實際付出價格的差額。若加上**生產者剩餘**，便是一次銷售活動創造出來的整體經濟益處。

consumption ｜消費

　　這是消費者做的事。在一個經濟體中，這可以細分為私人

消費與公共消費（參見「public spending｜公共支出」）。一個社會消費越多資源，能儲蓄或投資的就越少，但諷刺的是，越高的消費或許能鼓勵更多的投資。**生命週期假說**指出，在某個生命階段，比較可能多儲蓄、少消費，在其他階段則比較可能成為重度消費者。有些經濟學家主張，消費稅是比較有效率的稅捐形式，勝過針對財富、資本、財產或所得課稅。

contagion｜傳染

這是骨牌效應，一國的經濟問題散播到另一國。由於全球化程度日漸提高，更強化了風險的傳染力。舉例來說，各個金融市場越是整合，意味著與之前多數的崩盤相比，2008 年 9 月雷曼兄弟倒閉時，世界上有更多地方幾乎馬上受到影響。

contestable market｜可競爭市場

在這個市場裡，一家效率低落或能賺取超額利潤的企業，很可能被效率更高或獲利較少的對手驅逐出去。即便由單一企業主導，一個市場仍可能是可競爭市場。既存企業縱然因**市場力量**而享有壟斷，但新進企業會以潛在競爭對手之姿存在。

convergence｜收斂聚合

參見「catch-up effect｜追趕效果」和「developing country｜開發中國家」。

corruption ｜貪腐

貪腐不僅有損道德，也會傷害經濟。研究人員發現，在貪腐嚴重的國家，**國內生產毛額**投入投資的部分越少，成長率也較低。與清廉的國家相比，貪腐的國家教育投資較低，而教育能為經濟體帶來高額的經濟紅利而非小惠小利，因此限制了這些國家的人力資本。貪腐的國家能吸引到的**海外直接投資**也比較少。

貪腐絕對不會是好事，但某些類型的貪腐沒這麼糟糕。有些經濟學家指出，賄賂與支付稅金或購買營運執照之間有相似性，倘若貪腐是可預測的，即行賄者知道要付多少錢，而且確定付錢後能得到想要的，對經濟的傷害就不像不可測的貪腐這麼嚴重。

消滅貪腐可以創造重大的經濟利益，讓各種制度得以發展，確保市場經濟以高效率運作。在許多貪腐較嚴重的國家，私人利益與公共責任之間的區分仍不明確。在一個索賄是執行公共事務時的例外、而非規則的國家，能因為各種制度順暢運作而獲得成長的助力，例如獨立司法、新聞自由、薪資合宜的公務員服務制度，還有，或許最重要的是有一個完善的經濟體，讓企業能競求消費者和資本。

cost of capital ｜資本成本

這是一家企業為了享有使用權，支付給資本所有權人的成本，包括公司債券支付的利息，以及付給股東的股利。在判斷

要不要執行某個專案時，企業應該計算能否創造出足夠的收入以支應所有發生的成本，包括資本成本。計算股權的成本可能很麻煩（參見「capital asset pricing model (CAPM)｜資本資產定價模型」和「beta｜貝他」）。

cost-benefit analysis｜成本效益分析

比較做一件事要付出哪些成本、可以得到那些效益，透過分析之後做出經濟性的決策。聽起來很簡單而且符合常識，但實務上經常極為複雜且遭到濫用。只要仔細挑選成本效益分析當中使用的假設，這套方法幾乎可以支持（或反駁）任何結論。當要做的決策涉及沒有市場價格的成本或利益時，或者，由於**外部性**，導致成本或利益並未完全反映在市場價格上時，尤其如此，例如決定要在擁有絕世天然美景的地方興建水力發電水壩，或是立法要求工廠限制排放有礙健康的廢氣（參見「shadow price｜影子價格」）。

crash｜崩盤

指某一項或某一群資產類別的價格暴跌。例如 1929 年的華爾街大崩盤，或是和 2008 年 9 月雷曼兄弟倒閉相關的全球股票、債券和**衍生性商品**市場崩盤。經濟學家常常要很辛苦才能找出明確的理由解釋市場崩盤，其中，1987 年 10 月的黑色星期一股市崩盤特別讓人沒有頭緒。會發生崩盤，通常都是因為發生**不理性的繁榮**，出現泡沫，當這股不理性的繁榮完全沒

有道理時，只要出現某些小事，就算經濟學家認為根本無關緊要，也很容易轉變成普遍的悲觀。

creative capitalism ｜創意資本主義

參見「philanthrocapitalism ｜慈善資本主義」。

creative destruction ｜創造性破壞

參見「Schumpeter, Joseph ｜熊彼得／喬瑟夫‧熊彼得」。

credit ｜信用

以某種方式展延或（有時候是）進行貸款，比方說，延遲付款的發票。

credit creation ｜創造信用

指放款。創造信用的額度通常受規範的限制，債權人可以放出的貸款金額有限，要視其擁有的資產而定，這樣才能將破產的風險降到極低。國家的中央銀行會試著把創造信用的金額保持在某個水準以下，當大量增加**貨幣供給**時，才能夠快速提高通貨膨脹。即便在過去多半由銀行從事放款業務之時，要拿捏好分寸已經不容易，1980 年代以後更加困難，因為由不受

規範的非銀行機構放出的貸款不斷成長。2008 年崩盤期間，凸顯信用市場**流動性**枯竭的危險，以及歷經**信用緊縮**後有多難以恢復。

credit crunch ｜信用緊縮

這是指銀行和其他提供**信用**的機構忽然停止放款。自 1930 年代以來，近期最嚴重的信用緊縮始於 2007 年，當時債券市場一夕之間失去**流動性**，最後導致 2008 年的金融崩盤與大衰退。這次信用緊縮的起因，究竟是因為放款機構出現重大投資損失，**資本適足率**下滑，導致貸款能力降低，讓它們的態度轉為**風險趨避**，還是因為對於經濟前景越發不明確，經濟學家莫衷一是。信用緊縮一旦開始，就很難阻止，特別是當中還有**凱因斯**所說的「節儉的矛盾」因素作祟。比起金融市場的信用緊縮（例如 2007 年開始的這一次），要解決銀行放款端的信用緊縮到底是比較容易，還是比較困難，還有，是否要採取不同的解決方案，讓經濟學家大肆爭論。

credit default swap (CDS) ｜信用違約交換

這是一種金融契約，如果指定的公司違約，無力償付自家的公司債券，締約的其中一方就會付錢。在 2008 年金融崩盤前幾年，信用違約交換市場非常蓬勃，因為投資人買下這類契約當作一種保險，防範他們投資的公司倒閉。這或許助長了**不理性的繁榮**，導致崩盤。確實，從後見之明來看，很多專家認

為，人們過度信任信用違約交換市場，是全球金融市場最危險的斷層帶之一（參見「derivative｜衍生性商品」）。

creditor ｜ 債權人

指借錢給他人的人，不管是放出貸款、購買債券，或是允許別人日後再償付自己擁有的錢都算。

crony capitalism ｜ 裙帶資本主義

這是一種經營企業的取向，以照顧自家人來鞏固自己的利益。至少在 1990 年代末期的金融風暴之前，亞洲某些企業、甚至是政府的契約僅會交由親友，這通常是一種貪腐形式，會導致經濟效率低落。

crowding out ｜ 排擠

當政府在做某些事時，很可能會阻礙，或者說是排擠民間試著做相同的事。有時候，政府過度借貸會遭到譴責，認為民間的借貸會因此受到排擠而減少，導致投資低落。而且，由於公共借貸的經濟報酬一般都低於民間債券（尤其是公司債），因此會拖慢經濟成長。1980 與 1990 年代國家一般不太會債台高築，而且，由於全球化之故，企業與政府（包括美國政府在內，美國的公共負債重擔在 21 世紀的前十年大幅提高）發現，在國外籌資變得更容易了。當國家支出花在若由私人營利

企業、甚至慈善資本主義提供會更有效率的事物上時，也會出現排擠效應。

crowd ｜ 群眾

1906 年，維多利亞時代的博學之士法蘭西斯・高爾頓（Francis Galton）去參訪一處牲口市集，市集上，請村民猜一頭公牛屠宰、拔毛後的重量。參與猜謎的八百人，沒有人猜中牛的重量：1,198 磅。但在這八百個答案中，中位數確實非常接近，這個數值是 1,197 磅。這件事，以及其中所隱含「眾人的洞見可以超越個人智慧」的意義，近年來是越來越多人關注的主題。網際網路帶來暴增的數據量與互動機會，再加上現今越來越精密的分析技術，激發出很多人試著善用「群眾的智慧」。有的企業從事「群眾外包」，借用眾人之力進行增補式的產品改善，或者落實突破性的想法。「群眾募資」也迅速成長，利用特定目的的網站平台（例如 IndieGogo 或 Kickstarter）向大眾募款。當中的巧妙是要知道，群眾何時富有真知灼見，何時又像**行為經濟學**所說的，群眾的資訊流與心理偏見可能導致不理性的結果，例如泡沫。

currency board ｜ 貨幣發行局制

某些國家嘗試利用這種工具來捍衛自家貨幣不受**投機**攻擊。引進貨幣發行局制的國家承諾在有需求時，會以固定的匯率轉換本國貨幣。承諾要可信，貨幣發行局必須持有以固定匯

率計算至少等於發行本國貨幣價值 100% 的外幣準備（黃金或其他流動資產也可以）。

　　香港自 1990 年代實行貨幣發行局制，在當時，各國決策者之間很流行這種做法。但是到了 2002 年 1 月，阿根廷採行貨幣發行局制十年後，國家出現政經危機期間，披索貶值，這個概念也就失去了大部分的吸引力。阿根廷的範例證明，貨幣發行局制既非萬靈丹，也不保證由國家擔保的匯率必定能維持固定。

currency peg ｜釘住貨幣制

　　指當一國政府宣布該國貨幣對另一種或多種貨幣的匯率為固定值（參見「currency board ｜貨幣發行局制」）。

currency swap ｜貨幣交換

　　參見「derivative ｜衍生性商品」。

current account ｜經常帳

　　參見「balance of payment ｜國際收支平衡」。

cyclical unemployment ｜循環性失業

　　參見「unemployment ｜失業」。

D

deadweight cost/loss ｜ 無謂成本／損失

這是指稅捐、減稅或補貼的價值與影響力，因為出現副作用而減少。比方說，調漲薪資所得稅，導致某些員工不去工作或減少工作；提供減稅或補貼，鼓勵人民購買人壽保險，會產生無謂的成本，因為購買保險的人無論如何都會受益。

debt ｜ 負債／債務／債券

「別借錢，亦莫放債。」莎士比亞在《哈姆雷特》裡如是說。但事實上，能夠借錢，以及願意借錢，是帶動經濟成長的要素，因為借貸讓個人、企業，以及政府得以從事不借錢做不來的投資。負債的價格是利息。銀行向來是放款的主力機構（不過，美國人民購屋時可以向特殊的住宅儲蓄機構申請房貸），但自 1960 年代起，可以借錢的地方越來越多，公司在

金融市場售出價值數以兆計的債券給投資人，個人可以利用信用卡借錢，沒有其他地方告貸的，則可以去當鋪或借高利貸，差別在於他們收取的利息比較高。

在多數國家，到目前為止，最大的單一債務人是國家，國家借的錢是國債。美國 2013 年時民間負債為**國內生產毛額**的 156%，相較之下，1950 年時不到 60%。自 1990 年代末起，某些經濟學家就對不斷提高的消費性負債表達關切，特別憂心個人、企業、**避險基金**與**私募股權**投資人在金融市場的借貸標準很寬鬆。2007 年開始出現的**信用緊縮**，以及 2008 年接踵而來的崩盤與大衰退，證明了前述的借貸標準既無法維持下去，也不明智，使得全球經濟暴露在過度的風險中。但截至 2015 年，全球經濟要面對的負債，比 2008 年還高。

debt forgiveness ｜ 負債免償

這是指取消或重整債務人的負債，以減輕債務負擔。許多經濟學家認為，要減輕較貧窮國家面對的財務問題，負債免償是最好的方法。某些國家每年必須支付高額的利息給海外債權人，少有餘錢可以花在長期解決貧窮，例如教育勞工與興建現代化的基礎建設。1998 年時，開發中國家的債務危機可以說發展到最惡化的地步，**世界銀行**計算，全世界近四十個最貧窮的國家都背負著「重到背不動」的債務負擔，總負債現值超過國家出口的 220%。

債務免償有潛在的缺點，比方說，這當中就有**道德危險**的風險。如果借太多錢的國家可以免償負債，貧窮國家就會覺得

盡量借錢也沒什麼好損失的。借來的錢直接落入貧窮國家政府手上，如果政府充斥著在這類國家習以為常的貪腐，借款就很難幫助到最有需要的人民。正因為如此，決策者通常主張，負債免償應該搭配條件性條款，例如要求債務國拿出追蹤紀錄，證明落實了用意在於防範重蹈覆轍的經濟改革，不會再引發需要免除負債的狀況。世界銀行的高負債貧窮國行動便採用這種方法，這項行動最初於 1996 年推出，並延長至 1999 年。截至 2015 年，在三十九個符合方案資格的國家中，三十六國已經有了相當的改革進展，獲得某些負債免償待遇。

debt/equity ratio ｜負債權益比

參見「capital structure ｜資本結構」。

default ｜違約

指無法履行貸款協定中的條件。比方說，債務人無法支付定期的利息，或是無法在約定的時間償付貸款，就是違約。判斷違約的可能性，是決定貸款利率價格時很重要的一環。整體貸款的利率，會設定成即便某些個別貸款因為債務人違約而無法獲利，但平均而言，債權人仍有利可圖。

deficit ｜赤字

指流出去的錢比流入的更多。當公共支出超過政府收入

時，就出現「預算赤字」。當出口、私人與官方移轉流入的總價值不及進口與移轉流出的總價值，就出現「經常帳赤字」（參見「balance of payment｜國際收支平衡」）。

deflation｜通貨緊縮

1930 年以降，多數已開發國家的平均價格年復一年上漲已成為慣例。然而，在 1930 年以前，出現通貨緊縮（亦即價格下跌）的可能性，就像**通貨膨脹**一樣高。舉例來說，第一次大戰前夕，倫敦的整體物價並不比 1666 年倫敦大火時高多少。即便是現代經濟體，通貨膨脹也不見得不可避免。日本 1990 年代便出現通貨緊縮。在接續 2008 年崩盤的大衰退期間，全球某些主要中央銀行表態擔心會發生通貨緊縮的危險，並以此為由，支持某些時候極度寬鬆的**貨幣政策**，包括實施短期負利率。

通貨緊縮是指一般的產品與服務價格持續下降。不要把通貨緊縮和特定的價格下降混為一談，這也和通貨膨脹率下滑不同，後者的情形稱為「平抑通貨膨脹」。

有時候，通貨緊縮無傷，甚至可能是好事，前提是價格降低後，提高了實質所得和購買力。舉例來說，在 19 世紀的最後三十年間，由於鐵路線擴張和工業科技進步，可以用更便宜的方法製造，美國的**消費者物價**幾乎降了一半，但這段期間內，每年實質**國內生產毛額**成長幅度超過 4%。

但是，當通貨緊縮反映的是需求遽降、產能過多與**貨幣供給減少**，就像 1930 年代美國的大蕭條時那樣（2008 年崩盤後

的大衰退，也有很多人擔心會再度發生相同的情況），那就危險了，問題甚至比通貨膨脹更嚴重。從 1929 到 1933 這四年間，美國的消費者物價下跌 25%，實質國內生產毛額則減少 30%。這種張狂的通貨緊縮，殺傷力比不受控制的通貨膨脹更大，因為這會造成難以逃避的惡性循環。預期價格明天還會下跌，是鼓勵消費者延遲購買，從而抑制需求，迫使企業再進一步壓低價格。不斷下跌的價格也會讓債務的實質負擔更加沉重（因為**實質利率**提高了），引發破產與銀行倒閉。基於這個理由，通貨緊縮對於公司債龐大的經濟體來說特別危險。最嚴重的是，通貨緊縮會讓貨幣政策失效，名目利率不能為負值，因此實質利率會卡在太高的水準。

demand ｜需求

這是經濟學家最常用的詞之一，另一個是「**供給**」，這是帶動市場經濟的兩股並行動力。需求不只是衡量人們要什麼，對經濟學家來說，這指的是人們想要且能夠購買的產品或服務數量。**需求曲線**衡量某種產品價格與需求量之間的關係，通常，價格上漲時，願意且能夠購買的人越少，也就是需求下跌。面對需求改變，經濟學家通常用以下兩種方法中的一種來說明：當價格改變，導致需求量改變時，變動是沿著需求線，如果價格回到之前的水準時，需求量也會回到原始點。當需求量不同於過去特定價格的水準時，則是需求線出現變動，此時，市場價格並沒有變化，需求也會增減。需求曲線的斜率代表需求的彈性。至於要如何模擬需求，參見「revealed preference｜顯現性偏好」。

　　決策者會設法操縱總體需求，好在不推高通貨膨脹的條件下，讓經濟快速成長。**凱因斯學派**的經濟學家試著透過**財政政策**管理需求，**重貨幣論**者則偏好利用**貨幣供給**，這兩種方法在實務上都並未特別見效，試圖透過**微調**管理短期需求時尤其如此。

demand curve｜需求曲線

　　這個圖形顯示某種產品在不同價格時，價格與需求量之間的關係。

demographics｜人口統計

　　這個詞泛指人口以及人口統計研究。自湯瑪斯·馬爾薩斯（Thomas Malthus）預測人口成長將導致大饑荒以來，這兩百年間，在看待各種以人口趨勢為依據的悲觀預測時，必須持保留態度。即便如此，人口統計還是很重要。在已開發國家，經濟學家研究戰後大增的「嬰兒潮」世代逐漸成長的影響。1980 年代，隨著這一大群人成為主要的勞動力，可能助長了許多國家的失業率快速（但可能是暫時性的）攀升。嬰兒潮世代開始儲蓄，可能帶動了對股票的需求，促成 1990 年代股票市場的牛市；現在，他們退休，開始賣股票以用於支出，可能導致長期的熊市。此外，當這群人老去時，醫療保健支出和退休年金在**國內生產毛額**中的占比可能越來越高。倘若這些都由

國家提供，意味著公共支出與稅賦都會提高。但無論來源是政府或民間，嬰兒潮世代的老化，將會對扶養他們的年輕勞工造成越來越沉重的財務負擔（參見「replacement rate｜人口替代率」）。經濟學家試著利用**世代會計帳**來衡量這樣的負擔有多重，透過檢視每一代人在生存期間移轉給另一代的財富。

　　經濟學家也發展出許多不同的理論來解釋人口為何成長，以及生育率為何快速減慢。在 1990 年代，許多已開發國家的生育率已經低於人口替代率。有一個解釋的基本概念是，過去養兒是為了防老，生育率下降，是因為國家越來越照顧退休人士，而且嬰兒死亡率很低，不再需要生那麼多小孩來確保父母老邁時膝下仍有子女。同時，父母把精力與資源放在少數孩子身上，強化孩子的人力資本。女性受到更好的教育，而且勞動參與率更高，在減緩人口成長一事上可能也扮演要角。結合了重要的創新，也就是可以輕鬆取得簡單可靠的避孕方法。這些趨勢導引出相關預測，地球上的人口不會像過去所說的，在 2011 年時突破七十億。確實，2011 年是「小孩高峰」年，當年紀錄上 15 歲以下的人口有十九億人，這個數值一直沒有被超越。

deposit insurance ｜ 存款保險

　　萬一銀行倒閉，存款保險可以保障你的儲蓄。世界各地採用的方式不一，但多數國家政府會規定銀行要有存款保險，並且由銀行（最終仍是客戶）付費，從銀行的資產中提撥一小部分，支付給通常由政府經營的中央保險基金。如果銀行違約，

這個基金會保障銀行客戶的存款至少在某個上限之前無虞。存款保險讓銀行的客戶安心，知道自己的存款受到保障，可以防範客戶恐慌引發擠兌，從而降低**體系風險**。美國在 1933 年引進存款保險制度，在此之前發生過大規模的銀行擠兌恐慌，引發廣泛的破產，深化蕭條。在 2008 年金融崩盤前幾個月，由於擔心銀行倒閉的憂慮日深，包括美國在內的多國政府大幅擴大存款保險的範圍。

存款保險的缺點是引發了**道德危險**。存款保險讓存款人不受銀行違約影響，會降低他們密切監督銀行的動機。而且，知道萬一倒閉時，會有一張由國家出資的安全網保護著，銀行也更樂於冒險。

這類道德危險沒有簡單的解法，方法之一，是密切監督銀行的行為，這說起來容易，做起來難，更別說成本相當高。另外一個方法就是確保銀行有適足的資本，規定銀行在承擔不同的風險時，要視情況提撥一定額度的資本。

或者，國家也可以縮小安全網的規模，方法是把銀行分成兩類：非常安全、由國家擔保的「狹義銀行」，堅守傳統業務，僅投資安全的資產；另一種是不受擔保的「廣義銀行」，可以在比較寬鬆的規範系統下從事更廣泛的業務。投資廣義銀行的存款人可能賺得更高的報酬，因為這類銀行可以投資風險更高的資產，但如果銀行破產，他們也一毛都不剩。

另一個可能的答案，是要求銀行融資一小部分的資產，銷售次順位債券給其他同業機構，並規定債券的殖利率不可以比對應的無風險投資工具的報酬率高太多（比方說，不能超過 50 個基點）。次順位債券就是一種**次級**債券，如果銀行出現

財務困難，要拿回錢的順序排在很後面，而且也沒有安全網。投資人僅會在確定銀行風險很低時，才會買下殖利率接近無風險利率的次順位債券。銀行要售出債券，必須說服資訊充分的投資人，如果說服不了，就無法營運。這種做法善用了銀行家比監督者更清楚銀行業務的事實。這套方法並不要求銀行成為好公民，只要它們著重利潤。這和現行的體制不同，善用了所有可用資訊，並適度修正每一個人的誘因。這個聰明的點子首先在阿根廷試行，但在該國 2001 年到 2002 年的經濟、銀行與政治危機時成為犧牲品，沒有機會證明效果。

depreciation ｜貶值／折舊

指一種資產或貨幣的價值下滑；反之則為「升值」。

depression ｜蕭條

指經濟活動遭逢惡性、嚴重的長期衰退。有個笑話說，鄰居失業叫衰退，自己失業則是蕭條。根據教科書上的定義，衰退是產出連續兩季減少；不景氣是產出下滑幅度至少達 10%；蕭條則是更嚴重、更長期的不景氣。

最有名的範例，是 1930 年代的大蕭條。經歷過「飛揚的1920 年代」強勁成長之後，美國（與其他國家）的經濟陷入長期衰退，產出下滑 30%，失業飆漲且居高不下（1939 年，美國勞動人口的失業率維持在 17%，兩萬五千家銀行近半數倒閉）。為了設法刺激成長，新政（New Deal）是當時範圍

最廣的主動式**財政政策**範例，大幅拓展政府在美國經濟中扮演的角色。但蕭條的結束，則要等到各國開始準備參與二次大戰之時。

為什麼會發生大蕭條？原因尚未完全明朗，但別去理會一般的說法：都是因為 1929 年 10 月的華爾街股市崩盤；都是因為決策者什麼都沒做；是新政扭轉局面。早在 1928 年時，**聯準會**就很擔心金融**投機**和高漲的股票價格，開始調整利率。1929 年春，工業生產開始減緩，衰退始於夏天，比股市在 10 月 24 日到 11 月中蒸發一半市值的時間更早。崩盤只是讓已經開始的衰退雪上加霜，引發嚴重的經濟緊縮，但不至於造成長達十年的不景氣。

那麼，為何糟糕的經濟下滑會越來越嚴重，年復一年，而且不僅是在美國，更蔓延全球？1929 年時，全世界多數國家都採**金本位**，原本應有助於穩定美國經濟。隨著美國的需求下滑，進口走緩，**國際收支平衡**盈餘擴大，這時黃金應該流入美國，**擴大貨幣供給**並帶動經濟，但因為聯準會擔心信用寬鬆與投機，阻礙了前述調整機制的效力，反而緊縮貨幣供給。這也伴隨著**保護主義興起**，各國政府面對需求下滑的挑戰，試著透過關稅降低進口，導致國際貿易崩潰。之後，美國各家銀行紛紛倒閉，聯準會也放任不管。隨著信心危機不斷蔓延，更多的銀行跟著倒閉，當人們忙著把銀行存款換成現金時，貨幣供給也跟著崩潰了。

不當的**貨幣政策**受到不當的財政政策推波助瀾。1932 年美國加稅以平衡預算與恢復信心。新政引進**存款保險**制度並提振政府，但也對企業課徵重稅，設法防範「過度」競爭。政府

也引進**價格管制**和其他反商規範。這些都無法阻止美國經濟在 1935 年短暫復甦之後，1937 年到 1938 年間再度陷入衰退，事實上，甚至還推了一把。

deregulation ｜ 法規鬆綁

這指的是簡化手續，消除針對競爭數量、業務類型或特定產業索取的價格加諸的法律與準法律的限制。在 20 世紀的最後二十年裡，許多政府承諾推動自由市場，施行大幅法規鬆綁，再搭配國有產業民營化的自由化政策，目的在於減輕政府在經濟體中扮演的角色並促進競爭。即便有這些作為，各種繁瑣的公家程序仍然存在，而且難以撼動。在美國，一年約有一百七十個聯邦機構頒布超過三千五百種規定，2014 年時，〈聯邦法規彙編〉（Code of Federal Regulations）已經超過十七萬五千頁。但這也不見得是壞事，根據美國行政管理與預算辦公室估計，2014 年時維護這些規定的年度成本約在 570 億到 850 億美元之譜，但每年能得到的益處則結餘 2,160 億到 8,120 億美元。

即使是在雷根主義與柴契爾主義積極推動自由化的時代，法規鬆綁的範圍也是炒作的成分居多。現代經濟體無法在缺乏大量規範之下有效運作。撇開炒作，真正的議題是，要如何設計規範以強化經濟體（尤其是市場）的運作，而不要讓情況越來越糟糕。許多評論者將 2008 年的崩盤與之後的大衰退歸咎於法規鬆綁。確實，崩盤之後，各國大幅加強金融規範，然而有大量證據證明，設計或執行不當的規範，即所謂的**管制失**

靈，在本次危機中扮演重要角色。

derivative ｜衍生性商品

這是指從其他資產「衍生」價值的金融資產。比方說，可以購買某檔股票的選擇權，便是衍生自從該檔股票。許多評論者將 2008 年的金融危機套上衍生性商品的使用量快速成長，但在此之前，就已經有某些政治人物與負責金融規範的人士發出譴責，直指衍生性商品的使用量快速成長，致使資產價格波動性加劇，對使用者來說，也是危險的源頭。知名的美國投資人華倫・巴菲特（Warren Buffett）說衍生性商品是「造成大規模毀滅的金融武器」。

在經濟危機之前，經濟學家多半正面看待衍生性商品，因為它們有助於準確訂出金融風險的價格，從而強化風險管理。然而，即便在當時，他們也承認，當衍生性商品遭到誤用時，當中的槓桿（或者說**負債比**）很可能造成嚴重後果。因此，經濟學家附上了但書：如果你不懂，就不要使用。如今，許多經濟學家在檢視衍生性商品的用處時，觀點比較接近巴菲特，許多過去使用這些金融工具的人士也同意，至少目前是如此。

衍生性商品的世界裡處處充滿專業術語，以下說明幾個最重要的項目：

▌遠期合約：承諾使用者可以在未來特定時間用特定價格購買或出售某種資產
▌期貨：一種在交易所交易的遠期合約

▋交換：一種契約，雙方交換和某種負債或資產相連結的現金流。比方說，假設有兩家公司，一家以固定利率貸款十年，另一家公司也申請類似的貸款，期間相同，但以浮動利率計價。兩家公司同意承接彼此的債務，因此，第一家公司支付浮動利率，第二家公司則支付固定利率。貨幣交換則是一方以某種貨幣（如美元）借款，另一方以另一種貨幣（如英鎊）借款，兩者訂約承接彼此的利息負擔與本金，以借款的幣別計算

▋選擇權：一種契約，讓買方有權利、但無義務在特定日期或之前以特定價格賣出或買進特定資產

▋櫃檯買賣：供購買非交易所交易衍生性產品的地方，例如投資銀行

▋奇異型衍生性商品：指複雜或在新興經濟體中取得的衍生性商品

▋陽春型衍生性商品：與奇異型相反，通常都在交易所交易，和已開發經濟體有關，而且相對不複雜

許多衍生性商品是證券化的結果。所謂證券化，是指投資人購買的契約價值和銀行或公司創造出來的一套資產連動，包括各種**抵押債務憑證**，如**次級**房貸抵押證券。這類證券的價值暴跌，引發了金融危機，導致 2008 年的崩盤與之後的大衰退。

devaluation ｜ 貶值

指一種貨幣兌其他貨幣的價值忽然下跌，嚴格來說，僅指

固定匯率制度下的貨幣急速下跌，通常也指政府政策的特意干預。但近年來，貨幣強遭貶值的政府把罪怪到金融投機上。多數貶值的研究顯示，貶值能帶來暫時的競爭效益，但長期下來，提高的價格會抵消掉這些效果（參見「J-curve ｜ J 曲線」）。

developing country ｜ 開發中國家

這是指稱世界上貧窮國家的婉轉說法。用比較樂觀的說法，這些國家通常就是所謂的新興經濟體，很多國家都處於極度貧窮的狀態。

開發中國家能否晉身已開發，以及速度會多快，經濟學家莫衷一是。**新古典經濟學**預測，貧窮國家的成長速度會快過富裕國家，理由是資本的**報酬遞減**。貧窮國家一開始的資本較少，因此，每多投資一點，得到的報酬會高於資本較豐富的富裕國家。但數據並不支持這種**追趕效果**（或者說**收斂聚合**）。其一，沒有所謂的典型開發中國家這種事。正式定義下的開發中世界，包括快速成長的**金磚四國**，以及最貧窮的非洲國家。針對富裕國家與貧窮國家經濟成長與人均**國內生產毛額**關係所做的研究，並未有任何證據顯示較貧窮的國家成長速度較快。事實上，要說有差異的話，比較貧窮的國家成長較慢。

發展經濟學主張，貧窮國家面對特有的問題，需要不同於傳統已開發世界經濟學的政策解決方案才能化解。新興的**內生成長理論**則主張，收斂聚合確實會發生，但是有條件，假使某些因素，如國家的生育率、人力資本，以及政府的政策（以政

府支出在國內生產毛額中的占比為代表）維持不變，那麼，貧窮國家的成長速度確實會快過富裕國家。但在現實中，這些因素並非不變的常數（並非所有國家的人力資本數量或政府政策都相同），因此收斂聚合並不一定會發生。

政府政策看來是重點。大致上，推行自由市場政策的國家，尤其是奉行自由貿易與維護安全穩定的財產權，能夠提高成長率。平均而言，開放經濟體的成長率快過封閉經濟體。比方說，在 21 世紀前十年時，之前成長緩慢的非洲急起直追，特別要歸功於開放與中國貿易。公共支出相對於國內生產毛額較高的國家，通常成長速度也較慢。此外，高通貨膨脹對成長不利，會導致政治動盪。最貧窮的國家確實可以追上來，能夠增進競爭與誘因的對內和對外政策，將為它們創造最大的迎頭趕上機會。

雖然開發中國家起步時已充滿劣勢，但有證據顯示，某些國家並未積極自助，反而揮霍手中的資源。能夠有效**治理**經濟體的機構非常重要，善用資源的國家，成長速度可以飛快。確實，過去十年左右，世界上成長速度最快的國家，是貧窮國家中一群表現絕佳的小集團。2008 年與之後，隨著經濟危機從美國散播到其他地方，許多開發中國家受創，打破各種流行的脫鉤理論，但也有一些開發中國家從最初的衝擊中恢復，持續強勁成長。在 2008 年時，富裕國家在世界國內生產毛額中的占比，以從 1990 年的 53% 降至 44%。開發中國家的占比在 2030 年之前還會進一步提高。

development economics ｜發展經濟學

這是一個完整的經濟學理論分支，約在 1950 年代與 1960 年代的殖民時代末期孕育出來，其發展圍繞著一個問題：如何促成貧窮國家的發展。發展經濟學的前提是，貧窮國家本來就不同於富裕國家，因此需要專屬的經濟學模型。比方說，某些發展經濟學家主張，傳統部落社會裡並不存在自利、理性的個人（即**經濟人**）。他們宣稱，由於許多貧窮國家擁有大量的農業人口，通常仰賴出口大宗商品以賺取外匯，適用於富裕國家的經濟政策對它們來說沒有用。從後見之明來看，這些說法很多都被誤導了，基於這些主張提出的政策造成了災難性的效應。發展經濟學家相信，國家必須扮演要角以孕育現代化，但造成的後果是衍生出充滿貪腐的效率低落大型官僚、高額的預算赤字與猖獗的通貨膨脹。1990 年代，多數開發中國家的政府開始引入替代政策，仿效在富裕國家已有成效的經濟模型，試圖扭轉過去的政策，讓損害復元。然而，執行新政策的順序對於成效似乎有很大的影響，用正確的順序做正確的事很重要。

diminishing return ｜報酬遞減

當你擁有的越多，再多給你一點，能夠獲得的額外利益就很小，這也稱為「**規模不經濟**」。舉例來說，如果勞工已經擁有大量資本，再多給他們一點，能夠提升的生產力有限，遠不及給目前少有或沒有資本的勞工同樣數量的資本所能改善的幅

度。這一點支持了**追趕效果**，也就是認為開發中國家與已開發國家的成長率應該會**收斂聚合**。有些經濟學家主張，在 21 世紀的新經濟裡，資本可能沒有報酬遞減的問題，至少遞減的幅度小很多，甚至還可能出現報酬遞增。

direct taxation ｜直接稅

針對個人或公司的所得或財富課稅；反之則為「**間接稅**」。在許多地方，1980 年代到 1990 年代都下調直接稅率，部分是因為某些經濟學家主張，對收入課徵重稅有礙人們努力工作，對利潤課重稅則會鼓勵公司移往稅率較低的國家。此外，高所得稅率在政治上也不受歡迎。雖然調降稅率，但由於個人所得與企業利潤在這段期間穩定成長，透過直接稅收得的稅金仍持續增加。至於哪些直接稅或間接稅是最無效率的稅捐，經濟學家經常意見分歧。2008 年崩盤之後，除了某些承諾採取樽節開支措施的國家，多國政府大幅提高公共支出以因應大衰退，加上前 1% 的富人從寬鬆的**貨幣政策**當中獲益最大，不平等的情況加劇，促使人們重新思考是否要提高稅率，尤其是針對富人。

discount rate ｜折現率／貼現率

這可指中央銀行借錢給其他金融機構所收取的利息利率，也可指計算**折現現金流**所使用的利率。

discounted cash flow ｜折現現金流

　　一筆在未來到期的錢，價值比今天低了多少？把未來的現金流折現，就可以得到答案。利率點出這筆錢的價值在未來低於現在，因為現在的錢可以拿去投資賺利息，未來的錢則沒辦法。企業使用折現現金流來判斷值不值得進行一項投資專案。利率是一種工具，反映出把錢投入一項投資的**機會成本**。要檢視一項投資是否具有經濟意義，必須把收益折現，才可以當作和成本比對的指標。如果利益的現值超過成本，就是好投資。

diseconomies of scale ｜規模不經濟

　　參見「economies of scale ｜規模經濟」。

disequilibrium ｜失衡

　　指某個市場供給和需求不平衡；反之則為「均衡」。

disinflation ｜平抑通貨膨脹

　　指通貨膨脹率下滑。這是指價格上漲的速度變慢，而不是價格下跌，價格下跌是通貨緊縮。

disintermediation ｜消除中介

指消除中間人。消除中介是金融服務領域特別流行的詞彙，因為競爭和科技的變遷，降低了對既有中介機構的需求。在發生 2007 年現端倪的經濟危機之前，銀行就已經發現有很多業務消失了，比方說對企業的放款，因為很多公司可以直接使用**資本市場**。1990 年代末，**新經濟**理論學家主張，許多零售業者會因為消除中介而消失，理由是客戶可以透過網路直接和生產者交易，無須到店裡去。但這番預言只有一部分成真，因為許多現有的零售業者也建置了網路經銷通道，與離線的實體店面並行，作為「磚塊加滑鼠」（bricks-and-clicks）策略的一環。但 Amazon 對傳統零售業造成極大的影響（其影響力還快速成長），一如 Netflix 對電影出租店的衝擊。較近期，很多人預測帶動**比特幣**的區塊鏈技術會導致許多傳統金融服務中介機構消失。

diversification ｜分散

不要把所有雞蛋放在同一個籃子裡，**現代投資組合理論**鼓勵投資人分散投資，因為持有多種不同的股票與其他資產有助於降低風險。但商業界某種程度上不再流行分散經營了。關於分散收購不同企業的經濟研究發現，這麼做通常會傷害收購方企業的股東；反之，售出非核心事業的企業通常更能為股東創造利益。

dividend | 股利

指撥出公司部分利潤發給股東。不同於債券一定要支付利息，公司不一定要配發股利，由公司的管理階層決定，但要經過公司的所有權人（即股東）核准。然而，當公司減少股利時，通常會導致股票價格下滑，下滑的幅度超過少發股利可以合理解釋的範圍。經濟學家對此提出理論，認為減少股利是對股東放出訊號，透露出公司情況不佳，之後還會有更多壞消息。稅賦制度如何對待股利，會影響企業要發多少錢給股東。通常，對企業來說，比發放股利更具備**租稅效率**的方法，是在股市裡買回自家的股票。

division of labour | 分工

比起什麼都做一點、但什麼都不精，讓勞工做專精的工作，這樣會比較好。把勞動力分成不同的技藝與專業，理由和自由貿易的立論一樣，做自己具備**比較利益**的事，利用從中賺得的收入來滿足自己的需求，每個人都會受惠。

Dodd-Frank Act | 多德—法蘭克法

這是 2008 年的崩盤和後續事件引發的最大規模單一法規改革。這套〈華爾街改革暨客戶保護法〉（Wall Street Reform and Consumer Protection Act），在 2010 年由歐巴馬總統（Barack Obama）簽署成為法律，以兩位帶領法

律通過國會審查的議員來命名,他們是參議院銀行委員會的主席克里斯・多德(Chris Dodd),以及參議院金融服務委員會的主席巴尼・法蘭克(Barney Frank)。這套法律長達八百四十八頁,篇幅驚人。以美國自大蕭條以來訂立的法律來說,包括建立證券交易委員會,以及強制區分投資銀行與批發銀行,是最大規模的全面整頓金融規範。由於財務全球化程度益深,加上美國在全球金融體系中扮演要角,〈多德—法蘭克法〉造成的影響遍及美國境外。

〈多德—法蘭克法〉的主要概念有:

▎ 針對一般認為「太大而不能倒」、具系統重要性的金融機構制定特殊規範
▎ 要求金融業者預立「生前遺囑」,在必要時能「井然有序地進行清算」
▎ 要求金融企業進行強力的「壓力測試」,確定它們的資產負債表足以因應,能在類似 2008 年的崩盤或更糟的市況存活下來
▎ 制定「維克爾規定」(Volcker Rule),恢復某些強制性的區分,把批發銀行、投資銀行和其他有風險的活動分開
▎ 設立新的規範機構,包括消費金融保護局,其使命為確保提供給消費者的金融服務切合需求,而且消費者擁有足夠的資訊,可以適當地評估這些產品

批評者認為,〈多德—法蘭克法〉最有名的就是又臭又長,

但不清楚立法後卻不實施某些重要條款的用意何在，也沒有明確的證據顯示這能夠強化金融體系。可能是因為國會在 2008 年崩盤之後面對要有所行動的壓力，因應時太過倉促，未做足嚴謹的分析。

dollarisation ｜ 美元化

指一國國民偏愛美元，取代自有貨幣，這可能是政府的政策，或是買方、賣方所做的各種個人選擇造成的結果（比方說，一出現有麻煩的徵兆，拉丁美洲各地的投資人便紛紛擁抱美元）。若是政府的政策，那麼，美元化本質上便是一種加強版的**貨幣發行局制**。

訴諸美元化的理由，是因為美元的價值比不受信任的當地貨幣更穩定，當地貨幣可能曾經一夕重貶。藉由消弭所有兌換美元的貶值風險，當地公司以及政府便能降低在國際市場上的借款成本，因為已無貨幣風險。美元化的重大缺點，是把管制**貨幣政策**的權力拱手讓給**聯準會**，而且，如果美元化的國家和美國並非**最適通貨區**，那麼，適合美國的利率並不見得適合該國。構成最適通貨區，是一個國家以另一個穩定的貨幣來取代本地貨幣的理由，例如某些中歐經濟體便使用歐元，在歐元之前則是德國馬克。

dominant firm ｜ 主導企業

在市場裡有能力制定價格的企業（參見「monopoly ｜ 壟

斷」、「oligopoly｜寡占」和「antitrust｜反托拉斯」）。

dumping｜傾銷

指以低於生產成本的價格銷售產品。**主導企業**可能藉此來攻擊對手，**反托拉斯**主管機關稱這種策略稱為**掠奪性定價**。國際貿易的進口商常因為進口國企業的價格較高而被指控傾銷。如果一國判定進口商在其國內市場傾銷，可以針對廉價進口品課徵關稅。但這通常都是偽裝、而且很容易讓人識破的**保護主義**，用來對抗效率更高的外國企業。實務上少有純粹的掠奪性定價，比起動輒的反傾銷行動，罕見得多，因為單一生產者要主導全球市場，必須具備幾乎不可能的能力。但不管在任何情況下，較低的價格都對消費者有益，也有利於可以用更便宜的價格從海外買得貨品的企業。

關於針對進口制定的傾銷或反傾銷政策爭議，可參考**世界貿易組織**的判決。

E

econometrics ｜計量經濟學

這是一門數學與精密的計算，應用在經濟學的分析上。計量經濟學家處理數據，找出具有**統計顯著性**的經濟關係。有時候是為了檢測理論，有時候是以電腦分析處理數據，直到得出有趣的結果。有些經濟學家嚴詞批評沒有理論基礎的計量經濟學，他們把這門學問斥為「數據探勘」。

economic indicator ｜經濟指標

這些是用來判斷經濟體健全度的統計數值，例如人均**國內生產毛額**、失業率或通貨膨脹率。這些統計數據經常在發布的幾個月和幾年後大幅調整，讓仰賴數據的經濟決策者備感困難與尷尬。

economic man | 經濟人

這是經濟學家的人類行為模型，是經濟理論的核心。在傳統的**古典經濟學**與**新古典經濟學**中，假設人會根據自利行事。**亞當·斯密**主張，透過「看不見的手」的運作，當每個人都追求自利時，社會將變得更好。然而，近年來，主流經濟學家試著在模型中納入更大範圍的人類動機，有人試著分析**利他主義**與慈善，**行為經濟學**和**神經經濟學**則取用了人類心理與大腦的研究，來解釋經濟現象。

economic and monetary union | 經濟與貨幣聯盟

1999 年 1 月，歐盟十五個會員國裡，有十一個放棄自家貨幣，併入歐洲單一貨幣歐元之中。促成這個決定的，一半是政治，一半是期待創造單一、整合的歐洲經濟體，能帶來經濟利益，包括在獨立的歐洲央行的保證之下，能穩定貨幣並維持低通貨膨脹（通貨膨脹紀錄不良的國家尤能受惠，如義大利和西班牙，但傳統上通膨水準低的德國好處就沒這麼大）。此外，出於節省成本之故，歐洲的企業和人民也支持使用單一貨幣，而不是多種貨幣。使用單一貨幣，在歐元區內就更便於比較價格與薪資，企業也更容易在歐元區內銷售，消費者能夠輕鬆購物，從而強化競爭。

但是，要組成單一貨幣也涉及重大風險，歐元會員國放棄了訂定本國利率的權利，也不再能調整對彼此的匯率。它們也同意根據〈穩定暨成長協定〉（Stability and Growth Pact,

SGP）限制本國的預算赤字。某些經濟學家主張，如果各會員國經濟體在行動上無法像單一經濟體一樣，失去這些彈性可能要付出高昂代價，而且也無法用其他方法簡單進行調整。歐元區的運作情況如何，端賴各會員國有多貼近經濟學家說的**最適通貨區**。倘若歐元區的各經濟體無法一致地成長，共同的**貨幣政策**就會有風險，對某些國家來說太寬鬆，對某些則太緊，可能需要從表現好的國家大量移轉資金到表現比較差的國家。倘若**不對稱衝擊**持續發酵，財政移轉只是拖延算總帳的時機，到最後，薪資或人員（或兩者）也必須移動。

在之前幾年，歐元兌美元大幅下跌，但在 2002 年底時回漲。某些歐洲經濟體成長遲滯，導致必須降息的壓力沉重。雖然〈穩定暨成長協定〉尚未分崩離析，但屢屢有人違反。即便如此，到了 2009 年時，二十七個歐盟會員國裡已經有十六國採用歐元，也在非正式的狀況下被另外五個國家採用（其中三個國家在 2015 年成為正式會員）。

2008 年崩盤之後出現的大衰退讓歐元區遭逢極大壓力，幾個會員國陷入主權債務危機。普遍的預測是，政府負債比率高到無以為繼的國家必須退出歐元，但從來沒有人說清楚要如何才能脫離歐元（一般認為，可能要靠一些違法行動才能脫離歐元）。希臘是負債最高的會員國，「希臘脫歐」（Grexit）這個新詞說明希臘可能退出歐元區。雖然歐洲央行在馬利歐·德拉吉（Mario Draghi）於 2011 年銜命領軍之後改弦易轍，採行更支持成長的政策，但是多年來，當歐元區各國政府想方設法試圖挽救它們的貨幣聯盟時，卻歷經一次又一次危機。到了 2015 年底，走弱的歐元兌換不到 1 美元。

economic rent ｜ 經濟租

參見「rent ｜ 租金」。

economic sanction ｜ 經濟制裁

　　一種用來處罰行為不端國家的方法，與轟炸或侵略相比，是目前比較被世人接受的做法。在國際貿易上針對被制裁的目標國設下一項或多項限制，以說服該國政府改變政策。可能的制裁包括限定與目標國的出口或進口貿易、限制在目標國的投資、阻止涉及目標國人民或政府的錢移轉。制裁可能是多邊的，在聯合國的支持之下由多個國家同時執行；制裁也可能是單邊的，由一國單獨採取行動。

　　制裁的成效如何值得探討。一項研究指出，1914 年到 1990 年間，不同國家採取經濟制裁的次數總共有一百一十六次，其中三分之二都未達到宣稱的目標。設下制裁的國家可能要承受龐大的成本，如果是單方行動時尤其如此。據估計，1995 年時，因為對其他國家實施制裁，讓美國損失 150 億美元的出口，以及出口產業的二十萬份職務。

　　一般認為非常成功的範例，是利用經濟制裁抵制南非的種族隔離制度，但也有經濟學家質疑制裁實際上到底發揮了多大作用。這是由國際社會多方設下的制裁，相對少有人違反限制，但是在說服南非政府放棄這件事上，最關鍵的因素可能是海外的公司，因為它們擔心自己在南非的投資可能招來負面新聞，導致股票價格下滑，出於商業理由而選擇不投資。

經濟制裁未讓伊拉克改變體制，常被當成 2003 年美國領軍入侵伊拉克的理由之一，但一般認為，對伊拉克的經濟制裁產生了某種成效，讓該國於 2015 年簽署協議，承諾不再發展核武。俄羅斯占領烏克蘭的領土之後，2014 年也遭到經濟制裁。

economics ｜ 經濟學

19 世紀蘇格蘭作家湯瑪斯・卡萊爾（Thomas Carlyle）說，經濟學是一門「憂鬱的科學」。很多人用不同的方式描述過經濟學，但少有恭維之詞。最精簡且不粗魯的定義是：經濟學是在研究社會如何使用稀少性資源。

economies of scale ｜ 經濟規模

指越大越好。在許多產業裡，隨著產出增加，生產每一單位的平均成本會下降。原因之一是，更多的產出，可以分攤經常性費用與固定成本。在某些條況下，尤其是和網絡效應有關的經濟環境下，這種情況可能導致自然壟斷。然而，規模擴大也可能提高平均成本（這是「規模不經濟」），比方說，管理更大規模的營運是更困難的事。

effective exchange rate ｜ 有效匯率

參見「trade-weighted exchange rate ｜ 貿易加權匯率」。

efficiency ｜ 效率

指讓使用的資源發揮最大效果。經濟學偏愛一種很特別的效率，參見「Pareto efficiency ｜ 柏瑞圖效率」。

efficiency wage ｜ 效率薪資

將薪資訂在高於市場結清（market-clearing）、達成供需平衡的水準之上，鼓勵員工提高生產力。

efficient market hypothesis ｜ 效率市場假說

你無法打敗市場，效率市場假說指出，金融資產的價格已反映出所有可得的資訊，只會對意外有反應。因此，價格永遠都是投資標的真實價值的最佳預估值。投資人不可能預測價格會漲還是會跌，未來的價格可能是遵循**隨機漫步**的模式，因此，平均而言，投資人不可能打敗市場。這番信念支撐起**套利定價理論**、**資本資產定價模型**，以及**其他**等概念。

這個理論在 1960 年代與 1970 年代少有金融經濟學家批評，但之後遭受越來越多攻擊，2008 年崩盤後，砲火更是猛烈。對很多人來說，這次的崩盤似乎證明了市場的效率有多低落。金融價格大幅波動，遠超過新資訊能解釋的程度，有時候甚至還出現金融泡沫，這些事實都讓經濟學家質疑起這項理論。**行為經濟學**挑戰支撐市場效率背後的一大概念：所有投資人都是完全理性的**經濟人**。某些經濟學家提到，蒐集資訊的成

本高昂，因此價格不可能反映所有可得的資訊。也有經濟學家指出，當**套利**的成本高而難以進行時，價格的動向會更偏離基本面。效率市場假說是當今經濟學領域裡最富爭議且研究最透徹的命題之一，但是，關於市場是否有效率，仍未達成共識。

elasticity ｜彈性

這是衡量一個變數如何回應另一個變數變化量的指標。經濟學家找到四種彈性：

▌ **價格彈性**：衡量當產品的價格變化時，供給量或需求量如何改變。如果數量變動的百分比高於價格變動的百分比，這種商品便具備價格彈性；如果比較小，代表商品在價格上**無彈性**

▌ 需求的所得彈性：衡量當所得提高時，需求量如何改變

▌ 交叉彈性：顯示當一種產品（比方說茶）的價格改變時，另一種產品（比方說咖啡）的需求如何變化。如果兩者是「替代品」，比方說茶和咖啡，交叉彈性便為正數：茶的價格上漲，會導致咖啡的需求提高。如果兩者是「互補品」，比方說茶和茶壺，交叉彈性將為負值。如果兩者無關，比方說茶和石油，交叉彈性則為零

▌ 替代彈性：描述生產流程中的某種要素（比方說勞力）有多容易被另一種取代（比方說機器）

emerging market ｜新興市場

參見「developing country ｜開發中國家」。

emissions trading ｜排放交易

參見「environmental economics ｜環境經濟學」。

endogenous ｜內生

變數在經濟模型內部決定；反之則為「外生」。

Engel's law ｜恩格爾法則

這條法則是指，隨著所得提高，人們的食物費用在預算中的占比通常會下降。恩斯特‧恩格爾（Ernst Engel）是俄國的統計學家，他在 1857 年時首度提出這項觀察。因為食物是必需品，窮人也必須購買。當人們越來越富有，負擔得起更優質的食物，在食物上的花費可能會提高，但他們同時也更能負擔其他品項，比方說奢侈品，這是窮人沒有的預算。因此，當所得成長時，食物費用在總費用中的占比通常會下降。

enterprise ｜創業精神

這是生產要素之一，其他還有土地、勞力和資本。創業精

神是**資本主義**中的創意精髓，是創業者的**動物本能**。

entrepreneur ｜ 創業者

這一群人是**資本主義**者的靈魂人物，創業者有構想，也有創業精神，綜合其他生產要素，生產出有價值的東西。創業者在追求利潤時必須願意承擔風險。

environmental economics ｜ 環境經濟學

某些人認為**資本主義**對環境有百害而無一利，因為其基礎就是消耗稀有資源。著重環保的人士希望減少消費，並仰賴可更新的資源。他們反對自由貿易，偏好自給自足，或者至少是**公平貿易**，因為他們相信自由貿易鼓勵貧窮國家毀掉自有的天然資源以求快速致富。雖然少有專業經濟學家認同這些觀點，但近年來，有很多人試著在主流經濟學中納入環境的考量。

傳統的**國內生產毛額**指標僅納入要付錢的東西，就算是會降低整體生活品質的事物（比方說對環境的傷害），也可能被認列成有價值的事物。舉例來說，只要有付錢，清理石油外溢也能提高國內生產毛額。有很多人試著設計對環境友善的**國民所得**指標，儘管到目前為止進展有限，但至少傳統經濟學家越來越同意，創造最高的國內生產毛額成長，不必然等於創造最高的社會福利。

許多對環境造成的傷害可能都是出自於**外部性**。如果人們從事經濟活動時並未考慮全部成本，就會出現外部性。比方

說，汽車駕駛人會影響全球暖化，但他們並未承擔全部成本，有一天他們的行為可能會對整體社會帶來極大的財務負擔。

降低外部性的方法之一是課稅（比方說課徵燃料稅），另一種方法是禁止（比方說限制汽車駕駛人一星期只能加一加侖的汽油），但這麼做可能會衍生出黑市。允許交易污染權可能有助於「有效率的污染」，污染許可證最後落到產生的污染最具正面經濟效益的人手上。由於這種方法仍容許損毀部分環境，因此不受極端環保人士歡迎。2005 年，歐盟引進碳排放交易，以達成為了氣候變遷而簽署的〈京都議定書〉（Kyoto Protocol）協議目標。在歷經初期的問題後，2008 年時又更強化交易制度。包括美國在內，其他地方也推出碳排放交易制度，多數都是本地性與自發性的。許多經濟學家主張，以抑制碳排放來說，課稅比交易制度更有效率。但制定全球性的碳稅有實務上的難度，因此，碳排放交易或許是最好的實務選擇。2015 年時，各國在巴黎達成降低碳排放量的國際協議，其中包括提高碳交易的條文。

建構國際生態市場或許可行，比方說，富國人民可以付錢給窮國人民，要他們停止從事會在本國以外引發環境傷害的活動，或者，要他們別再做富國人民不贊成的事，比方說砍伐雨林。這類款項有個新術語，叫「購買生態系統服務」（buying ecosystem service）。如何選擇環境政策（重點是如何採取措施以降低全球暖化威脅），涉及比較今天的成本和遞延到遙遠未來的效益。

要如何做這些選擇？傳統的**成本效益分析**沒有太大用處，在衡量遙遠未來的成本與效益時，有兩個主要因素會干擾傳統

的算法。第一是不確定性，我們不知道 2200 年時世界會如何。其二是，為了讓後代子孫更加幸福（這些人面貌模糊到難以想像，而且很多可能比當代更幸福），今天的人願意付出多少？有些經濟學家的觀點認為，在分析中，每一個未來世代福利的權重，應該等於現代人福利的權重。這意味著福利分析使用的**折現率**應大幅低於分析短期專案所用的折現率。另一個選擇是使用較高的折現率來計算約前三十年期間的成本與效益，之後的更長期則使用較低的折現率。經濟學家與心理學家所做的許多研究發現，相對於較近期的未來，人們確實會用較低的折現率來折算更長遠的未來。

equilibrium ｜均衡

指供給和需求達成平衡。當價格達成均衡時，買方願意購買的數量，剛好等於賣方願意出售的數量，所以每一個人都很滿意，不想變動，和**失衡**時人們蠢蠢欲動的狀況不同。**古典經濟學**假設各種市場永遠會朝向均衡邁進，若有任何因素引發暫時性的失衡，之後也會回歸均衡。**一般均衡**指經濟體中所有市場的供給和需求同時達成平衡。**凱因斯**質疑經濟體是否真的會永遠朝向均衡邁進，比方說，是否真的保證能達成**充分就業**。

equity ｜股權

參見「share ｜股票／股份」。

equity │ 權益／公平

這個詞彙在經濟學裡有兩種定義：

▌ 權益：指企業扣除了非股東的債務後的資本。股東通常
是企業權益的合法所有權人，所以股票／股份也稱為
「股權」

▌ 公平：指妥善分配經濟大餅。經濟學家對於稅捐系統運
作的公平特別有興趣，他們會檢視稅制是否公平對待支
付能力相同的人（這稱為**水平公平**）和支付能力不同的
人（這稱為**垂直公平**）

如何透過社會分配經濟活動的效益，經濟學家也不斷辯證
其他面向的公平，特別是鑽研**福利經濟學**的專家。有些經濟學
家的出發點，是預設自由市場造成的結果本來就無法公平，公
平（分享經濟大餅）和效率（把餅做到最大）之間必須有所取
捨。有些則主張，從創造經濟價值的人手上把錢拿走，拿給比
較沒有技能或不勤勉的人，並不公平。有些經濟學家說，以所
得或財富來看並不公平的結果，有可能是公平的，前提是人們
一開始擁有公平的機會，若沒有就不公平。

equity risk premium │ 股票風險溢價

指為了讓投資人願意購買股票，必須提供比政府公債等低
風險資產更高的額外報酬。現代金融理論假設，這筆溢價平均

而言必須剛好能夠補償投資人承擔的額外風險。然而，研究發現，多年來股票的平均溢價遠高於平均風險，為了解開這個「股票溢價之謎」，某些經濟學家指出，投資人趨避股票風險的態度，可能比傳統理論的假設更為保守。有些則宣稱，過去的股票溢價算錯了，或者說，歷史數據並未反映具代表性的股票價格樣本。也有人認為，風險溢價高，正是**效率市場假說**並不適用於股票市場的證據。還有些人說，1990 年代，溢價已經落到比較容易解釋的水準了。沒有人真的知道哪一種解讀是對的（如果有的話）。

ethical consumerism ｜ 良心消費主義

指抱持良知購物。近年來，消費者與非政府組織施加的壓力，導致越來越多產品除了成分標示之外，也會有道德層面的標示。道德標準最初由非政府組織制定，但有越來越多以非政府組織與工業團體之間協議達成的「契約」為形式，比方說，獲得**公平貿易**認證的咖啡，生產過程中會支付約定的薪資並遵守永續性標準。某些紙類產品製造時會遵循保護雨林的標準。某些漁獲會特別標示是根據永續漁業的標準捕撈。一開始，打著良心品牌的產品成本高於未根據約定標準生產的同類產品，然而，隨著良心消費主義越來越融入主流，價格差距正開始縮小，這有一部分得力於**規模經濟**。

euro ｜歐元

歐盟的主要貨幣，在 1999 年 1 月推出，自 2002 年起普遍流通（參見「economic and monetary union ｜經濟與貨幣聯盟」）。

euro zone ｜歐元區

指由所有採用歐元的國家組成的經濟體。針對歐元區實際上是否為**最適通貨區**，經濟學家之間爭論不休。自 2008 年崩盤之後，歐元陷入麻煩，種種歷史指向歐元區從經濟觀點來看並非最適通貨區，但從政治觀點來看情況可能好一點。

eurodollar ｜歐洲美元

這是指存在美國之外的銀行、以美元計價的存款，通常是為了避稅與避免外匯成本。這些資金經常借出去，成為重要的**創造信用工具**。

European Central Bank (ECB) ｜歐洲央行

這是歐盟的中央銀行，自 1999 年 1 月起，負責為以歐元為主要貨幣的國家訂定官方短期利率。扮演此一角色時，歐洲央行便取代了如德國央行等各國中央銀行的地位，各國的中央銀行也就成為歐洲央行的各地分行。

European Union ｜ 歐盟

指由歐洲國家組成的團體。最初根據 1957 年的「羅馬條約」成立了由六個國家組成的**貿易區**，稱為「歐洲經濟共同體」，後來慢慢成為政治色彩越來越濃厚的聯盟。1999 年 1 月，在十一個會員國裡推出單一貨幣歐元，後來擴大到十五國。歐盟被視為單一實體，經濟體規模大於美國。2002 年，有十個國家受邀於 2004 年加入歐盟，2007 年再加兩個國家。克羅埃西亞於 2013 年加入，歐盟會員國達到二十四國。在最初的五十八年裡，沒有任何國家退出歐盟，然而，2015 年英國選出的政府舉辦公投，投票決定要留在歐盟或離開，「英國脫歐」（Brexit）一詞便用來指稱英國離開歐盟。

evolutionary economics ｜ 演化經濟學

參見「institutional economics ｜ 制度經濟學」。

excess returns ｜ 超額報酬

這是指你從事經濟性投資賺到的錢，超過一開始讓你願意投資的報酬門檻。在**完全競爭**之下，僅能賺得正常報酬，也就是前述經濟性投資活動所必要的最低薪資、利潤、利息或租金。只有當發生**市場失靈**，尤其是壟斷時，才能長期賺得超額報酬，因為在其他情況下，只要出現超額報酬，很快就會引來競爭，把報酬壓低，直到恢復正常水準。

exchange controls ｜外匯管制

限制可以帶入一國的外幣或可以帶出外國的本國貨幣數量。

exchange rate ｜匯率

一種貨幣轉換成另一種時的價格。穩守一國的匯價、不放任**市場動力**決定，究竟是好是壞，多年來經濟學家與政治人物常有不同的看法。在二次大戰後的二十年，很多主要貨幣都根據**布列敦森林**協定固定匯價。在這之後的二十年，可浮動調整匯率的貨幣逐漸增加。在 1990 年代末期，某些歐洲**經濟與貨幣聯盟**下的貨幣長期固定匯價，某些國家則建立**貨幣發行局制**。

當資本能輕易在全世界流動時，各國很難在固定匯率的同時又維持獨立的**貨幣政策**，在固定匯率帶來的信心與穩定，以及浮動匯率帶來的利率政策掌控度之間，必須取捨。表面上，在講究資本機動性的世界裡，比較靈活的匯率看來比較有利。浮動匯率強迫企業與投資人為了避免波動而**避險**，而不是哄騙他們落入假性的穩定，這能使外國銀行在放款時更加謹慎，同時也讓決策者在制定貨幣政策時有所選擇。但是，浮動匯率有一大缺點，當目前的均衡狀態改變時，貨幣會反應過度，變得非常不穩定，特別是當大筆資本流進或流出一個國家時（可能是因為投資者**投機**），這類波動會造成實質的經濟成本。

為了取兩種制度的優點，某些新興經濟體嘗試施行混合

制，讓自家貨幣的匯率大致上連繫著單一的外幣（例如美元）或一籃子貨幣。但是，1990 年代的貨幣危機，以及阿根廷貨幣發行局制度的失敗，使得許多經濟學家得出一番結論：如果不是像歐元的貨幣聯盟，最好的政策可能是完全自由浮動的匯率。

exogenous ｜外生

指變數在模型之外決定。舉例來說，傳統**新古典經濟學**的成長模型便是仰賴外生因素，要保持成長，經濟體需要有持續的科技進步，但新古典經濟學並未試著對這股力量多做解釋。科技進步的速度由模型以外的因素決定，由創造經濟模型的人假設，換言之，這是外生變數。新的成長理論則藉由比對進步速度和人力資本、自由市場、競爭，以及政府支出等因素之間的關係，試著在經濟模型中計算出科技進步的速度，在這些模型裡，成長是**內生變數**（參見「growth ｜成長」）。

expectation ｜預期

指人對未來的假設，尤其指他們在做決策時的假測。人懷抱的到底是非理性預期、**理性預期**，還是從過去的錯誤中學習並加以改變的**適應性預期**，引發經濟學家辯論。人們如何形成預期，對於決策而言意義重大。

expected return ｜ 預期報酬

指投資人在投資時認為能從投資當中賺到的**資本利得**加收益。

expenditure tax ｜ 消費支出稅

針對人民的花費課稅，而不是針對他們賺取的收入或財富課稅。經濟學家通常認為，消費支出稅的效率高於其他稅項，因為這種稅比較不會阻礙有生產力的經濟活動。消費支出稅不是針對所得或財富課稅，而是針對花費，這可以用間接稅的方式徵收，加在出售的商品或服務價格裡；也可以採直接稅徵收，針對人民一年的所得減去儲蓄後的部分課稅。

export credit ｜ 出口信用

用來提振出口的貸款。在許多國家，這些貸款由亟欲鼓勵出口的政府補貼，一般而言，有兩種形式：

▌ 放款給購買本國產品的外國買家
▌ 為銀行貸放給本國公司的貸款提供擔保，協助國內廠商生產出口品，日後償還貸款。實質上，這擔保了生產者不付款時的問題

當各國政府利用出口信用積極競爭，替本國企業贏得業務

時，涉及的總金額可能很龐大。即便在最好的狀況下，出口信用的經濟效益都難以下定論，可能是因為背後的理由大部分都是為了達成政治目標。

export ｜出口

這是指銷售到海外。自 20 世紀中葉以來，出口在全球產出中的占比穩定成長。但也有一些人計算出來，這個占比並未高於 19 世紀末期，那時候，自由貿易尚未成為政治角力的犧牲品。

extensive growth ｜廣泛性成長

因為資本及／或勞力的用量增加，提升了產出品質；反之則為「密集性成長」（intensive growth）：因為既有生產要素的生產力提高，例如提升技能水準或使用更好的技術，因此提高了產出品質。

externality ｜外部性

這是一種經濟性的副作用，指一項經濟活動造成的成本或效益影響到其他未參與這項活動的人，而且也沒有完全反映在價格上。舉例來說，工廠排放廢氣讓附近的居民承擔清潔成本，產蜜的蜜蜂替鄰近農場的植物授粉，從而提高農場的收穫量。決定要不要從事這些經濟活動者在計算時並未考量這些成

本與效益，因此，外部性是一種**市場失靈**。附帶外部性的經濟活動如果交給自由市場，最後決定出來的數量，以資源使用來說並不具備效率。因為，如果外部性是效益，那麼，市場提供的活動數量便偏少了，如果是成本，市場的供給量就太高了。

可能的解決方法之一是規範，比方說禁止。另一種方法是，如果外部性是負面的，就對活動課稅，如果是正面的，就給予補貼。還有一種方法是發布從事某種活動的有限權利，並容許交易權利，就像國際社會根據〈京都議定書〉進行碳排放交易，以因應氣候變遷的外部性。

經濟學家認為，解決外部性的方案要有效率，理想上，要在從事經濟活動者的成本中納入外部性，之後便能形成自行調節的機制。比方說，可以利用制定清潔空氣的所有權來處理污染的外部性，當工廠排放廢氣，損害這項權利時，所有權人有權利收取費用。根據寇斯理論（以獲得諾貝爾經濟學獎的朗諾德‧寇斯〔Ronald Coase〕命名），所有權人是誰並不重要，只要能完整分配所有權，而且所有財產可以完全自由貿易即可。某些經濟學家則認為，利用稅賦當成工具，在經濟決策中納入外部性的成本，比制定所有權的做法更有效率。參見「environmental economics｜環境經濟學」。

F

factor cost | 要素成本

是一種衡量產出的指標,反映使用的生產要素的成本,而不是市場價格。因為間接稅和補貼,可能造成要素的成本和市場價格之間有差異。

factors of production | 生產要素

指用於經濟活動的要素,包括土地、勞力、資本和創業精神。

factory price | 出廠價格

生產者向批發商與零售商索取的價格。由於價格最後會轉嫁給最終消費者,因此,出廠價格(也稱為「生產者價格」)

的變化，可視為**消費者物價**通貨膨脹的**領先指標**。

fair trade │ 公平貿易

　　許多政治人物與非政府組織主張，自由貿易還不夠，還要有公平貿易。表面上，公平是不證自明的好事，然而，無論是判斷貿易還是判斷容貌，公不公平這件事都是各花入各眼。19世紀法國諷刺作家弗雷德里克・巴斯夏（Frédéric Bastiat）觀察到陽光讓蠟燭製造商面臨不公平的競爭，他說，如果白天的時候用木板把窗戶釘起來，可以創造更多製造蠟燭的工作。美國的產業工會抱怨，墨西哥人要求的薪資較低，給了他們不公平的優勢；墨西哥人則說，這是因為他們無法和生產力更高的美國同行公平競爭。兩方都錯了，一般說來，墨西哥人的薪資低於美國人，大致上是因為他們的生產力較低，無關乎不公平。事實上，這有助於進行貿易，讓兩邊都受惠。貿易的互惠也駁斥了支持公平貿易者的另一項主張：自由貿易會傷害貧窮國家（參見「comparative advantage │ 比較利益」）。

　　富裕國家抱怨，某些海外出口商獲得本國政府補貼，因此有能力從事傾銷，用低廉的價格把產出倒進富裕國家的市場裡，貿易並不公平。但證據指出，這種事並不像當事者指控的那麼頻繁，而且，無論如何，通常為富裕國家的消費者帶來的益處都勝過對生產者造成的傷害。

　　公平貿易有一層涵義可以帶來正面效應：標示為「公平貿易」的產品，是根據可接受的薪資與永續性標準生產的產品，比方說公平貿易咖啡。雖然很多人在辯論這些標準到底該怎麼

訂，然而，這種標示形式是**良心消費主義**中的重要元素，而且不需要牽涉到任何透過政府政策試著強加公平貿易所造成的規範成本。

FDI ｜海外直接投資

參見「foreign direct investment (FDI) ｜海外直接投資」。

Federal Reserve System (Fed) ｜聯邦準備體系／聯準會

這是美國的中央銀行，成立於 1913 年，將美國分成十二個聯邦準備區域，每一個都各有地區性的聯邦準備銀行，這些機構由聯邦準備理事會監督，理事會由七位駐守華府的理事組成。決定美國**貨幣政策**的是聯邦公開市場委員會（Federal Open Market Committee），服膺兩項使命：維持低通貨膨脹與低失業率。

financial centre ｜金融中心

指金融業務數量超過平均值的地方，是金融企業的群聚之地。大型金融中心如紐約、倫敦、東京、法蘭克福與新加坡，小型金融中心則有杜拜、都柏林、百慕達與盧森堡，開曼群島在全球金融體系中也扮演要角。全球化程度日深與電子交易量的增加，激發很多人思考一件事：21 世紀是否還像 19 世紀與 20 世紀時那麼需要金融中心？到目前為止，證據指出，至少

最大型的金融中心在未來幾十年重要性依舊不變。

financial inclusion ｜金融普惠

指為無法獲得的人提供負擔得起的金融服務。截至 2015 年，約有二十億人無法以實用、可負擔的方法取得信用、儲蓄、移轉金錢和保險服務。被金融體系排除在外，與極度貧窮之間相關性高，所得僅可維生或所得更低的成人當中，有大約一半沒有銀行服務。世界銀行說，金融普惠是消除貧窮最具成效的方法之一，因為這讓窮人能借得資金經營事業、保障他們的儲蓄，而且能更有效地管理如歉收等風險。

傳統上，銀行所受的規範妨礙他們服務窮人，而且，銀行也不相信把金字塔底層的人變成客戶會有利可圖。但現在可能有望了，因為比特幣等新型數位金錢，以及其他金融應用程式，能快速降低為窮人提供金融服務的成本。隨著開發中世界各地普遍使用智慧型手機，金融普惠的程度也會快速提高。要將富裕國家裡被金融體系排除的人納入服務是更富挑戰性的議題，因為在金融服務俯拾即是的國家裡卻有人負擔不起，原因通常很複雜，而且難以解決。

financial instrument ｜金融工具

這是證明金融資產所有權的憑證，例如債券或股票。

financial intermediary ｜ 金融中介

中間人，也就是將投資人（資金來源）與資金使用者（例如債務人）聚在一起的個人或機構。由於網際網路之故，這類中介機構可能會面對越來越高的**消除中介**風險。

financial literacy ｜ 金融素養

只有極少數人對於財務或經濟學有基本的了解，或許就是因為如此，才會有人做出各式各樣的不當決策，推波助瀾營造出讓金融市場在 2008 年崩盤的條件，引發大衰退。有很多研究探討為什麼會有這麼多**次級**房貸違約，最終引發金融危機，結果發現，許多債務人在申請房貸時並不了解涉及的風險，就連基本知識都不懂，比方說利率上調的話，月付款會增加。就掌握風險來說，投資次級房貸抵押債券的銀行家表現看來也沒有好多少。

劍橋大學與大型保險公司保誠（Prudential）2004 年時曾經做過一項重要調查，發現大約九百萬英國人對金融感到恐慌，「他們逃避任何和金融資訊有關的事物，從銀行對帳單、儲蓄帳戶到人壽保險，全都避之唯恐不及。」隨後的另一項調查發現，四分之一的英國人不知道他們的年金有投資股市。

行為經濟學發現非理性的行為普遍存在，金融素養或許就是關鍵理由。正因為如此，經濟學家越發主張，金融素養應列為教育課程中的核心項目，可能從小孩 5 歲或更小的時候就要教起。（另一個選擇，可能是設計金融產品時，要讓缺乏金融

素養的人們更容易理解。）說到了解錢如何推動世界運轉，何時開始都不嫌早，即便如此，行為經濟學家針對培養金融素養所做的多數研究顯示，少有證據證明在金融決策上有持續性的改善。提升金融素養，必須從加強教導人們了解錢做起。

financial market ｜金融市場

參見「capital market｜資本市場」和「money market｜貨幣市場」。

financial system ｜金融體系

指一群企業和機構，合力用錢推動世界運轉。包括各種金融市場、證券交易所、銀行、年金基金、共同基金、保險公司、國家監理機構（如美國的證券交易委員會）、中央銀行、政府，以及跨國性組織，如**國際貨幣基金**與**世界銀行**。

fine tuning ｜微調

在**凱因斯學派**蔚為主流的 1950 與 1960 年代，這是很受歡迎的政府政策，經常性地調整**財政政策**及／或**貨幣政策**，改變需求水準，讓經濟以穩定的速度成長。不管過去或現在，這套方法的部分問題出在經濟預測失準。這些經常性的調整常會出錯，導致經濟的成長路徑不但無法穩定，反而更加搖擺。1990 年代，各國的中央銀行與政府極力免微調，不再嘗試管

理短期需求，轉而瞄準追求長期總體目標，這就不需要常常調整政策了。雖然他們這麼說，但實務上還是很多人試著微調。

firm ｜企業

多年來，經濟學家不太關心企業內部發生的事，他們比較偏愛檢視企業經營的產業環境如何運作，從**完全競爭**到**壟斷**。然而，自 1960 年代起，開始發展出嚴謹的經濟學理論，研究企業如何運作。這些理論解釋為何企業的成長率不同，並試著模擬公司的正常壽命週期，從快速成長的新創公司，到笨重的成熟企業，目標是說明在一家公司何時由內部從事某項活動可以帶來回報，何時又透過長、短期的外部安排（包括與個人、交易所或其他公司合作）外包出去比較有利。這類理論也檢視公司內部影響個人工作的不同誘因，例如薪資、**代理成本**與公司**治理**架構等，會造成哪些經濟結果。

first-mover advantage ｜先發優勢

早起的鳥兒有蟲吃，**賽局理論**說，成為先進入市場或首先引進某項創新的一方大有優勢，因為第一家公司可以豎起**進入障礙**，而且，潛在對手要競爭成功，必須投入必要的資源，他們可能會因此卻步。但有時候，跟隨者享有的益處可能會抵銷前述優勢，例如後來者可避免先發者犯下的錯誤並從中學習（參見「incumbent advantage ｜現存者優勢」）。

fiscal drag ｜財政拖累

財政拖累是政府能輕鬆入袋的稅收。財政拖累是指，當經濟體在成長時，稅捐收入在國內生產毛額中的占比通常會增加。免稅額、累進稅率，以及稅率上限的門檻通常是固定的，或是只有緩慢的變動，但在經濟成長時，所得、支出與企業利潤快速提高，因此，政府完全不用動手，稅收也會自然提高。但財政拖累會降低需求成長的速度，拖慢成長的步伐，而且比較難拉高通貨膨脹。因此，財政拖累是一種自主性的穩定機制，自然而然會產生作用，穩定需求。

fiscal neutrality ｜財政中性

這是指稅捐與公共支出兩相抵銷之後，淨效果既無法拉抬、也不會抑制經濟體中的需求。這可以描述**財政政策**的整體結果：達成平衡的預算是中性的，因為稅收總額等於公共支出總額。這也有比較狹義的定義，指年度預算中採用的新措施造成的綜合影響：如果任何新的稅收等於新的支出，就算預算的整體結果會提振或拖累需求，這樣的預算也算是財政中性。

fiscal policy ｜財政政策

這是**總體經濟政策**的兩種工具之一，是**貨幣政策**的夥伴。財政政策包含公共支出與稅捐，以及任何其他政府收入或提供給民間的協助（例如租稅抵減）。財政政策可以影響經濟體中

的需求，通常背負雙重目標：在不引發過度通貨膨脹的條件下，盡可能壓低失業。偶爾，會有人透過**微調**，採用財政政策管理短期需求，但是在**凱因斯學派**當道的末期，財政政策比較常用來瞄準長期目標，貨幣政策則比較常拿來作為短期調整之用。

對政府來說，制訂財政政策時有兩大議題：整體政策的影響是什麼？政策中的個別部分應該以何種形式實施？

某些經濟學與決策者支持**預算平衡**，有些則認為，可以接受持續性的赤字，亦即公共支出超過政府收入，前提是要符合**黃金法則**：赤字是用於投資，比方說興建基礎建設，而不是消費。然而，這裡有個風險，那就是公部門的投資會排擠掉更有生產力的民間投資。在一個經濟循環週期中，無論平均財政狀態是如何，多數經濟學家都同意，財政政策應該要反循環，達到自動穩定需求。當經濟不景氣時，應該提高公共支出，而非增加收入；在景氣高點時，則應該增加稅收，而不是提高支出。舉例來說，政府提供的社會福利在不景氣時通常會提高，在經濟成長時**財政拖累**則能提高政府的收入。

至於構成財政政策的細節，公共支出在**國內生產毛額**中的占比應該多高，向來是辯論主題之一。在美國與許多亞洲國家，公共支出占國內生產毛額的比例通常低於30%。在歐洲國家，比方說德國與瑞典，通常在40%到50%之間。某些經濟研究指出，公共支出在國內生產毛額中的占比低，能提高成長率，但這項結論仍有爭議。確定的是，多年來，許多公共支出都非常沒有效率。

另一個問題是，應該用何種方式課稅，尤其是直接稅與間接稅之爭，以及資本、所得和消費支出稅之爭。

2008 年崩盤之後出現的大衰退重啟辯論，在衰退或蕭條期間，要重振經濟，貨幣政策與財政政策何者相對較值得一試。雖然許多經濟學家持續主張貨幣政策是快速振興經濟的最佳方法，只要調降利率即可，但某些政府仍採行大規模的財政刺激方案，這當中包括美國政府。歐巴馬政府的財政刺激政策的內容是經濟學家激烈辯論的主題，包括規模要多大？是太大還是不夠大？額外的政府支出是否真的花在刀口上（有人說基礎建設的支出不夠高）？相對於**聯準會**幾回合的**量化寬鬆**，財政政策的重要性又如何？或者，說到底，財政政策是否真的創造出不同的結果？某些國家實施樽節開支措施來讓市場安心，因為它們遭受質疑，不確定政府是否有能力在不引發主權債務危機的前提下借得額外資金。同樣的，這些政策的優點與缺點是激烈辯論的主題。

fixed cost ｜固定成本

這是指不會隨著產出量改變而改變的生產成本，比方說，租用辦公室或工廠的成本；反之則為「**變動成本**」。

flotation ｜流通

指公開出售，一家公司的股票透過首次公開發行，出售給一般大眾。原始私募股份股東售出的股份稱為「流通股」。亦指發行的債券在金融市場銷售。

forecasting │ 預測

　　指對未來的最佳猜測。雖然有複雜的經濟學理論與先進的**計量經濟學**，但是經濟學家做的預測還是常常錯得離譜。確實，聽從經濟預測，就像蒙上眼睛開車，聽從由從後窗往外望的人指引方向。預測失準有一部分反映的是模型設計失當，但問題通常出在未來並不可預測。聽電影大亨山姆·葛溫（Sam Goldwyn）的忠告或許比較好：「不要預言，尤其不要預言未來。」

foreign direct investment (FDI) │ 海外直接投資

　　在另一個國家直接投資生產活動，可以買下當地的公司，或是為既有的業務設立新的營運單位。這麼做的多半是公司，而非金融機構，後者偏好從海外間接投資，例如買進一國發行的股票或債券。

　　海外直接投資自 1990 年代開始急速成長，到了 2008 年崩盤導致全球經濟下滑，才隨之減少。截至 2013 年，全球跨境資本流動仍低於 2007 年的高峰期。多數海外投資都從某個**經濟合作暨發展組織**會員國流入另一個會員國，但流向開發中國家的占比也穩定提高，尤其是到亞洲。

　　曾經，經濟學家將海外直接投資視為貿易的替代品，在外國興建工廠，只是一種規避關稅壁壘的方法。如今，經濟學家通常認為海外直接投資與貿易相輔相成，比方說，一家企業可以利用在外國的工廠供應鄰近市場。某些海外直接投資是海外

銷售的重要前提，尤其是服務業。如果要從紐約大老遠送來，誰會在倫敦購買大麥克？

各國政府過去對於海外直接投資戒慎恐懼，通常視為企業帝國主義。現在，它們可能會招商，甚至還常常同意在投資或貿易條約中加上保護投資者的條款，在某些面向給予海外投資人的權利勝過本國人民。政府希望這些投資人能創造工作，並帶來可以傳播給當地企業與勞工的專業與技術，有助於精進整體經濟。此外，跨國企業和金融性投資人不同，前者通常直接投資工廠與設備，要遷走一家化學工廠並不容易，這些投資一旦成了，會比快速進出新興市場的**熱錢**更長久。

併購是一種重要的海外直接投資形式。比方說，崩盤之前，2007 年是併購的巔峰，有 2,770 億美元海外直接投資進入美國，其中 92% 是透過合併，而不是設立新的子公司或開設工廠。

forward contract ｜ 遠期合約

參見「derivative ｜ 衍生性商品」。

free lunch ｜ 白吃的午餐

天下沒有白吃的午餐（參見「opportunity cost ｜ 機會成本」）。

free riding ｜ 搭便車

獲得產品或服務的好處卻沒有付錢，這不見得是違法行為，可能是因為某些類型的產品或服務實際上難以向使用者索費，比方說施放煙火。另一種解釋觀點，是這種產品或服務具有正面的**外部性**。但是，如果願意支付這項產品或服務的人不足以支應供給成本，可能會引發「搭便車問題」。這時候，就算這種產品或服務對整體經濟有益，可能也不會有人生產。公共財常會面臨搭便車的風險，以公共財來說，可以利用對全體人民徵稅來籌得生產產品需要的資金，藉此解決問題。

free trade ｜ 自由貿易

人們有能力和其他國家的人進行經濟性的交易，免受政府或其他監理機構的限制。以進口和出口衡量，世界貿易自二次大戰後的幾年裡越來越自由。在 21 世紀初，世界貿易中的商品貿易量是 1950 年的約十七倍，但全球的總產出成長不到六倍。世界出口占國內生產毛額的比率，自 1950 年以來提高了逾兩倍。在這當中，工業製品的貿易價值比服務高了三倍，但服務的占比快速成長。

由於**關稅暨貿易總協定**和後繼的**世界貿易組織**，讓貿易障礙紛紛倒下，刺激前述的成長。2008 年崩盤之後，出現了攻擊自由貿易的徵兆，但之後有人努力重新促成世界貿易組織延宕已久的多哈回合（Doha Round），以利貿易自由化，也有人提議推動地區性的行動，如「跨太平洋夥伴協定」（Trans-

Pacific Partnership, TPP）和「跨大西洋貿易及投資夥伴協定 」（Transatlantic Trade and Investment Partnership, TTIP）。意在促進締約國雙方貿易的雙邊貿易協定快速增加，但經濟學家發現，雙邊貿易協定的益處通常小於地區性協定或多邊協定，甚至有負面影響。

根據**比較利益理論**，每一個國家都要去做自己做來效率相對高的事，這是經濟學家解釋自由貿易益處的論據，只要每個國家都專攻具有比較利益的產品，貿易將能帶來互惠。批評自由貿易的人士則主張，比起已開發國家，開發中國家的薪資通常較低，工時也較長，和這些國家進行貿易並不公平，也會消滅高薪國家的工作。他們希望的是自給自足或**公平貿易**。

真實世界裡的貿易模式有時似乎挑戰著比較利益理論。多數貿易都發生在成本並無重大差異的國家之間，比方說，美國最大的貿易夥伴是加拿大。德國和義大利有半數以上的出口來自法國，它們的出口則多銷往其他歐盟會員國。此外，這些國家也都銷售類似的產品給彼此：法國製的汽車出口到德國，德國車進到法國，主要理由似乎是因為消費品味有跨境差異。但是，以澳洲的農產出口或沙烏地阿拉伯仰賴的石油出口來看，貿易理由顯然就是源自它們各自特有的天然資源。同樣的，貧窮國家擁有的通常是較無技能的勞工，因此它們出口簡單的工業製品，如衣服。

frictional unemployment ｜ 摩擦性失業

引起這類失業的原因，純粹是因為人們想換工作而多花一

些花時間，他們把時間花在尋職，或是在轉換新職前先休息一下。即便技術上已經達到**充分就業**的水準，還是可能出現摩擦性失業，因為多數人時不時會換工作。

Friedman, Milton ｜ 傅利曼／米爾頓・傅利曼

他可能是那個時代最具影響力的經濟學家，受人喜愛，也遭人厭惡。他於 1976 年獲得諾貝爾經濟學獎，是眾多獲得此榮譽的**芝加哥學派**經濟學家之一。傅利曼逝於 2006 年，享年 94 歲，他的成就備受認可，鑽研領域包括消費、貨幣史與貨幣理論，並且證明要促成經濟穩定化的政策極為複雜。

傅利曼是自由市場的熱情支持者，**凱因斯學派**當道時，他力倡**重貨幣論**。與一般經濟學家不同的是，平民老百姓也能理解他的研究。他主張，如果**聯準會**以固定的速度增加**貨幣供給**，就能解決通貨膨脹和短期的失業問題。

就像他的精神導師**亞當・斯密**與海耶克一樣，傅利曼讚許自由市場並不只是因為經濟上的效率，更因為道德上的優勢。他認為自由本身便是目的，包括經濟、政治與人民的自由，而非達成目的的手段。自由讓生命有了價值。他說，就算無法提供較高的生活水準，他也寧願活在一個自由的國家，而不要留在其他非自由制度統治的國家。但是，對他來說，自由的國家不可能比不自由的國家窮困，他宣稱，自由市場在經濟上和道德上的優越性，已經得到證明。

他曾是美國總統尼克森的顧問，當尼克森總統 1971 年要他敦促聯準會主席加快增加貨幣供給速度，違背重貨幣論的精

神時，他非常失望。1980 年代，英國柴契爾與西班牙皮諾契將軍（General Pinochet）的經濟政策受到傅利曼啟發，他也為他們辯護。然而，2003 年時，他承認，其中一種貨幣政策，即設定貨幣供給目標，遲未獲得成功，他也懷疑自己現在是否還會像過去那樣大力推動它。

full employment ｜ 充分就業

指所有想找工作的人都找到了。這不代表失業率為零，因為任何時候都有人處於轉換工作的過渡期，因此會有一些**摩擦性失業**。充分就業意指每一個想要工作且願意工作的人，在市場的薪資水準下都有工作。多數政府目標是要達成充分就業，到目前為止，少有政府試著讓失業率低於「**無加速通貨膨脹失業率**」的水準以下，這是在穩定、低通貨膨脹下的最低失業率。

fungible ｜ 可互換

這是指個體無法和整體分開來，當任何一部分無法和其他部分區分開來時，便具有可互換性。借錢給別人的人，不會在乎對方還債時是用哪一張鈔票。不管是黃金、珍珠，還是貝殼，拿來當作錢使用的工具必須具備可互換性。

future ｜ 期貨

參見「derivative ｜ 衍生性商品」。

G

G7, G8, G10, G20, G21, G22, G33 |
7 大工業國、8 大工業國、10 國集團、20 國集團、
21 國集團、22 國集團、33 國集團

美國喜劇演員格魯喬‧馬克思（Groucho Marx）譏諷地說：「我才不想加入任何願意收我為會員的俱樂部。」但全世界的政治人物都急著加入各種經濟俱樂部，比方說「7 大工業國」、「8 大工業國」、「10 國集團」，諸如此類的。從經濟的角度來說，躋身其中，表示你的國家很有分量，但除了讓政治人物感覺良好之外，近年來，沒有太多證據指出他們做了什麼有用的事。不過就是讓政府官員與記者互相談談經濟學和政治學，通常都在景色宜人的地點，隨處供應美饌美酒。即便如此，這些集團仍被視為全球經濟**治理**體系的關鍵。

1975 年，六個全球最重要的資本主義國家（以國內生產毛額排序）出席在法國舉辦的第一場年度高峰會：美國、英國、

德國、日本、義大利，再加上地主國法國。隔年加拿大也加入了。1977 年，則有歐盟的代表與會，但這個集團仍被稱為「7 大工業國」。到了 1989 年的高峰會，有十五個開發中國家參與，1997 年「22 國集團」成形，並快速成長為「33 國集團」。在 1991 年的 7 大工業國高峰會上，有一場會議由蘇聯主辦，這項傳統便延續多年。1998 年時，雖然俄羅斯並非全球最富裕的八國之一，但也成為「8 大工業國」的正式會員（但在非法入侵烏克蘭之後，2014 年時遭到剔除）。「10 國集團」參與**國際貨幣基金**的會議，包含 7 大工業國的原始會員，以及瑞士、比利時、瑞典和荷蘭的代表，共十一個國家。2003 年，代表全世界半數人口與三分之二農民的二十一個開發中國家，組成「21 國集團」，從事遊說，要在農業方面爭取更多自由貿易。

隨著非傳統工業化富裕國家的其他國家在全球經濟中扮演更重要的角色，8 大工業國的重要性下降，在此同時，「20 國集團」的重要性日增。20 國集團於 1999 年成形，會員為十九個國家和歐盟，在全球**國內生產毛額**中占 90%，在世界貿易中占 80%，並擁有全球三分之二的人口，因此，比其他國家集團更能代表全球經濟。

game theory ｜ 賽局理論

怎樣才能在派對遊戲中取勝？這種小事就別思考了。那，換成如何在壟斷中取勝如何呢？賽局理論是一種技巧，用來分析人、企業與政府在策略性情境（指必須彼此互動的情境）中

要如何採取行動。在做決定時，必須考量對方可能怎麼做，以及其他人會如何因應我方的行動。如果用賽局來分析兩家企業間的競爭，在這當中，企業的行動目標是要取得長期競爭優勢，甚至成為壟斷。這套理論可以協助個別公司發展自己的最適策略，比方說，如何為產品定價，以及決定要生產多少；也可以協助企業預測競爭對手會怎麼做，並指出如果競爭對手有意外之舉時，最佳的因應之道是什麼，這特別有助於理解**壟斷性競爭**下的行為。

　　賽局理論可以用來說明任何事，分析範疇從薪資談判到軍備競賽，當中的「優勢策略」是指不管其他人怎麼做，都能為參與者帶來最佳結果的策略。賽局理論的結論之一是，在新市場擊敗對手或提出創新的企業擁有大量的先發優勢。這套論找出一種特殊狀況，那就是「**零和遊戲**」，此時，總獎金是固定的，由某些做得好的人贏走，其他人則必定會輸。比較好的狀況是「正和遊戲」（positive-sum game），此時，透過競爭性的互動，可能讓所有參與者都變得更好。賽局理論學家分析的另一個問題是「**囚犯的兩難**」（參見「Nash equilibrium｜納許均衡」）。

GDP｜國內生產毛額

　　這是 gross domestic product 的縮寫，是衡量一國經濟活動的指標。計算時，是把一個國家每年的產品與服務產出總價值加起來。

▌國內生產毛額＝民間消費＋投資＋公共支出＋存貨變動
　　＋（出口－進口）

　　上述各項通常以市場價格計算，但是，扣除間接稅並加上政府補貼，也可以用**要素成本**計算，能夠更正確地算出支付給生產要素的收入。如果加上國內居民海外投資賺得的收益，並減去付給海外投資人的收益，得到的就是**國民生產毛額**。

　　用固定的實質價格計算國內生產毛額成長，可以消除通貨膨脹的影響。然而，有些經濟學家主張，達成設定的名目國內生產毛額應是**總體經濟政策**的主要目標，可以提醒決策者要同時考量決策對於通膨，以及成長有何影響。

　　計算國內生產毛額的方式有三種：

▌收入法：加總居民（包括個人與企業）從生產產品與提供服務得到的收入
▌產出法：加總經濟體中各個部門的產出價值
▌支出法：加總所有購買由居民生產的產品與服務的花費，但不計入折舊和資本消費

　　由於一個人的產出是另一個人的所得，之後變成支出，因此，這三種方法算出來的數值應該一樣，但由於統計上會有些誤差，因此很少達成理想狀態。此外，產出法和收入法排除**黑暗經濟**發生的未提報經濟活動，但支出法或許可以捕捉到這個部分。

　　有些人不樂見國內生產毛額變成經濟政策的目標，因為這

不是衡量社會福利的完美指標。這不包括生活中好的那一面（比方說某些休閒活動），也不包括不用錢支付、但具經濟價值的活動（例如父母教導孩子讀書寫字），卻有一些會拉低生活品質的項目（比方說會傷害環境的活動）。聯合國 1990 年推出的**人類發展指數**是衡量一國表現更好的指標，但仍然和國內生產毛額高度相關，2013 年推出更廣泛的**社會進步指數**則大不相同。自 2008 年金融崩盤與之後的大衰退以來，更多人認同國內生產毛額有局限性，並對 1972 年首次在不丹提出的一個想法更感著迷，也就是衡量「國民幸福毛額」。

gearing ｜ **負債比**

以占公司股權的百分比來表示負債（參見「capital structure｜資本結構」和「leveraged buy-out (LBO)｜槓桿收購」）。

General Agreement on Tariffs and Trade (GATT)｜ **關稅暨貿易總協定**

是一種透過貿易國政府之間多回合談判，促成國際自由貿易的工具。第一回合的關稅暨貿易總協定始於 1945 年，最終的結果是在 1995 年成立**世界貿易組織**。

general equilibrium ｜一般均衡

這是指達到經濟上的完美，並且持續下去。此時，經濟體中每一種產品與服務的需求和供給都達成平衡（市場處於均衡）。沒有人認為真實世界裡的經濟體可以達成如此完美的狀態，在最好的情況下，也只是「部分均衡」。但多數經濟學家認為，一般均衡是值得追求的。

generational accounting ｜世代會計帳

這是一種相對嶄新的分析**財政政策**方法，試著找出政府政策對不同年齡層的人（包括現在活著的和還沒出生的）造成的成本與效益。財政政策可以在不同世代間分配資源，有時候是特意的，但通常都是不經意的。在任何時候，都會有一代人正在工作並支付稅金，扶養其他沒在工作的世代（還在上學或已經退休）。一個世代在生命週期間支付的稅金與獲得的效益組合，可能和另一個世代大不相同。政治人物常有誘因忽略未來世代的需求（說白了，這些人此時還不能投票），以贏得目前世代的支持，比方說，大舉借貸來支應目前的支出。從更基本面來說，由於世代會計帳將現在與未來所有的稅收與支出納入政府的承諾當中，關於財政政策是否能維持下去，世代會計帳是比預算赤字等指標更好的指南，因為預算指標只看當年的稅收和支出。

Giffen goods | 紀芬財

以英國經濟學家羅伯特‧紀芬（Robert Giffen, 1937-1910）命名，指一種商品的需求會隨著價格上漲而增加，但現實世界裡可能沒有這類商品。

gig economy | 零工經濟

雖然「gig」有「巡迴公演」之意，但這指的並不是由流行文化明星構成的經濟。零工經濟是一種簡稱，背後的概念是有越來越多的工作性質將變成短期的、打零工的。因為科技發展、全球化，以及不斷改變的雇主與勞工偏好，導致傳統的、安全的、長期性的固定薪資工作變得不合時宜。隨著某些國家（包括英美兩國）的自由工作者在勞動力中的占比漸漸提高，讓經濟學家激烈辯論起這究竟是好是壞，到底是得到更高的彈性與更多的員工選擇，還是啟動了一個讓人擔憂的反烏托邦未來，讓工作不穩定的勞工必須帶著越來越深刻的絕望和低薪工作奮戰。也有人主張，如果更貼近檢視數據，其實變化沒這麼大。

gilt | 金邊券

指安全的證券，至少可以按時收得利息並避開違約。但金邊券的價格長期可能非常不同，為投資人帶來一定程度的風險。通常僅用於指稱政府公債。

Gini coefficient ｜吉尼係數

這是用來衡量不均的指標，衡量一國內所得分配的不均，數值從 0（代表完全平等，每一個家庭的所得都一樣）到 1（這意謂著絕對的不均，一個家庭賺走了國內全部的所得）。拉丁美洲是世界上貧富不均最嚴重的地區，吉尼係數約為 0.5。在富裕國家，數值則較接近 0.3。在許多已開發經濟體中，吉尼係數在二次大戰後下滑幾十年以來，開始再度攀升。

global goal ｜全球性目標

2000 年，聯合國會員國同意了八項「千禧年發展目標」，要在 2015 年之前加速貧窮國家的經濟發展。各個目標的進展不太一樣，其中一項是要讓生活在極度貧窮的人口減少一半，這個目標已經達成，但是，要提供普及的基本教育與環境的永續性目標則否。2015 年時，另一套新的「永續發展目標」取而代之，多數的時間點都設在 2030 年，新增了十七項目標，隨附一百六十九項指標，同時適用富裕國家及開發中國家。

有些批評人士主張，永續發展目標太多，無法像千禧年發展目標，激發出聚焦式作為。其他人則說，用這種方法制訂目標，很難創造出不同局面，甚至可以說根本沒機會。千禧年發展目標之所以能夠達成，計畫本身的功勞少之又少，而是得力於全球經濟既有的長期趨勢。一般都同意，除非分配到大量的資源，否則，在目前的趨勢下，不太可能達成永續發展目標。

global public goods ｜全球性公共財

指無法光靠一國之力、必須由許多（嚴格來說，是所有）國家群策群力才能供應的**公共財**。有些經濟學家和全球性的機構（例如聯合國）認為，這類公共財包括國際法和國際執法、穩定的全球金融體系、開放的貿易系統、醫療、和平，以及環境永續，尤其要加上穩定的氣候。

globalisation ｜全球化

這是指全世界的人、企業與政府彼此越來越相依、整合度越高的趨勢。這可以是大量機會的源頭，例如得到新市場、勞工、事業夥伴、產品、服務，以及工作，但也可能是充滿競爭的威脅，可能會傷害到全球化之前蓬勃發展的經濟活動。

這個詞於 1980 年代首次出現，用來說明國際經濟體發生的重大變化特色，最重要的是國際貿易的成長與全球的資本流動。全球化也用來描述世界上富人與窮人之間越見擴大的所得分配不均、跨國企業的力量相較於國家政府更加擴大，以及**資本主義**傳播進入前共產國家。通常，這個詞等同於國際整合、自由市場，以及自由化和自由貿易政策。決策者的決定也有推波助瀾之力，但並非所有政府都熱情擁抱改變。

帶動全球化的力量向來是跨國企業。自 1970 年代起，這些企業持續、而且通常能順利說服各國政府，讓它們能輕易地將自己的技能與資本帶到過去受到保護的國內市場。跨國企業享有某種程度上相當於國家的保護，但它們的員工（通常都加

入工會）則是全球化的主要反對者之一，也是**公平貿易**的擁護者。近年來，批評全球化的人把焦點放在越來越多企業把工作外包出去，更準確的說法是移到境外，交給海外更廉價的勞工。主流經濟學家也開始聚焦在全球化付出的代價，比方說，經濟學家丹尼・羅德里克（Dani Rodrik）便指出，更密切的經濟整合和維持國家主權與民主並不相容，他說這是全球經濟不可避免的「三難」。

雖然 1990 年代對於全球化的興起有諸多討論，但是從某些面向來說，世界經濟在 19 世紀末整合度更高。當時的勞動市場絕對是全球性的，比方說，在 19 世紀中葉，一年有三十萬人離開歐洲，但在 1900 年之後，一年高達一百萬人。現在的政府對移民大驚小怪，人們也不再能隨心所欲地自由移民。至於**資本市場**，相對於全球經濟的規模，唯有在 1990 年代，國際資金的流動才恢復到一次大戰前幾十年的水準。

但是，這個早期的全球化經濟並未持久，在兩次世界大戰期間，貿易、資本與人的流動銳減，流量微不足道。一次大戰尚未開打，各國政府就開始對移民與進口關上門。反全球化的角力可能再度上演嗎？2008 年的崩盤和之後的大衰退期間，很多人在談全球化反轉的現象，也有一些實證證據支持這樣的主張。貿易與跨境資本流動已經下滑到低於 2007 年的水準，但多數指標都說，自此之後，全球化又再度啟動。

GNI ｜國民所得毛額

這是 gross national income 的縮寫。如今，國民經濟核

算（national account）使用的是國民所得毛額，而不是**國民生產毛額**。

GNP ｜ 國民生產毛額

這是 gross national product 的縮寫，是另一個衡量一國經濟表現的指標。計算方法是在國內生產毛額中加入本國人民從海外投資的收益，並扣除居住在國內的外國人匯回本國的所得。

gold ｜ 黃金

在人類歷史中，有一段很長的時間黃金都扮演經濟活動的要角，但是在 20 世紀期間重要性已經下降，未來也將持續減弱。19 世紀與 20 世紀初期，讓匯率固定在黃金價值的**金本位**早已廢棄不用。各國中央銀行在 2000 年時仍握有三萬公噸黃金，超過已開採黃金數量的四分之一。央行不再覺得需要持有大量的黃金**準備**以支撐自家貨幣的價值，把黃金借給貴金屬錠交易商或許可以賺到一點小錢，但央行並不會因為持有黃金而收到任何利息，因此它們開始出售。

傳統上，政府與投資人持有黃金，作為對抗通貨膨脹的**避險**方法，在出現國際性危機時帶來安穩，但黃金的價值儲存工具角色已經淡去。在 1980 與 1990 年代，黃金的價值跟不上通貨膨脹。黃金的**流動性**低於外幣，因此在需要護衛遭受攻擊的貨幣時，無法作為干預外匯的工具。簡而言之，黃金已經不

再是貨幣資產，而成為一種大宗商品。但是炒作黃金的「金蟲」仍然相信，黃金是通貨膨脹飆漲或出現金融風暴與不確定性時該持有的資產，正因為如此，黃金的價格才在始於 2007 年的全球金融風暴期間飛漲，2011 年時漲至歷史高點每盎司 1,921 美元，之後隨著經濟體系信心恢復與對通貨膨脹的恐懼減弱，才又再度大幅下跌。

gold standard ｜金本位

這是一種貨幣體系，一國持有實質的黃金當作**準備**，以支持自家貨幣，也讓持有貨幣的人可以把鈔票和銅板換成黃金。在 1914 年之前，多年來全球多數主要貨幣的匯率都由金本位決定。一次大戰擾動了經濟，使得參戰國放棄貨幣與黃金之間的連結。英國（與其他國家）在 1925 年時重返金本位，但 1931 年便永遠廢除。1930 年到 1933 年間世界廣泛採用金本位，起因是全球經濟蕭條，以及國際貸款大量減少。美國於 1933 年脫離金本位，1934 年時恢復一部分。二次大戰後，形式有限的金本位持續，但僅有美元直接適用，其他主要貨幣則**根據布列敦森林**協定，固定兌美元的匯率。美元最終於 1971 年完全脫離金本位。

golden rule ｜黃金法則

這是說，在經濟循環期間，政府只能為了投資而借錢，而不是為了支應目前的支出。這條備受爭議的法則當然是明智的

財政政策原則，前提是政府在提出名為投資的支出項時必須是誠實的，政府真的投資了適當的項目，有效率地執行，並且很小心地避免排擠出色的民間投資。另外還有其他也很合理的財政政策原則選項，參見「balanced budget ｜預算平衡」。

governance ｜治理

這是管理監督某個實體（例如家庭、企業、國家、全世界）的方法。隨著經濟學家更加了解不同制度安排與誘因的重要性，以及維繫這些因素的社會連結，他們也對這方面越來越有興趣。**布列敦森林**會議便是一次重要的行動，建立有效的全球經濟治理制度。在 2008 年的金融崩盤之後，全世界普遍認同全球治理急需現代化。同樣的，一度認為**總體經濟政策**或金融規範基本上是技術性活動的經濟學家，現在也開始研究各國中央銀行與規範安排對於治理的意義。還有，雖然他們多半將企業視為神祕的黑箱，但現在也研究不同的企業治理安排，找出降低**代理成本**與其他誘因挑戰的最佳方法。一般而言，雖然不見得絕對適用，但經濟學家發現，本著規定明確而透明的治理系統，比不正式、不透明的系統表現更佳。

government ｜政府

在經濟學界，少有主題比政府在經濟體中應扮演何種角色受到更多激辯。在大政府時代，許多經濟學家提出學理上的論據，支持政府干預，尤其是 1930 年代到 1980 年代。**凱因斯**

學派人士主張，政府應管理經濟體中的需求量，以維持**充分就業**。其他人倡導**統制經濟**，由政府設定價格，監督稀少性資源的配置，並經營經濟體中最重要的部分，若是共產國家，則由政府管理整個經濟體。當國家扮演更多角色，付出的代價是失去**市場動力**。但經濟學家提出大量的**市場失靈**實例，正好支持這個論點。

1950 年之後，有越來越多證據顯示，政府干預可能也會出錯，而且加諸在經濟體上的成本更勝過市場失靈。原因之一是，當政府有所行動時，通常是以**壟斷**的方式進行，並因此帶來經濟效率低落。

實務上，凱因斯學派的需求管理政策經常導致**通貨膨脹**，因此失去信用。有更多人擔心，公共投資會排擠出色的民間投資，諸如醫療保健、教育、年金等等的公共支出，同樣也會阻礙民間提供類似服務。由政府管理的商業企業，通常被視為效率低落，自 1980 年代起，國有化轉為民營化。即便政府不直接插手經濟活動，改為制定規定來監督管理民間行為，仍有證據顯示出現**管制失靈**的狀況。高稅率阻礙人們從事原本有利可圖的經濟活動，不利於創造財富。

多數經濟學家主張，經濟體中需要政府發揮部分作用，唯有在具備適當的法律體系，特別是定義明確、可執行的財產權時，市場經濟才能運作。法律體系或許是經濟學家所謂的**公共財**之一，但世界上還是有許多自我規範的國家與產業。

雖然自 1980 年以來的這段時間裡，許多國家的政治人物把大部分花在討論是否需要減少政府在經濟體中扮演的角色，藉由引進民營化、法規鬆綁和自由化的政策，降低政府的經濟

地位，但公共支出占**國內生產毛額**的比率仍節節升高。在**經濟合作暨發展組織**內，2008 年時，公共支出在國內生產毛額的占比大幅高於 1990 年，而 1990 年又遠高於 1980 年。確實，自 20 世紀之始，每十年間都在成長，其中一個原因，是因為政府必須履行前代政治人物所做的年金與醫療保健承諾。

2008 年崩盤之後，很多人在談積極政府的新時代來臨了。多國政府將大筆的錢投入金融體系救亡圖存，有些甚至買入金融企業的股份，把企業收歸國有。許多國家尋求以財政刺激配套方案，防止經濟活動銳減，政府支出也隨之攀高。金融體系的規範大幅增加，銀行從事冒風險的活動特別受到限制。這股政府大舉擴張的趨勢是出於必然，但也反映了世界上某些地方的思想風潮已經改變，因為一般人對企業領導者的能力嚴重失去信心，尤其不相信金融市場從業人員，轉而向政治人物尋求解決方案。政治人物有沒有從政府過去的失敗中學到教訓，讓政府不僅變得更大、也變得更好？這個問題涉及的金額動輒好幾兆美元，仍然沒有答案。

government bond ｜ 政府公債

參見「bond ｜債券」和「gilt ｜金邊券」。

government debt ｜ 政府負債

參見「fiscal policy ｜財政政策」和「national debt ｜國債」。

government expenditure ｜政府支出

全國性或地方性政府或某些政府擔保機構的支出（參見「fiscal policy ｜財政政策」、「golden rule ｜黃金法則」和「budget ｜預算」）。

government revenue ｜政府收入

參見「taxation ｜稅捐」。

Great Moderation ｜大緩和

自 1980 年代中葉起，總體經濟的波動性大幅下降，約持續二十年，美國尤其明顯。這段期間，每季的實質產出成長變動幅度下降一半，每季的通貨膨脹變動幅度則下降三分之二。哈佛的經濟學家詹姆士‧斯多克（James Stock）在 2002 年時首先提出「大緩和」一詞，用來描述這個平緩的景氣循環，兩年後因為班‧柏南克（Ben Bernanke；他在 2006 年間擔任**聯準會**主席）的演說而流行起來。但就在每個人都習慣了大緩和的說法，2008 年卻發生崩盤，之後全球經濟陷入了大衰退。柏南克等擁抱大緩和說法的人士遭到世人指責，說他們受到數據的誘騙，陷入了假性的安全感裡。

Great Recession ｜ 大衰退

指 2008 年 9 月金融崩盤之後全球多數地方經濟陷入嚴重走緩的那幾年。用「大」這個字來指稱，因為這是已開發世界自二戰以來所經歷最嚴重的經濟走緩。雖然有某些地方（例如部分歐元區）的情況比其他地方（美國經濟）糟一些，但整體情況遠不如 1930 年代的大蕭條那麼沉重或那麼痛苦。

引發經濟衰退的可能原因是什麼？經濟學家眾說紛紜。為什麼成長回復的速度比過去的衰退慢這麼多？也無定論。在美國，大衰退始於 2007 年 2 月，比金融崩盤更早，當時出現**信用緊縮**，房市走緩，最後於 2009 年 6 月結束。以**實質條件**計算的國內生產毛額，在 2010 年 6 月才回復到衰退前的水準。英國則要到 2014 年 5 月後才超越 2008 年 1 月衰退前的高點，法國與幾個歐陸國家在當時都尚未來到經濟復甦的里程碑。

有些經濟學家將復甦緩慢歸咎於貨幣及／財政刺激方案不當，尤其是奉行樽節開支措施的國家。也有人指出，這次經濟衰退的性質基本上不同於過往，過去觸發的因素是政府希望緩和成長，並消除經濟體中的通貨膨脹，但是訂出了過高的利率。大衰退則相反，觸發的因素是債券市場泡沫破裂所致，在這種情況下，復甦需要許多企業、家庭，甚至政府重整自己的資產負債表與信心，而不是提高支出來刺激經濟。過去因應衰退時，總是調降利率以擴大支出。

無論經濟學家有哪些不同的看法，但顯然他們都同意，如今多數國家都有廣泛的福利安全網，再加上各國政府協調後提出的經濟政策因應之道，就算復甦緩慢且某些國家失業水準提

高，至少確保了緊接著崩盤後最讓人擔心的幾個星期並未出現第二次大蕭條。

Gresham's law ｜格雷欣法則

劣幣逐良幣，格雷欣法則是經濟學最古老的法則之一，以英國伊莉莎白一世女王的顧問湯瑪斯‧格雷欣爵士（Sir Thomas Gresham）命名。他觀察到，當某種貨幣價值降低，推出新貨幣取而代之時，人們會囤積新貨幣，因此基本上不得流通，而舊貨幣會持續用於交易，以盡快脫手。

gross domestic product (GDP) ｜國內生產毛額

參見「GDP ｜國內生產毛額」。

gross national product (GNP) ｜國民生產毛額

參見「GNP ｜國民生產毛額」。

growth ｜成長

想增加經濟活動，該如何落實？成長一定是好事嗎？經濟學家提出了大量的理論，但無一能解答所有問題。

亞當‧斯密將成長歸功於「看不見的手」，多數古典經濟學的信徒都認同。新古典經濟學有不同的成長理論，由羅伯‧

索羅（Robert Solow）在 1950 年代操刀設計。這套理論主張，持續提高投資僅能暫時提高經濟體的成長率。資本對勞力的比率提高，資本的**邊際**產能就會下滑，經濟體也就回歸長期的成長步調。產出的成長速度，等同於勞動力（在他日後的版本裡則是調整品質後的勞動力）的成長率，再加上一個反映生產力提高的因素。這套理論預測了某些基本經濟統計數值之間的特定關係，但某些預測與事實並不相符。比方說，各國的所得差異，遠高於儲蓄差異能解釋的水準。此外，雖然這套模型說經濟成長最終仰賴的是技術變遷的速度，但無法解釋哪些因素會決定這個速度。也就是說，技術變遷是**外生**因素。

有些經濟學家主張，前述理論忽略了主要的成長動力，他們發展出另一套新的成長理論。在這套理論中，提高生產力的是**內生**變數，是經濟模型中發生的事情造成的結果，而不像新古典模型，單純假設它就是發生了。內生成長的原因，最主要是出於技術創新與投資人力資本。新成長理論在解釋為什麼成長速度會不一樣，包括富裕國家與開發中國家的差異，著重的是經濟體中有哪些誘因，創造了額外的人力資本和發明新產品。

決定誘因的因素包括政府政策，擁有廣泛自由市場政策的國家，尤其是奉行自由貿易與維護安全穩定的財產權，通常成長率較高。平均而言，開放經濟體的成長速度快過封閉經濟體。公共支出相對於國內生產毛額越高，通常和成長較慢有關。不利於成長的還有高通貨膨脹和政治動盪。

各國在 20 世紀都變得更富有，但因為資本的**報酬遞減**，年成長率下降。1990 年，多數已開發國家計算長期的趨勢成

長，每年約 2% 到 2.5%。在 1990 年代，成長率開始提高，美國尤其明顯。有些經濟學家說，這是因為生產力出現革命，催生出新經濟，主要是因為科技快速創新，同時也提高了（可能直接來自於新科技的傳播）人力資本的價值。

　　某些經濟學家說，成長實際上是壞事，如果是以非永續的方式使用資源，讓地球上的生命因污染及氣候暖化而置於險境，尤其嚴重。這在經濟學家之間仍是少數人的觀點，比較流行的看法是，追逐成長並不是壞事，但應該用其他指標來判斷，例如「**人類發展指數**」與「**社會進步指數**」，而不是僅看**國內生產毛額**增加與否，這類觀點在 2008 年崩盤之後尤為盛行。

hard currency ｜ 強勢貨幣

　　這是你可以信任的錢。在面對較弱勢的貨幣時，強勢貨幣預期可以保有價值，甚至享有升值的益處，因此，強勢貨幣是廣受參與國際性交易人士歡迎的選擇。美元、德國馬克、英鎊與瑞士法郎在 20 世紀期間都曾經是強勢貨幣，除了在某些時候以外。

hawala ｜ 哈瓦拉系統

　　這是一套古老的系統，在信任的基礎下調動錢。哈瓦拉系統出現的時間比西方的銀行實務更早，然而，在比特幣等新型態的私人發行網路貨幣當中，卻可看到類似特質。哈瓦拉系統大多出現在中東，但在唐朝（618-907）的後半葉時就已現身中國，名為「飛錢」。在哈瓦拉系統裡，兩地之間並沒有真

正的錢在流動，就像現代不同國家的交易雙方用電話、傳真或電子郵件轉帳一樣。這套系統無涉及法律契約，收款人只會收到一組編號或簡單的代幣（比方說撕掉一半的票據），以證明真的有這筆錢。長期下來，反向的交易會抵銷兩邊的帳，因此不太需要真正的調度移動。交易人擁有的唯一資本是信任，有了信任，哈瓦拉系統的用戶就擁有了遍及全球的轉帳服務，廉價、快速，而且沒有官僚體制的束縛。

但是，從政府的觀點來看，非正式的金錢網絡帶有威脅，因為這些系統在官方管道之外，不受規範，也無法徵稅。政府擔心這些系統受到罪犯（包括恐怖分子）利用。雖然這不無可能，但到目前為止，哈瓦拉系統的主要用戶是海外工作者，他們不信任官方的轉帳方法或是無力負擔，因此靠這套系統把錢匯回家。

Hayek, Friedrich │ 海耶克／佛瑞德克・海耶克

他是**奧地利學派**中深具影響力的經濟學家，1974 年因為景氣循環理論獲得諾貝爾經濟學獎，在這之前，這項研究多年來屢遭**凱因斯**駁斥。海耶克生於 1899 年，在一次大戰後就讀家鄉的維也納大學。他深受**社會主義**吸引，一直到讀到奧地利學派先驅經濟學家路德維格・馮・米賽斯（Ludwig von Mises）在這方面的論述之後，他說，「這個世界再也不一樣了。」

海耶克主張，創造景氣循環的是銀行擴大**創造信用**，之後，由於企業與人們做出錯誤的資本投資，導致生產結果出

錯，市場因而小於（或大於）預期。一開始，人們熱情擁抱奧地利學派的景氣循環論，但之後在政策辯論上輸給凱因斯的一般理論。二次大戰後，海耶克和**傅利曼**等人成為芝加哥學派的領導分子。

海耶克是知名的自由市場體系支持者與政府計畫經濟的批評者，他在 1944 年的著作《通往奴役之路》（*The Road to Serfdom*）中預言，設法壓抑價格信號的**統制經濟**終將滅亡。他說這話的理由來自他認為人類的理性有限，以及他對**資本主義**的優越能力有信心，認為這套制度可以高效率地利用有限的資訊，並且從錯誤中學習。他的觀點呼應**亞當·斯密**那隻「**看不見的手**」，一般認為激發出 1980 年代柴契爾與雷根推動的自由市場經濟改革。他逝於 1992 年。

hedge ｜ 避險

指減少風險。也代表你願意承擔新風險，以抵銷現有風險，例如匯率、利率與大宗商品價格的不利變化。比方說，假設你是英國人，三個月內會有人付你 100 萬美元，你擔心到時候美元下跌，導致這 100 萬美元能夠換到的英鎊減少。這時候，你可以用目前的匯率（有效匯率）購買在期貨市場購買價值 100 萬美元的英鎊，以規避貨幣風險。從事避險的通常多半是大宗商品生產者與交易商、金融機構，但也有越來越多非金融企業。

過去比較流行的企業避險方式是奉行分散策略，較近期，則是利用金融工具與**衍生性商品**避險。另一種普遍的策略是盡

可能使用「自然」避險。比方說，如果一家公司在某國開設工廠，融資時可以用該國的貨幣借款，延伸這個想法，就得出營運避險的概念，比方說，可以調整生產設施的地點，讓成本對應特定貨幣的營收。

避險聽來很明智，但有些經濟學家認為企業不應該這麼做，因為這會降低**股東價值**。1950 年代，弗蘭科・莫迪利安尼（Franco Modigliani）與默頓・米勒（Merton Miller）主張，企業要賺錢，唯有靠能提高營運現金流的明智投資。至於投資的資金是來自債券、股票或保留盈餘，則無關緊要。募資方式不同，只關乎企業如何在不同的投資人（例如股東或債券持有人）之間分配價值，無涉及價值本身。這番出人意外的洞見，替這兩人都贏得了諾貝爾經濟學獎。如果他們是對的，這對避險來說就有很大的影響。如果融資方法與金融風險的特徵不重要，管理便沒有意義，這無法增進企業的價值，而且，由於避險並非免費，實際上還可能有損價值。此外，莫迪利安尼和米勒主張，如果投資人想要避免持有企業股票附帶的風險，可以分散持股組合。企業不需要管理金融風險，投資人可以自己動手。但少有經理人同意這種觀點。

hedge fund ｜避險基金

出問題時，金融市場裡的避險基金經常是遭受譴責的邪魔歪道，但這並不公平。比方說，最近的罪名就是避險基金**作空**（而且是無券放空）銀行類股股票，導致 2007 年的**信用緊縮**變成一場完全的全球經濟危機。沒有簡單的定義可以用來描

述避險基金（其中很少真的是在避險），但所有避險基金的目標都是追求最高的絕對報酬，而非相對報酬。重點是要賺最多錢，而不像多數共同基金，僅追求超越基準指數。雖然避險基金常被指控從事投資而擾亂金融市場，但是它們願意與其他投資群眾背道而馳，或許把證券價格推回更接近真實的基本價值，而不是偏離。投入避險基金的資金自 1990 年代開始快速成長，直到 2008 年，當時由於許多投資人撤回資金，避免損失擴大，許多避險基金退出市場。2008 年的崩盤對某些避險基金公司來說卻是好事，它們因為作空銀行股而獲利。後來發現，金融產業裡最脆弱的一環是銀行，而不是許多評論者預言的避險基金。到了 2015 年，避險基金約管理 2.7 兆美元，比 2008 年底時多了近 90%。

Herfindahl-Hirschman index ｜赫芬達爾—赫希曼指數

　　這是一個警示信號，顯示是否出現壟斷。專攻反托拉斯的經濟學家在衡量一個產業的競爭力時，通常會計算整體產出集中在少數企業的情況有多嚴重，他們使用的其中一種指標便是赫芬達爾—赫希曼指數。要算出指數值，要得出產業中各家企業的市占率，將百分比的數值平方，然後加總。如果產業中有一百家規模相同的企業（這是接近完全競爭的市場），指數值是 100。如果有四家規模相同的企業（這很可能是寡占），指數值是 2,500。赫芬達爾—赫希曼指數值越高，市場力量越集中。

　　簡單明瞭是赫芬達爾—赫希曼指數的主要價值，但它有兩

個很糟糕的缺點。其一，你必須正確定義要調查的產業或市場，這不太簡單，而且可能變成激烈辯論的主題。其二，就算市場範疇很清楚，赫芬達爾—赫希曼指數與**市場力量**之間的關係卻不然。當市場是可競爭市場，就算只有一家企業，赫芬達爾—赫希曼指數為 10,000（這是壟斷的典型定義），其行事作風也可能像在完全競爭市場裡一樣。

Homo economicus ｜經濟人

見「economic man ｜經濟人」。

horizontal equity ｜水平公平

一種維持稅捐公平的方法，指支付稅金能力相同的人，就應該付同額稅金（參見「equity ｜公平」和「vertical equity ｜垂直公平」）。

horizontal integration ｜水平整合

指與另一家類似的企業合併，例如兩家同樣製造餅乾的公司合併；**垂直整合**則是和供應鏈上不同階段的企業合併。水平整合常會引發**反托拉斯**的疑慮，因為合併後的企業規模將大於合併前的各企業。

hot money ｜熱錢

以某一種貨幣持有錢，當發現最高可能報酬機會出現時，就立刻轉換成另一種貨幣，導致前一種貨幣的匯率暴跌。通常用來指稱投機客在貨幣市場投資的錢。

house price ｜房價

房價破天價時，通常是一個警訊，顯示經濟過熱。房價在調降利率之後通常會上漲，因為要支付的房貸金額降低，買方有能力借到更多錢，便可以用更高的價格買房子。奇怪的是，人們通常把房價上漲當成好事，但其實房價上漲造就的輸家就和贏家一樣多。大家都說，房價上漲會助長消費者信心，是**財富效果**的一部分，當房價上漲，人們會覺得自己更富有，因此更願意花錢。但是也有人反對，認為房價上漲必定是負面的財富效果，會讓很多人的條件變差，比方說首購族或計畫換屋族。房價下跌，例如美國在 2008 年的崩盤前先發生的房市泡沫破裂，造成嚴重的經濟後果，影響消費者、為房貸提供資金的投資人，以及經常拿房子作為抵押品以取得貸款創業的創業者。確實，過度布局房貸債券正是引發 2008 年崩盤與之後大衰退的原因之一。

只要人們把房屋當成**投機**工具，而不只是住處，就難以避免房價波動，很容易陷入繁榮與蕭條的循環。當房價上漲，賺得利潤，吸引更多投機買方入市，最終，會有人開始付出太高的價格，利率上漲、需求下滑且價格暴跌。人們也會投資房市

當成通貨膨脹的**避險**。當其他價格上漲時，房價多半跟著漲，而以**實質條件**計算的房貸負債則會因通貨膨脹而下降。但是，如果房貸利率是浮動的（英國通常都是這樣），而非固定的（美國通常都是這樣），當政府利用**總體經濟政策**減緩經濟成長的速度，導致通貨膨脹升高，此時，跟著浮動利率調整的實質房貸負擔將大幅提高。

美國的長期房貸利率固定（但也有機動利率房貸），原因之一是提供資金的是由政府支持的企業，例如聯邦國家房貸協會與聯邦住宅貸款企業，也就是一般通稱的房利美（Fannie Mae）和房地美（Freddie Mac）。2008 年的崩盤，導致房利美和房地美需要接受政府紓困，但在這之前，就已經有某些經濟學家主張，這類準政府的經濟性機構給房市虛假的信心，是全球金融體系的重大風險來源。崩盤後，這樣的言論當然更多了。雖然有過去的陰影壟罩著，這些機構至今仍然存在。

human capital ｜人力資本

人力資本能讓人得以謀生。透過投資教育、訓練和醫療保健，可以提高人力資本。越來越多經濟學家主張，人力以及工廠和機器等實質資本的累積，是經濟成長的重要成分，在**新經濟**當中更是重要。即便如此，前述結論還是理論與信念的成分比較高，而非詳細實證分析的結果。關於人力資本要如何衡量這個棘手問題，經濟學家少有進展，光是在同一個國家內部長期的情況都難以衡量，更別說跨國比較。舉例來說，教育支出不必然是指出教育體系培養出多少人力資本的良好指標。確

實，某些經濟學家主張，教育支出變高，可能是國家變富裕的結果，而非原因。儘管如此，針對多數國家人力資本量的粗淺估計明確指出，大舉提高醫療科技的投資，可以延長多數人投入職場的年限，就算是非經濟性的益處也很值得。

Human Development Index ｜ 人類發展指數

這是一種先驅指標，衡量一個國家的人民在人類發展梯度中的哪個位置。這個指數在 1990 年由巴基斯坦的經濟學家赫布卜・烏・哈格（Mahbub ul Haq）在其他經濟學家的協助之下設計而成，包括拿到諾貝爾獎的阿馬蒂亞・森（Amartya Sen），每年在〈聯合國人類發展報告〉（UN Human Development Report）發布。指數結合了三大領域的數據：人均所得、教育與預期壽命。目的是要證明，對人類發展而言，進步不只是提高人均**國內生產毛額**這麼簡單（這顯然已經達成）。即便如此，批評人士注意到其排序多半和僅以人均國內生產毛額為依據的指數高度相關，而且，指數中使用的非財務性衡量標準也太過狹隘，人類發展不是只有所得、教育和壽命。

hyperinflation ｜ 惡性通貨膨脹

指非常、非常嚴重的通貨膨脹。到什麼地步才能確定快速的通貨膨脹已經變成惡性通貨膨脹？是一年內價格上漲 100% 或更高？對此尚無定論，但沒有人質疑惡性通貨膨脹會造成嚴

重的經濟損害。一次大戰後，德國經濟體系崩潰，物價曾經在一年內上漲兩百三十倍，讓納粹有了可趁之機。1993 年，前南斯拉夫的物價曾經一天上漲 20%。2008 年 7 月，辛巴威官方的通貨膨脹率達驚人的兩百三十一萬倍。通常，惡性通膨會讓人很快地對該國貨幣完全失去信心，轉而找尋其他儲存價值更高的錢，可能包括實體資產、黃金和外幣。如果惡性通貨膨脹穩定，或許還比較容易因應，因為價格雖然快速上漲，但是可預測，人們就可以做規畫。然而，至今從未有過穩定的範例，因為只有在整個經濟體出現信心危機時才會發生惡性惡性通貨膨脹，此時所有的行為都不可預測。

hypothecation ｜專款專用

　　將稅收用於特定目的，這或許是明智的做法，可以避開大眾不願多付稅捐的問題。如果政府告訴人民他們的所得稅中會撥出一定比例用於特定目的，比方說教育或醫療，人民或許就比較願意勉強掏錢，至少，他們會做更周延的決策，決定稅收與公共服務之間的取捨。但是這也有缺點，當公部門可以把專款專用的稅收花在其他更有成效的地方時，此時就綁住了政府的手腳。反之，或者說更有可能的情況是，專款專用稅的用途並不像公眾認定的，公務員面對政治人物施加的壓力，很可能想辦法迴避專款專用稅的特定目的，讓政府重新掌握錢的用途。

hysteresis ｜滯後

　　反應落後、遲緩。傳統上，經濟學家相信高失業率是一種循環性的現象，終究，失業會讓人壓低薪資要求，創造出更多的工作機會，讓失業率下降。但是，近年來，經濟學家指出，某些失業的人，尤其是長期失業者，可能發生滯後的現象。對這些人來說，即便有工作機會，他們仍覺得要重返崗位很難，甚至不可能。比方說，失業者可能慢慢失去回歸職場與履行職責必要的動力、自信與自律，或者，他們擁有的技能已經過時或和別人重複了。國家的失業福利讓人們更容易離開職場，可能助長這種滯後現象。

I

ILO │ 國際勞工組織

　　這是 International Labour Organisation 的縮寫，1919
年根據凡爾賽條約（Treaty of Versailles）成立，1946 年時
成為聯合國的第一個專門機構。國際勞工組織總部在日內瓦，
負責研擬國際勞動標準，訂定勞工最基本的權利，包括集會結
社自由、籌辦與從事集體協商的權利、機會與待遇平等，以及
廢止強迫勞動。該組織也編纂國際勞工統計。國際勞工組織成
立的理由之一，是希望訂出一體適用的國際勞工標準，阻止某
些國家利用較低的標準剝削勞工，藉此取得競爭優勢。1980
年代以來，由於注意力轉向高勞工標準造成的成本（主要是拖
慢經濟成長），國際勞工組織的取向遭受攻擊。全球一致的基
本標準可能也有礙自由貿易，把富裕國家的勞工標準加諸於貧
窮國家，可能讓富者更富、貧者更貧。

IMF｜國際貨幣基金

　　這是 International Monetary Fund 的縮寫，是全球金融體系的仲裁機構，必要時也擔任救援角色。國際貨幣基金於 1944 年連同**世界銀行**設立於**布列敦森林**，負責監督新成立的固定匯率制度。這套固定匯率制度於 1971 年至 1973 年間分崩離析，之後，國際貨幣基金對於會員國的經濟政策涉入更深，提出**財政政策**與**貨幣政策**建言，也針對個體經濟的變動給予建議，例如民營化，國際貨幣基金是民營化的忠實擁護者。1980 年代，該機構扮演領導角色，解決開發中國家債台高築的問題。較近期，則有好幾次為出現貨幣危機的國家共同協調與提供財務援助。

　　該機構提供條件性的援助，唯有在受助國承諾落實國際貨幣基金認可的經濟改革條件下才能得到援助，經常招致批評。遺憾的是，國際貨幣基金通常核可的是「一體適用」的政策，沒多久之後就無法適用於特定的個別情況。不管怎麼樣，除非一國決定接受其金錢援助，不然的話，該機構並無權力強迫任何國家做任何事。國際貨幣基金也被指稱引發了**道德危險**，讓政府、企業、銀行，以及其他投資人有所期待，萬一情勢太過惡劣，國際貨幣基金會出手相助，鼓勵他們草率行事。確實，某些金融業者就說了，到財務岌岌可危的國家投資是一種「充滿道德危險的賽局」，因為他們相信，不管用什麼方法，國際貨幣基金都會確保他們的資金安全無虞。

　　在 1990 年代末亞洲的經濟危機，以及 2000 年代初期阿根廷危機之後，有些決策者主張廢除國際貨幣基金，因為，少

了這張安全網，有助於激發出更明智的行為（但沒有成功）。比較近人情的人則說，國際化幣基金應進化成全球的**最終放款人**。2008 年崩盤之後，國際貨幣基金再度被視為全球經濟**治理**的最重要機構之一，共同協調各國政府的因應之道，包括財政刺激政策與**量化寬鬆**。該機構也是協商談判中的要角，導引出一系列紓困措施，防範主權債務危機迫使希臘政府違約，甚至退出歐元。

impact investing ｜**影響導向投資**

尋求同時創造財務報酬與達成特定社會或環境益處的投資。不可和「道德導向投資」混為一談，後者是指投資時要篩掉某些「不合乎道德」的證券，不納入投資組合當中，例如菸草企業或軍備製造商。

影響導向投資一詞首見於 2007 年，自此之後，在實踐**慈善資本主義**的富有人士之間越來越受歡迎，高盛和貝萊德（BlackRock）等主流金融企業近期也接受這個概念，它們預測，長期將會發展出規模更大的影響導向投資市場。

imperfect competition ｜**不完全競爭**

參見「monopolistic competition ｜壟斷性競爭」和「oligopoly ｜寡斷」。

imports ｜ 進口

購買外國的產品與服務；反之則為「出口」。

Income ｜ 所得／收入／收益

這是指流向生產要素的錢，包括付給勞工的薪資、付給創業精神和資本的利潤、付給資本的利息，以及付給土地的租金。在扣完稅後，可花費的個人薪資，稱為「可支配所得」。至於國家層面的所得，參見「national income ｜ 國民所得」。

income effect ｜ 所得效果

指產品或服務的需求之所以改變，是因為消費者的所得，而非其他原因（比方說消費者的品味改變）。

income tax ｜ 所得稅

這是一種人人厭惡的徵收稅捐方式，以所得為基準。最早徵收所得稅的，是 1797 年時的荷蘭巴達維亞共和國。英國在 1799 年時也引進所得稅制，作為籌募資金，支援與拿破崙對戰的權宜之計，在 1816 年時廢除，並在 1842 年時重新制定並長久實施。在多數國家，人民所得超過最低門檻之後才需要支付所得稅，而且富人適用的稅率高於窮人。自 1980 年代開始，由於選民不愛高所得稅率，而且擔心高稅率有礙重要的經

濟活動,許多政府調降所得稅率。然而,此舉不必然就會減所得稅的總稅收(參見「Laffer curve│拉佛曲線」)。調降所得稅率的政府,也不見得會調降其他稅率,通常反而會大幅調高其他稅率,以彌補調降所得稅率損失的任何稅收。

incumbent advantage │ 現存者優勢

身處其中的重要性。相對於渴望進入某個市場的競爭對手,已經身處其中的企業有明顯的競爭優勢,比方說,可以豎立**進入障礙**(參見「first-mover advantage│先發優勢」)。

index number │ 指數值

經濟學家喜愛加總許多個別數值來編纂指數,好分析經濟體中的行為大趨勢,例如衡量通貨膨脹的**消費者物價**指數。這個世界有各種買賣標的物組成的指數,其中最知名的可能是股票價格指數,例如美國的道瓊工業指數(Dow Jones Industrial Average)或英國的富時 100 指數(FTSE 100)。

編纂指數的主要挑戰,是決定要納入哪些成分,以及如何分配權重,長期下來又該如何調整,是非常麻煩的問題。舉例來說,通貨膨脹指標是根據一般消費者購買一籃子產品的價格。由於籃子中的產品品質與選擇長期下來會改變,通貨膨脹指數應該考慮到這一點。至於該怎麼做,則是常有人辯論的主題。

indexation ｜ 指數化

指跟上通貨膨脹的速度。在許多國家，薪資、年金、失業福利和其他類型的收入，會自動根據**消費者物價**指數最近的波動自動調高。這可以讓不同的收入維持以**實質條件**計算的價值。指數化替人們過濾掉高物價的痛苦，但是會提高**惡性通貨膨脹**的風險。

indifference curve ｜ 無異曲線

把每一種能給消費者同等滿足的產品與服務組合匯聚在一起，便構成這條曲線。換言之，不管拿到的是哪一種組合，對消費者來說都沒有差異。

indirect taxation ｜ 間接稅

和所得稅等**直接稅**大不相同，並非直接針對人們的收入或資產，或者公司的利潤課徵的稅，增值稅等消費稅便是屬於間接稅。政治人物越來越喜歡間接稅，因為與所得稅相較之下，納稅人比較不會注意到間接稅，也比較難逃稅。

inelastic ｜ 無彈性

指某樣東西的供給和需求對另一個變數（比方說價格）的變動不敏感（參見「elasticity ｜ 彈性」）。

inequality ｜ 不均

　　經濟成長造成的結果是更均等，還是更不均？不均的社會成長速度比均等的社會更快還是更慢？經濟學家辯論這些問題已經算不清楚有多久了。有一個要先達成共識的問題是，哪一種不均才重要？是成果的不均（即所得或財富的不均），還是機會的不均。另一個問題是，如何衡量不均？從理論上來說，機會均等應該會造成不同的成長結果，因為人人都有機會充分發揮自己的人力資本，但衡量機會均等可能超過統計學家的能力範圍之外，難以進行嚴謹的分析。最常用來衡量收入不均的指標是**吉尼係數**。

　　證據指出，極端貧窮可能比所得不均更有礙成長。極端貧窮的人買不起變富有所需要的教育，他們的子女也可能被迫放棄學校教育，開始工作賺錢。

　　證據也指出，直到不久前，經濟成長通常能縮小國內的不均。這有一部分歸功於稅賦與福利系統重分配的效果，但由於這些系統發展到極為龐大，反而導致某些國家經濟成長減速。社會提供福利津貼，可能阻礙失業者尋找更好的工作，而支應福利必要的高稅率，則可能阻礙富裕人士努力工作，不像在較友善稅制下那麼勤奮。然而，自 1990 年中葉起，由於財務報酬的分配方式越來越趨向「贏者全拿」，使得富裕國家的不均開始明顯擴大。

　　越形擴大的不均，刺激出政治上的辯論，企業主管的薪資節節高漲，尤其引發關注。2008 年崩盤之後，許多人吃力地與大衰退奮戰，富人卻比過去更富有。低利率以及重建金融體

系等推動復甦的政策推高了金融資產的價值，而持有金融資產最多的，正是富裕人士。公眾對於日益嚴重的不均湧出的憤怒，發洩在全球占領運動（global #occupy movement）上。這場運動宣稱，最富有的 1%（更精準的說法是 0.01%）握有越來越多的經濟力量，經濟學家們所做的詳細實證研究也支持這樣的主張，例如湯瑪斯・皮凱提（Thomas Piketty），他的書《21 世紀資本論》（Capital）意外成為暢銷書。多國的政治人物也採用民粹成分更強烈的「攻擊有錢人」言論，卻未承諾要溫和加稅，能夠大幅縮小所得不均的可信政策仍不見蹤影。擴大的不均，得利的是最富裕的人，雖然這些人普遍不討喜，但過去的教訓讓我們知道，沒收財富與懲罰性稅捐等政策會趕跑創業者，但國家需要他們創造的新財富來支應福利體系。大家都還沒忘記這樣的教訓，至少現在還沒。

infant industry ｜ 幼稚產業

保護主義人士很喜歡一個論點，那就是應該保護新的產業幾年，讓它們免於面對嚴峻的國際貿易與海外對手，直到該產業的國內企業夠強大，足以和海外對手競爭。自由貿易論者反對，認為不受限的競爭才能讓幼稚產業壯大。

inferior goods ｜ 劣等財

當消費者更富裕時，需求會減少的產品。至於「**正常財**」，則是當消費者有更多錢可花時，需求會提高的產品。

inflation ｜通貨膨脹

　　廣泛的物價上漲。通貨膨脹代表你的錢變薄了，因為通貨膨脹會侵蝕每一單位貨幣的購買力。通貨膨脹通常指的是**消費者物價**，但也適用於其他價格（批發商品、薪資、資產等等）。通貨膨脹經常以**指數值**年變動的百分比來表示。在人類歷史上，很多時候通貨膨脹並非經濟生活的重要部分。1930 年之前，不管是哪一年，物價都可能上漲也可能下跌，而且，長期來說，漲跌會互相抵銷。反之，在 20 世紀末，60 歲的美國人在這一生中已經看到物價上漲超過十倍。工業化國家通膨最嚴重的時期發生在 1970 年代，部分原因是**石油輸出國組織**的**卡特爾**大幅提高石油價格所致。多數的工業化國家自 1980 年代以後重新掌控通貨膨脹，但在許多開發中國家，通貨膨脹仍是引發許多重大問題的源頭。

　　如果可預測，通貨膨脹不致於造成嚴重傷害，因為每個人在做決策時都可以預想到未來價格會提高。但實務上，通貨膨脹不可預測，這代表價格上漲通常讓人意外。這會降低經濟效率，人們會減少冒險，以減少因價格衝擊而遭受重創的機會。通貨膨脹率越高，就越難預測未來的通貨膨脹率。就是這股不確定性，讓人們不再相信貨幣的儲存價值功能，**惡性通貨膨脹**的殺傷力才會這麼大。

　　多數經濟學家同意，經濟體在通貨膨脹水準低的狀況下最可能發揮高效率。理想上，**總體經濟政策**應瞄準穩定價格。某些經濟學家主張，通貨膨脹水準低是一件好事，但前提是這是創新造成的結果。新產品推出時價格高，但透過競爭很快就壓

下來。多數經濟學家認為，最好避免通貨緊縮，也就是平均價格下滑。

要讓通貨膨脹維持在低水準，你需要知道引發通貨膨脹的理由是什麼。經濟學家提出了大量的理論，但沒有絕對的結論。**傅利曼**曾說，通膨是「永遠且無所不在的貨幣現象」。**重貨幣論**者認為，要穩定物價，必須小心控制**貨幣供給**的成長速度。然而，要做到這一點很困難，因為一旦決策者試著瞄準通貨膨脹時，重貨幣論者找到的貨幣供給措施與通貨膨脹率之間的關係常常又不成立了。**凱因斯學派**的經濟學家相信，發生通貨膨脹和貨幣環境是獨立的兩件事。其他經濟學家則聚焦在制度因素的重要性，例如制定利率的是政治人物還是（讓人比較樂見的）獨立中央銀行，以及中央銀行是否有設定好的**通貨膨脹目標**。

通貨膨脹和失業有關嗎？1950 年代，**菲力普曲線**指出，決策者可以用承受較高的通貨膨脹來換取較低的失業率。之後的經驗則說，經濟體出現通貨膨脹，短期可以壓低失業率，但長期失業率會回升到之前的水準，甚至更高，而通貨膨脹卻已經上漲。經濟學家後來提出另一個概念：「**無加速通貨膨脹失業率**」，這是低於通貨膨脹加速時的失業率。然而，1990 年代末期，英美兩國的失業率都低於多數經濟學家認定的無加速通貨膨脹失業率水準，但通貨膨脹也未上漲。這使得某些經濟學家主張，**新經濟**中的科技與其他變遷，代表「通貨膨脹已死」。其他人則主張，穩固的**貨幣政策**，包括低通貨膨脹目標，使得公眾降低了對通貨膨脹的預期，由於不再預期通貨膨脹會上漲，人們也不再要求更高的薪資或設定更高的價格，抑制了

通貨膨脹。傳統經濟學家說這不過是休眠而已。

　　2008 年崩盤後出現大衰退的那幾年，各國中央銀行官員非常擔心通貨緊縮的威脅，一如憂慮通貨膨脹可能再起。確實，日本央行早在崩盤之前便大力刺激需求，希望重新帶動通貨膨脹，但日本的經驗變成一場惡夢，讓許多其他國家的央行官員徹夜難眠。

inflation target ｜通貨膨脹目標

　　許多國家**貨幣政策**的目標是確保通貨膨脹水準不會太高也不會太低。1990 年代很流行由中央銀行訂出明確的通貨膨脹率目標。到了 1998 年，約五十四家中央銀行都訂出了通膨目標，相較之下，1990 年底時只有八家。紐西蘭的儲備銀行率先在 1990 年訂出目標。一般來說，工業化國家訂出的通貨膨脹目標（或者目標範圍的中間值）是**消費者物價**通貨膨脹介於 1% 到 2.5%。之所以沒有訂為 0，是因為官方的物價指數高估了通貨膨脹，而且這些國家樂見些微的通貨膨脹，而不樂見通貨緊縮。

　　貨幣政策需要時間才能發酵，因此，各中央銀行通常以通貨膨脹預測作為政策變動的基礎，而非看目前的數值。假設預期兩年後通貨膨脹會高於目標，就調高利率；如果低於目標，就調降利率。

　　為何要訂通貨膨脹目標？制定通貨膨脹目標，通常附帶的是賦予中央銀行有相當的制定政策裁量權，因此，決策過程中的透明度很重要。當決策是達成目標流程中的一環時，將能提

高透明度。更根本的是，明定通貨膨脹目標讓大家更容易判斷政策是否在正軌上，讓中央銀行為自己的績效負起責任，央行官員的薪酬可以設計成以達標作為獎勵。但是，某些央行官員主張，通貨膨脹目標太過限制政策的靈活度，所以，全球權力最大的央行之一美國**聯準會**便主張不訂目標（並且堅持到現在）。

過去二十年來，消費者物價的走勢大致上符合各國的目標，某些經濟學家說，設定消費者物價目標讓央行分心，不去管控制範疇更廣的資產價格，這方面的失敗最終導致泡沫，引發 2008 年的崩盤與大衰退。

information ｜ 資訊

資訊是讓經濟體平順運作的潤滑油。當資訊全面、精準，而且可以用便宜的方法取得時，才能發揮最高的經濟效率。經濟學家面臨的許多問題，都來自於人們做決策時無法得到所有必要的資訊。**統制經濟**失敗的原因之一，是政府的計畫人員不擅於蒐集與處理資訊。**亞當・斯密「看不見的手」**的比喻，很多時候是強調自由市場能更有效率地處理經濟體中和所有參與者需求相關的資訊，超越國家計畫人員看得見、而且通常死氣沉沉的手。資訊不對稱，是指一方比另一方更清楚交易，這個問題是引發效率低落與**市場失靈**的一大原因。不確定性也會造成大量的經濟成本。網際網路讓人們更容易取得資訊並降低資訊的價格，有助於推升經濟效率（參見「big data ｜ 大數據」）。但網路也有無效率之處，還有待解決。不確定性是造

成經濟效率低落的重大理由之一。關於未來將發生什麼事，等到取得最有用的資訊時，可能已經來不及了。

infrastructure ｜ 基礎建設

這是經濟的血脈，道路、港口、鐵路、機場、輸電線、油管、網路等等都是基礎建設，能讓人員、產品、大宗商品、水、能源和資訊高效率地流動。基礎建設越來越被視為經濟競爭力的重要來源。投資基礎建設可以帶來極高的報酬，因為這讓人有更多的選項，要在哪裡生活與工作、要消費什麼、要從事哪些經濟活動，以及要和哪些人溝通。一個國家的某些基礎設施可能是**自然壟斷**，例如水管線路。有一些可能是**公共財**，例如交通號誌。有些則可能有**網絡效應**，例如電話線。上述每一個因素都有助於促成由政府提供基礎設施，但同樣可能出現和政府干預類似的缺點：規畫不當、效率低落，以及貪腐。

2008 年崩盤之後，各國政府推出許多財政刺激方案，投資基礎建設是其中的重點。某些經濟學家認為，由於整個大衰退期間與開始復甦的前幾年一直維持低利率，政府（包括美國在內）在興建現代化基礎設施時，應該善用便宜的信用大量舉債，但實際上卻沒這麼做。

innovation ｜ 創新

創新是對經濟成長極有貢獻的因子。企業與政府的重大挑戰，就是要讓創新更常出現。雖然沒有人能完全確定創新是怎

麼發生的，但有幾項內生成長理論試著模擬分析創新過程，而不是純粹把創新假設成外生因素，因為某些不可考的理由就出現了。這當中，誘因非常重要，雖然某些創新是科學家和其他人追求高深知識的結果，但大部分的創新，尤其是在商業面的應用，是創業者追求利潤的結果。熊彼得說，創新是「創造性破壞」的過程。成功創新的企業能賺得極高的利潤獎賞，而這會刺激對手想出更優越的創新。

要鼓勵創新，必須允許創新者獲利，否則，他們就不會承擔創新必須面臨的風險與費用。多數國家都利用專利和其他法律保護智慧財產，讓創新者享有（通常是暫時性的）創新壟斷權。考量到任何壟斷都會造成不利的結果，因此，對於保護期應該多長，經濟學家莫衷一是。

在 20 世紀的後半葉，多數時候政府扮演重要角色，資助並導引純研究與早期的開發。然而，1980 年代美國的法規變革，減少政府在這方面的著力，其中一項改變，是把科技發展挪出由國家出資的國家性實驗室。另一項則是允許大學、非營利性研究機構，以及小企業和政府簽約從事研究，以保有他們發展出來的技術，並以個人名義申請專利。隨著政府研究人員與大學教授和外部的企業大力合作，或是自行創業，顯然有助於美國的創新蓬勃發展。創新型公司的群聚如雨後春筍般四處興起，領頭羊是加州的矽谷，這裡成為一塊大磁鐵，引來了創業者、創投人士，以及律師、銀行家和各種幫助企業成功的中介者。矽谷創造出好幾代改變世界的企業，從惠普、英特爾，一直到 Google、Facebook 和 Uber。許多其他國家也希望有這樣的成績，紛紛試著創造自己的「矽谷」群聚，但通常都是

表現平平而已。

　　創新的效益是否言過其實？創新是否只是為了改變而改變？幾年前，諾貝爾經濟學獎得主羅伯·索羅（Robert Solow）觀察到：「如今，電腦時代的證據隨處可見，唯獨在生產力統計數據上付之闕如。」雖然新的電腦科技對人們與企業造成的影響明顯可見，卻未扭轉美國自 1970 年代以來生產力成長減緩的趨勢。相信**新經濟**的人主張，前述的「索羅矛盾」已經不成立了，1990 年代末、甚至在 2000 年之後，電腦革命開始帶來過去預期的生產力成長。這也說明了創新需要長期間才能帶來好處。

insider trading ｜內線交易

　　美國在 1934 年、英國在 1980 年時規範內線交易是違法行為，如今多數國家也禁止這麼做（至少在股票市場是如此）。內線交易涉及使用公眾不可得的資訊，一旦眾人得知這些資訊，將影響股票、債券或貨幣的價格。當擁有特殊機密管道的個人利用取得的資訊做交易，利用當消息散播出去時價格會有波動這一點，就是內線交易。這為人所不樂見，因為其他投資人看到內線交易者利用資訊不對稱致富，占外部人士的便宜，會對金融市場失去信心。但某些經濟學家認為，內線交易能促成更有效率的市場，藉由將內線消息傳播到市場裡，可以讓一家公司的股票價格更正確。這或許是對的，但多數金融監理單位都樂於犧牲一定程度的價格準確度，來確保外部人士（他們在投資人中占絕大多數）覺得自己受到公平對待。

institutional economics │ 制度經濟學

這是號稱達爾文主義版的「憂鬱的科學」，也稱為「演化經濟學」。美國的主流經濟學界一度將經濟體視為不斷演化的體系，大力強調動態、變動的結構（包含科技、制度、信念與行為），以及失衡的過程（例如創新、選擇與模仿）。早期支持制度經濟學的人，包括《有閒階級論》（*The Theory of the Leisure Class*）的作者托斯丹‧范伯倫（Thorstein Veblen），以及阿多夫‧伯利（Adolphe Berle），他和嘉帝納‧米恩斯（Gardiner Means）合寫的《現代公司與私有財產》是早期深具影響力的現代企業理論，凸顯出將所有權和經營權分開引發的**代理成本**。近年來，又有人對於制度在經濟體中扮演的角色重燃興趣。新制度經濟學主張，制度應該整合納入**新古典經濟學**，以解決某些因為資訊分散與資訊不對稱引發的問題。最早的新制度經濟學主張制度是解決前述問題的理性方法，但後來借重**行為經濟學**的洞見，深入透析某些制度的不理性之處。1993 年，新制度經濟學的先驅實踐者道格拉斯‧諾斯（Douglass North）獲頒諾貝爾獎。

institutional investor │ 機構投資人

這些投資人是金融市場裡的要角，包括年金基金、基金管理公司、保險公司、投資銀行、**避險基金**、慈善捐贈信託、主權財富基金。在美國，機構投資人持有約一半的公開上市股票，散戶投資人持有另一半。在英國，機構投資人持有的上市

股票比例約為三分之二。機構投資人因此握有可觀的影響力，包括能影響金融市場裡的價格，並可責問企業大老闆。但由於機構投資的多半是別人的錢，很容易出現**代理成本**的問題，牴觸投資人的長期利益，而這些是信任它們、把自己的儲蓄交託出去的人。

insurance ｜保險

從經濟面來說，任何用來降低負面風險的標的都是保險。一般人最熟悉的形式，是向保險公司購買保單，廣義來說，也包括用來**避險**的金融保障（或其他保障），以及災難事件中可以得到的救助，甚至涵蓋各種由政府支付給貧病困苦者的福利津貼，以及發生破產時債權人的法律保障。

傳統保險的運作方式，是把許多人（或是企業等等）的風險匯聚在一起，每個人都可能索賠，但實際上只有一些人這麼做，支應實際索賠的成本就分散到所有可能索賠的人身上，讓每個人都負擔得起保險。

雖然保險極具吸引力，但私人的保險市場通常運作得不順暢，或者根本沒有市場。經濟學家歸咎於三個主要原因：

▌ 如果不確定提供保險的成本，尤其是如果索賠沒有上限，就沒有私人企業願意承保
▌ **道德危險**意味著有保險的人可能會冒更高的風險，因為他們知道自己受到保護，因此，保險公司面對的實際索賠成本可能超過一開始設計時的金額

▌保險業者面對**反向選擇**的風險，最可能索賠的人會買保險，最不可能索賠的人則不會買。在這種情況下，要訂出適當的保費以支應所有索賠，就算不是不可能，也是非常棘手的任務

保險公司找到許多方法來減輕這些問題的衝擊，比方說，要抵銷反向選擇，它們會針對吸菸者訂出比較高的健康保險費率。為了限制道德危機，它們大幅調降同意先預付保費者的費率，以便支應索賠。

從最廣義的角度來說，高效率的保險體系可以鼓勵積極進取的冒險活動，讓人們選擇願意承受的風險和自我保護的程度，有助於經濟成長。

intangible asset ｜無形資產

就算實際上看不到、摸不到，但仍然有價值，比方說想法（尤其是受到專利保護的想法）、高效的企業文化、人力資本、受歡迎的品牌。反之則為「**有形資產**」。

intellectual capital ｜智慧資本

這是一個國家或企業的資本，或個人的人力資本當中的一部分，其內涵不是實物，而是概念與想法，通常透過專利或其他智慧財產相關法律來保護。

intellectual property ｜ 智慧財產

指握有具經濟價值的概念（比方說商標或專利）的所有權。強大的智慧財產相關法律通常可以促進創新，因為法律允許創新者擁有暫時性的壟斷權，讓他們得以仰賴創新來賺錢。確保另一個國也會遵守一國授予的智慧財產權，是創建**世界貿易組織**時的一個爭議點，某些開發中國家反對智慧財產權，因為這是容許富裕國家的企業將高成本加諸在窮國。然而，一般來說，這些紛爭並未阻礙智慧財產權相關法律傳遍全世界，但在某些國家要如何順利執法，又是另一個議題了。

interest ｜ 利息

這是借錢的成本，當債權人把錢借給債務人時要承擔風險，利息便是彌補。沒有利息，就沒什麼人會借錢給別人，經濟活動也將因此大幅減少。收取利息違反伊斯蘭法（Sharia law），被視為高利貸。美國有些州也制定反高利貸法，債權人的相關條款有嚴格的條件，但並未真正禁收利息。然而，隨著銀行業在中東伊斯蘭各國蓬勃興起，也意味著，當經濟成長成為優先事項時，還是可以找到方法付利息給債權人。

interest rate ｜ 利率

這是以年率形式表達利息：一年裡要支付的利息錢，除以借出去的本錢。已開發經濟體通常會訂出不同的利率，以反映

貸款期間的長短，以及債務人的風險和財富。人們用到「利率」一詞，通常是指銀行收取的短期利率。當中央銀行說要調降或調升利率時，通常就是調整央行把錢借各銀行過夜所收取的價格，以年率表達。衡量多年後才要償還的借款利率時，債券殖利率是比較好的指標。債券殖利率和短期利率不同，並非由中央銀行官員制定，而是由市場對錢的供給和需求決定，極容易受到預期通貨膨脹率的影響。在 2008 年崩盤之後，某些國家的中央銀行訂出負利率，設法刺激支出。

international aid ｜國際援助

富裕國家伸出手協助窮國（至少本意是如此），但實務上，很多時候援助對於預定受助國並沒有太多好處（提升醫療保健是例外），反而讓情況更糟糕。平均而言，獲得大量援助的窮國成長速度並未快過少有援助的國家。反之，有史以來最成功的援助方案，可能是二戰之後重建歐洲的**馬歇爾計畫**，但這是富裕國家協助其他當時仍富裕的國家。

在 20 世紀下半葉，富裕國家捐出超過 1 兆美元協助窮國。然而，在 1990 年代，各國的官方援助便停滯了。2001 年，官方援助僅稍高於 500 億美元，約為捐助國國內生產毛額的四分之一。除此之外，還有一些來自非政府組織的援助，預估金額為 60 億美元。民間的**海外直接投資**與匯款的金額，漸漸超越這類非官方的援助。為了重振國際援助，2000 年，聯合國投入八項雄心萬丈的千禧年發展目標，要在 2015 年以前降低全球的貧窮程度。在 2005 年的 8 大工業國高峰會上，這些全世

界最富裕的國家承諾大幅提高援助最貧窮國家的金額，加上**負債免償**，以及貿易自由化。至於比較近期的援助，據某些經濟學家說，管理上更為妥善，而且在推動千禧年發展目標進展上扮演重要角色，超乎一般人的預期。2015年時，另一套新的全球性目標取代了舊目標。

國際援助的成就如此微不足道（至少到近期的狀況都是如此），原因何在？因為捐款通常都落入了窮國貪腐政治人物與官員的境外銀行帳戶。富裕國家在提供金錢援助時，常有附帶條件，因此很多「束縛性」的援助一大部分都花在捐贈國的企業和貪腐政治人物與官員身上。戰爭也毀掉援助專案中許多可能的益處。此外，許多援助是出於政治目的，而非經濟目的，比方說支持反共產政府。

從歷史中學到的教訓是，援助經常遭到浪費或造成傷害，除非受助國是真心投入經濟性管理。**世界銀行**以經濟性管理的品質為標準，分析五十六個受助國，得到的結論是，有好政策（通貨膨脹水準低、有預算結餘，而且開放貿易）與好制度（少貪腐、法律規範強、官僚體系效能高）的國家，能從外援中獲益，政策與制度不當的國家則否。也因此，條件性的援助越來越普遍。

越來越多人把焦點放在利用援助支持受助國發展在地經濟。外援過去的做法是扶植出依賴成性的文化，現在則扭轉情況，改為支持所謂的「市場基礎解決方案」，為受助國建立起產能，希望能讓它們及早自立自強。

International Labour Organisation (ILO) ｜國際勞工組織

見「ILO ｜國際勞工組織」。

International Monetary Fund (IMF) ｜國際貨幣基金

見「IMF ｜國際貨幣基金」。

international trade ｜國際貿易

見「free trade ｜自由貿易」。

intervention ｜干預

這是指中央銀行試圖影響匯率，買進希望看到升值的貨幣，賣出想看到貶值的貨幣。證據顯示，即便在最好的狀況下，這也只是暫時的權宜之計。從較長期來看，政府資源不足，難以打敗市場動力。

investment ｜投資

投入錢從事某些活動，期望能賺更多錢。投資有兩種形式，花錢興建大樓、購買機器等是「直接投資」，購買債券或股票等金融證券則是「間接投資」。

傳統經濟理論認為，一國的總投資必須等於總儲蓄，但這

一條等式短期並不成立，由於全球化之故，長期可能也不成立，因為儲蓄水準低的國家可以吸引**海外直接投資**，招徠在本國沒有投資機會的海外投資者。

一國的投資在**國內生產毛額**中占比越高，經濟成長速度會越快，正因為如此，各國政府大力減稅、補貼，或是直接用公共支出投資基礎建設。但證據指出，鼓勵民間投資最好的方法，是執行穩定的**總體經濟政策**，並維持低通貨膨脹、低利率和低稅率。有趣的是，經濟研究並未證明高額的投資能帶動高水準的國內生產毛額成長。其中一種解釋是，投資環境與方式也很重要，不亞於投資的總金額，重點不在於做多少，而在於怎麼做。

invisible hand │ 看不見的手

這是**亞當・斯密**提出的說法，指自由市場有能力把生產要素、產品與服務配置到最好的用途上。如果每個人都以自利為出發點行事，在利潤誘因的刺激下，經濟體的運作會比由中央計畫者導引經濟活動更有效率和生產力。亞當・斯密說，這就像是一隻「看不見的手」在導引個人的行動，結合起來達成共好。但是，亞當・斯密也承認，「看不見的手」並非無懈可擊，政府的某些行動或許有必要性，比方說實施**反托拉斯**法律、落實**財產權**，以及提供警政系統和國防。

invisible trade ｜無形貿易

看不見、摸不著的出口與進口，例如銀行或廣告等服務，以及版權等其他無形事物。無形貿易帳在世界貿易金額中的占比越來越高。

inward investment ｜對內投資

來自海外的投資；反之則為「對外投資」。

irrational exuberance ｜不理性的繁榮

這句話很貼切地形容美國人民買進價格過高股票時的熱情，這是時任**聯準會**主席的艾倫・葛林斯班（Alan Greenspan）在 1996 年所說的名言。每一次的泡沫都是某種形式的「不理性的繁榮」的產物。

I

J

J-curve ｜ J 曲線

J 型描繪一國貿易餘額在貶值後的趨勢變化。當匯率降低時，一開始，出口價格下跌，進口價格上漲，經常帳惡化，導致赤字擴大或盈餘減少；但過一陣子之後，由於外國買方看到出口品跌價，開始增加購買量，而國內消費者則會少買漲價的進口品，最終，貿易餘額會改善，回到貶值之前的水準。如果是貨幣升值，則會出現倒 J 型。

job search ｜ 尋職

指人花時間找新工作。由於總會有人花時間找工作，因此，即便已經達成**充分就業**，仍會出現某種程度的**摩擦性失業**。

joint supply │ 聯合供給

　　某些產品或生產流程的用途不止一種，比方說，牛可以供應牛乳，也可以供應牛肉，如果酪農為了因應人們提高對牛奶的需求而多豢養牛隻，之後牛肉的供給也可能增加，導致牛肉價格下滑。

K

Keynes, John Maynard｜凱因斯／約翰·梅納德·凱因斯

　　一位偉大且經常有人引用的英國經濟學家，長久堅持同樣的觀點也非他的強項。凱因斯生於 1883 年，就讀於劍橋大學，但他排斥大部分和該校大有淵源的**古典經濟學**和**新古典經濟學**。凱因斯協助設立**布列敦森林**的架構，但他最知名的是《就業、利息與貨幣的一般理論》（*General Theory of Employment, Interest and Money*）一書，1936 年出版時，正逢大蕭條最嚴重之際。這本書催生出現代**總體經濟學**，書中主張，有時候即便未達成**充分就業**，只要政府透過增加公共支出及／或降低稅捐，提高經濟體的整體需求，解決失業問題，經濟體也可以很穩定（也就是達成均衡）。許多政治人物接受這些概念，據說，尼克森總統在 1971 年時表示：「如今我們全都是凱因斯學派了。」很多人實踐他的想法，但也有很多人爭辯凱因斯本人是否會支持這些人在實務上的做法。

凱因斯發現**動物本能**在經濟上的重要性。他在金融市場賺得財富，也在這裡失去財富，因此他將股市稱為「賭場**資本主義**」。他也說過：「沒有什麼比在不理性的世界裡實行理性投資政策更危險。」關於經濟概念的影響與傳播，他的看法有趣而精準：「相信自己不受任何理論學說影響的實務人士，通常都是某些已故經濟學家的奴隸。」說到他的意見經常改變，他表示：「當事實改變，我就改變我的心意——你會怎麼做呢？」他說：「長期來說，我們都死了。」對他而言，長期在 1946 年時來臨。

Keynesian ｜凱因斯學派

這是經濟學的一個分支，大致上以**凱因斯**的想法為基礎，相信積極主動的政府，同時懷疑市場造成的結果。凱因斯學派在二次大戰後的三十年獨領風騷，1960 年代更是如此，當時，多數已開發國家的決策者試圖終結景氣循環，祭出支出規模更龐大、條件更寬鬆的**財政政策**。1970 年代間，凱因斯學派的政策飽受指責，認為它應該為不斷上漲的通貨膨脹負責，因此慢慢讓道給**重貨幣論**和個體經濟政策，後兩者多半都屬於凱因斯不時反對的**新古典經濟學**。即使凱因斯學派不再流行，公共支出與稅捐能在管理需求上扮演重要角色，促成**充分就業**，這樣的想法在許多國家仍是**總體經濟政策**的核心，就算重貨幣論與供給面經濟學在 1980 年代與 1990 年代之後出現大幅變革，也無法撼動。

近期，有一群比較偏向市場的凱因斯學派經濟學家竄起，

他們相信大部分的市場都能發揮功能，但有時候速度太慢了。在 2008 年崩盤後與大衰退開始之初，這個世界重燃對凱因斯學派想法的熱情，許多政府大力提高公共支出，努力防範經濟危機出現。但是，在凱因斯的故鄉英國，2010 年選出的聯合政府公開擁抱絕對非屬凱因斯學派政策的樽節開支措施。

kleptocracy ｜盜竊政體

這是一種貪腐、謀取的政府體制，負責的政治人物與官僚人員利用國家的權力自肥。**共產主義**垮台後的那幾年，俄羅斯的發展就是很好的範例，親黑道的政府官員在國有企業民營化期間，把價值不斐的股份分給自己，接受外國企業的賄賂，不向「能幫上忙」的企業收稅，還把國際援助中飽私囊，轉入個人的境外銀行帳戶。

Kondratieff wave ｜康德拉捷夫波浪理論

這是長達五十年的景氣循環週期，以俄羅斯經濟學家尼可萊·康德拉捷夫（Nikolai Kondratieff）命名。康德拉捷夫在 1925 年出版《經濟生活中的長波》（*The Long Waves in Economic Life*），書中他宣稱找到持續半世紀或更長時間的經濟活動週期。由於這意味著**資本主義**將成為穩定的體系，而不是**馬克思**主義判定的將動盪自毀，他後來被史達林（Stalin）關進監獄，死於獄中。可惜沒什麼強力的證據支持康德拉傑夫的結論。

L

labour | 勞動／勞力／勞工

這是生產要素之一，其他還有土地、資本和創業精神。決定勞力供給的因素包括總人口中能工作的人數、他們的工作意願、勞動法規，以及經濟體和企業的健全度。影響勞力需求的則是經濟體和企業的健全度、勞動法規，以及其他生產要素的價格和供給。

在完全市場裡，薪資代表勞力的價格，由供需決定。但勞動市場通常不是這麼完美，薪資比其他的價格更沒有彈性，即便對勞工的需求下降或供給增加，薪資也很少下滑。薪資的僵固性是造成失業的原因之一。產業工會也有極大的影響力。

labour theory of value | 勞動價值理論

這個概念是說，任何產品或服務的價值取決於使用了多少

勞力。首先提出此一說法的是**亞當‧斯密**，這也是**馬克思哲學**的中心要旨。某些**新古典經濟學家**不同意這種說法，認為東西的價格無關乎生產時使用了多少勞力，全由供給和需求決定。

labour-intensive ｜勞力密集

指涉及大量勞力的生產流程；反之則為「**資本密集**」。

labour-market flexibility ｜勞動市場彈性化

有彈性的勞動市場，代表企業能用簡單且廉價的方法改變勞力使用量，包括改變每一位員工的工時，以及增減員工人數。這通常代表聘僱條件的規範少之又少（例如未規定最低薪資），產業工會弱勢，甚至沒有工會。反對者說，這樣的彈性是把所有權力都給了企業，讓它們能隨時解雇員工，使員工立於不安穩的處境。

反對勞動市場彈性化的人宣稱，讓勞工安心的勞動法規，可以鼓勵員工投資培養企業需要的技能，把工作做得更好。支持者則主張，由**市場動力**決定勞動條件能增進經濟效率。大致上，證據顯示，較大的彈性和較低的失業率及較高的人均**國內生產毛額**有相關。

Laffer curve ｜拉佛曲線

據說，1974 年時，年輕的經濟學家亞瑟‧拉佛（Arthur

Laffer）在華府一處酒吧的餐巾紙上畫下一條曲線，把平均稅率和總稅收連起來。一開始，高稅率會增加稅收，但是過了某一點之後，提高稅率會導致稅收下滑，因為高稅率阻止了人們努力工作。這條曲線成為供給面經濟學的標記，某些經濟學家說，這證明多數政府可以透過調降稅率來提高稅收，1980年代雷根與柴契爾的減稅型政府經常引用這樣的論述。某些經濟學家認為，多數國家仍處於曲線中調高稅率可以增加稅收的點上，但這方面並無實證證據，也就是沒有人能真正確定美國和其他國家在拉佛曲線上的哪一點。然而，在雷根政府調降稅率後，稅收開始減少。美國的稅率與其他國家相較已經甚低，和歐陸各國的差距尤其明顯，這些國家很可能處在調降稅率可以增加稅收的點上。

lagging indicator ｜ 落後指標

這些指標說的是舊聞，有些經濟統計數據會在景氣循環或通貨膨脹變動幾個星期或幾個月後才反映出來，可能不是經濟體現狀或未來發展的可靠指引；反之則為「**領先指標**」。

laissez-faire ｜ 自由放任

這是一種「隨他去」的經濟學，相信經濟體在沒有政府干預時運作得最好。這套學說可以回溯到18世紀法國的重農主義者（physiocrat），他們相信政府要依循自然定律，反對**重商主義**。**亞當‧斯密**等人加以調整，就成了**古典經濟學**的中心

信仰，因為這讓「**看不見的手**」能有效率地運作。（但即便如此，他們也認為經濟體裡需要政府扮演有限的角色。）19 世紀，自由放任的概念啟發了英國的政治運動，撤銷〈穀物法〉（Corn Laws），並推動自由貿易，也在 1843 年催生出《經濟學人》雜誌。在 20 世紀，自由放任被視為支持壟斷、容許景氣循環，讓繁榮與蕭條週而復始的同義詞，聲勢也不如干預主義政府的**凱因斯學派**。然而，由於大量證據顯示，政府干預效率不彰，激發出了 1980 年代雷根與柴契爾政府的自由市場政策，兩者都強調自由放任的重要性。

自由放任在討論上占有優勢近三十年，之後，由於 2008 年的崩盤與之後的大衰退，使得這支經濟學派的有效性遭到質疑，也導致各國政府更大力參與經濟體，包括更嚴格規範金融業。當時的（右翼）法國總統尼古拉·薩克齊（Nicolas Sarkozy）曾說：「自由放任，已經完蛋了。」他的話是對是錯仍有待觀察。

land｜土地

這是生產要素之一，其他還有勞力、資本和創業精神。由於移民到月球的計畫已經擱置，土地的供給基本上是固定的。與海爭地與砍伐森林（這可能傷害環境而造成重大的經濟成本）或許可能增加一點點土地，但由於沙漠擴張，會稍微減少可用的土地數量。擁有土地的人靠著收取租金賺錢。

land tax ｜ 土地稅

19 世紀美國的經濟學家亨利・喬治（Henry George）相信，應該僅針對土地的價值徵稅，而不是對勞力與資本課稅。在他的書《進步與貧窮》（*Progress and Poverty*）裡，他主張這種「單一稅」可以終結失業、貧窮、通貨膨脹與不均。許多國家針對土地或房地產的價值課稅，但從來沒有完全落實過喬治的單一稅構想，主要是擔心這會嚴重壓低土地價格，也會阻礙人們努力增進土地的品質（也就是土地的經濟價值）。喬治在處理這些隱憂時主張，應該僅針對「未改善」土地的價值徵稅。確實，土地稅有明顯的優勢，徵收起來簡單又便宜，根本不可能逃稅，而且懲罰擁有、卻不善加利用的地主。

law and economics ｜ 法律與經濟學

法律可以促成經濟效率，也可能導致效率不彰。**亞當・斯密**等早期的經濟學家經常論述法律議題的經濟效果，但之後的經濟學焦點集中在貨幣與商業事務上，一直要到 1940、1950 年代時，在芝加哥法學院裡才出現了「法律與經濟學」這一門學科，目前是經濟學裡一支重要的分支，影響力超越象牙塔之外。

一直以來，法律與經濟學穩守自由派經濟學陣營，偏愛自由市場，主張規範通常弊多於利。自由放任的思維在雷根與柴契爾大力支持之下再度復興，這門科學也隨之成長，強調要制定明確、可執行的財產權，確保財產可以買賣，認為這些制度

極具經濟價值。這鼓勵許多**反托拉斯**的決策者著眼於追求最高的消費者福利，不要只是保護小企業，或只是因為大企業規模大而反對。這一支經濟學也涉入更廣泛的社會學議題，例如分析犯罪的經濟理由，以及在法律上如何建構誘因，以減少犯罪（參見「institutional economics｜制度經濟學」）。

目前，研究法律與經濟學的學術界人士鑽研更廣泛的研究主題，而不只是跟隨自由派經濟學先驅的腳步。

LBO｜槓桿收購

見「leveraged buy-out（LBO）｜槓桿收購」。

leading indicator｜領先指標

領先指標是預測未來經濟的水晶球，也稱為「循環性指標」，是指出經濟體和景氣循環未來走向的統計數據。某些經濟變數的變化經常早於**國內生產毛額**的變化，某些則早於通貨膨脹的變化。在一些國家，統計學家會綜合幾種不同的領先指標，彙整成一個指出經濟成長與通貨膨脹的整體領先指標。然而，任何領先指標和預測的標的之間不必然有因果關係，這些指標就像水晶球一樣，也會出錯。反之則為「**落後指標**」。

lender of last resort｜最終放款人

這是中央銀行的主要功能之一。遭遇財務問題的銀行需要

現金，但又沒有人要借它們時，中央銀行可以出手借錢（可能會附帶某些條件），也可以控制陷入困境的銀行、關閉銀行，或是替銀行另覓新東家。中央銀行最終放款人的角色，是透過增進人們對銀行體系的信心來促進**創造信用**，向存款人保證他們的錢安全無虞，將銀行擠兌的風險降至最低。然而，這也可能引發潛在的**道德危險**，銀行借錢時會更輕率，因為它們知道如果出錯會有人紓困。

最終放款人考量雷曼兄弟僅是一家投資銀行，拒絕提供支援，引發了 2008 年的崩盤。雷曼兄弟倒閉後，其他投資銀行經過重新分類，變成可以接受支援，最後也確實得到協助。這引發了激烈爭辯，何時該擴大這類援助，又該惠及哪些機構（一般認為，萬一倒閉可能會為金融體系帶來**體系風險**的機構，應該要納入援助範圍），以及如何規範被視為「**太大而不能倒**」的金融機構，讓它們不致於涉足會導致整體系統崩潰的過度風險。

leverage ｜ 槓桿

參見「gearing ｜負債比」。

leveraged buy-out (LBO) ｜槓桿收購

在購買公司時，用借來的錢支付大部分的購買價格，這筆負債的擔保品，是被收購公司的資產，利息則以公司未來的現金流支付。在 1980 年代，槓桿收購在美國風行一時，因為

公開的債券市場快速成長，並開放給之前無處借到高額資金的人。在 2000 年代中葉，**信用寬鬆**，這種做法又再度流行，並且重新包裝，命名為「**私募股權**」。雖然某些槓桿收購案中的債務人最後破產了，但是在多數情況下，由於必須支付龐大的利息，驅使新的經理人在經營公司的時候比原班人馬更有效率。基於這個理由，某些經濟學家認為槓桿收購可以化解與企業**治理**有關的**代理成本**問題。

liberal economics ｜自由派經濟學

這是**自由放任資本主義**的另一個名稱。

liberalisation ｜自由化

這是推動**自由派經濟學**的政策，限制政府的角色，讓政府做的事僅限於協助市場經濟以高效率運作，包括民營化與法規鬆綁。

LIBOR ｜倫敦銀行同業拆款利率

這是 London interbank offered rate 的縮寫，是最優質的銀行貸款給彼此時收取的利息利率，銀行通常以這個利率為基準，來計算其他類放款收取的利息。倫敦銀行同業拆款利率是浮動利率，會不斷變動。

2012 年，醜聞爆發，這些一流的銀行互相勾結，操縱倫

敦同業拆款利率，浮報利潤，甚至營造自家銀行的體質優於實際狀況的假象。據稱，這樣的操弄造成債務人的損失達幾十億美元。幾家銀行遭到英國、美國與瑞士的監理單位裁罰共幾十億美元。2015 年 8 月，曾在瑞銀（UBS）與花旗（Citi）擔任交易員的湯姆・海耶斯（Tom Hayes）成為操縱倫敦同業拆款利率醜聞中首位被定罪的銀行員，在英國被判十四年有期徒刑。後來陸續有改革行動，防止未來再有人操弄體系。

life ｜生命

生命無價，但這一點並未阻止經濟學家替人命標上財務價值。這麼做的原因之一，是幫助企業與決策者做出更好的決策，知道該花多少錢實施昂貴的安全措施，以減少死亡。另一個目的，是幫助保險公司和法庭判斷在某些情況下該支付多少賠償，比方說發生致死事件時。

計算人命價值的方法之一，是計算一個人的人力資本，算出他們活到老可以賺多少錢。這會導致同一事件的受害者獲得不同金額的賠償金。發生空難之後，頭等艙乘客的家屬拿到的錢就高於經濟艙乘客的家屬，這看來不怎麼公平，也無助於決定該花多少錢來推動安全設施，因為這隱含著避免某些人死亡（比方說，投資銀行家）比拯救某些人的生命（比方說教師或礦工）更昂貴，也暗指要多花錢設置安全設施來保護年輕人，而不太需要管退休人士的死活。

另一種方法，是分析人們自願承擔的風險，以及他們要拿到多少錢才願意承擔這樣的風險。考量不同死亡風險的工作薪

資差異，以及學歷、經歷等等的差異，有可能大致上算出一個人如何評估自己的生命價值。在工業化國家，多數研究都使用這套方法，算出的人命價值約為 500 萬到 1,000 萬美元之間。

life-cycle hypothesis ｜生命週期假說

這套假說嘗試解釋人們如何把所得分成支出與儲蓄，以及如何借錢。在整個生命週期中，基於「平穩消費」（comsumption smoothing）的行為模式，一般人的支出變化幅度小於所得變化。平均而言，年輕人收入較低，但支出較大，因為他們可能需要透過教育訓練，投資自己的人力資本，組成家庭、購買房子等等。他們存款不多，而且常常會借很多錢。等到年紀漸長、所得漸增，他們償還房貸，小孩也離家自立，開始為退休做準備，因此會大幅提高儲蓄和投資。等到退休，收入大部分或全部來自國家提供的福利，或是工作時的儲蓄和投資，他們會花掉多數或全部所得，而且會出售資產，花費經常高於所得。

大致上，數據支持這套理論，但有些經濟學家主張，年輕人並不像理論中說的花這麼多錢，因為債權人不喜歡放款給他們，不願意為他們擴大信用。有個難解的謎，是人離世時通常留下可觀的資產，有些經濟學家說，這是因為他們想為親友留下慷慨的遺贈，也有人說這是因為人們太過樂觀看待自己的壽命（參見「permanent income hypothesis ｜長期所得假說」和「relative income hypothesis ｜相對所得假說」）。

liquidity ｜流動性

　　這是指你有多容易花掉某種資產。現金具備完全的流動性，其他資產的流動性通常低於現金，至於低多少，則可用換成現金（亦即變現）的難易度來比較。公開的金融市場提供聚集的場所（交易所），讓買賣雙方更容易找到彼此，強化債券與股票等資產的流動性。投資銀行等中介者是金融市場的造市者，當市場上沒有其他買方開出合理的價格時，它們可以動用自己的資本向想賣的賣方買進證券，提高流動性，期待持有資產一陣子之後，能找到其他買方出售。通常，市場裡的交易量越大，流動性便越高。此外，流動性高的市場會引來注重流動性的交易員，進一步提高流動性。

　　同樣的，惡性循環也會致使流動性枯竭。金融市場的流動性每一刻都可能發生巨大變化，有時候甚至完全消失。當造市者的態度太過趨向**風險趨避**，不願意拿出自己的資本冒險時，流動性的問題尤其嚴重。始於 2007 年的**信用緊縮**正是這種情況，後來導致 2008 年的崩盤，讓全球經濟陷入危機。因此，現在的監理機構在評估金融機構的健全度時，更加重視流動性風險。

liquidity preference ｜流動性偏好

　　企業與個人選擇持有各種**流動性**不同的資產，組合出來的比例。持有的現金越多，代表他們越偏愛流動性。

liquidity premium ｜流動性溢價

由於**流動性**不必然存在，因此，如果投資人希望在選定的時點出售資產，就必須付出溢價。流動性溢價長期可能大不相同，要視市場氣氛而定。

liquidity trap ｜流動性陷阱

當**貨幣政策**失效時就會發生這種情況。調降利息利率本來應該能逃過經濟衰退，刺激**貨幣供給**，增進需求，從而壓低失業。但**凱因斯**主張，有時候調降利率沒有用，就算降到零也沒有效果。當人們、銀行與企業**風險趨避**的傾向非常強烈，他們寧願死守現金的**流動性**，不願意提供**信用**，也不願使用別人提供的信用，在這種情況下，就算貨幣政策的決策者百般努力，經濟仍會陷入衰退。

凱因斯學派認為，1930 年代英美兩國的經濟陷入流動性陷阱。1990 年代末，日本的經濟也面臨類似的命運。大衰退，以及之後的緩慢復甦，大致上也是因為流動性陷阱的問題所致，包括歐洲央行在內的多國中央銀行甚至訂下負利率，大力鼓勵人們多花錢消費，不要花錢請銀行保管自己的錢。**重貨幣論**沒有流動性陷阱這種事，重貨幣論者把大衰退以及更近期的範例矛頭指向其他因素，並認為可以找到方法讓貨幣政策發揮功效。

lock-in ｜ 鎖定

參見「path dependence ｜路徑依賴」。

long run ｜ 長期

根據**凱因斯**的說法，「長期來說，我們都死了。」**古典經濟學**說經濟體有長期趨勢，會穩定在**充分就業**的均衡上。凱因斯無視古典經濟學的百般攻擊，他希望經濟學家能夠解釋，為何經濟體在短期通常如此失衡，或者處在失業極嚴重的均衡。

lump of labour fallacy ｜ 勞動合成謬誤

這是經濟學中最知名的謬誤之一，這個概念是說，待完成的工作量固定（這就是所謂的勞動合成），但用不同的方式分工，可以創造出的職務就會多一點或少一點。比方說，假設每個人減少 10% 的工時，企業就需要聘用更多人，突然之間，失業就下降了。1891 年時，英國經濟學家薛洛斯（D.F. Schloss）說，這種說法是一種勞動合成謬誤，因為現實中待完成的工作量並非固定。如果政府限制人們的工作量，會降低勞動市場的效率，從而提高失業。因為要靠縮短個人工時來提高就業人數，必須同時調降薪資（但勞工很可能抗拒），不然的話，每單位產出的成本會提高。並非所有勞動成本都會隨著工時的變動而變動，招聘與培訓等**固定成本**金額龐大，因此，一家公司聘用兩位兼職員工的成本會大於聘用一位全職員工。

調降每個人的工時，會導致每單位產出的平均成本上漲，使得企業減少勞動工時的總用量。要降低失業，比較好的方法是刺激需求，以提高產出；另一種方法是放寬限制，增進勞動市場的彈性。

lump-sum tax ｜ 人頭稅

這種稅是對每個人徵收相同額度的稅金，不問所得與財富的差異。有些經濟學家主張這是最有效率的稅捐，人頭稅不會損害誘因，沒有**無謂成本**，因為每一個人都知道不管他們做什麼，要支付的稅金都相同。徵收這種稅的成本也比較低，無須為了計算稅金而使用複雜的流程來衡量每一個人的所得與資產。然而，由於富人和窮人支付同額稅金，可能被認為不公，柴契爾就發現，她引進人頭稅的決定，是導致她後來辭去英國首相一職的一大因素。

luxury ｜ 奢侈品

需求彈性高的產品與服務。比方說，當加勒比海假期的價格上漲時，度假需求就會大幅下滑。同樣的，當平均所得提高時，加勒比海假期的需求也會提高，而且明顯高於對許多**正常財**的需求。反之則為「必需品」，例如牛奶或麵包，不管所得與價錢如何變動，人們對這些東西的需求量通常很固定。

macroeconomic policy｜總體經濟政策

　　這是由政府和中央銀行制定的由上而下政策，通常的目的在於盡量擴大成長，同時壓低通貨膨脹與失業。主要的總體經濟政策工具是改變利息利率與**貨幣供給**，這些稱為「**貨幣政策**」；也可以改變稅捐與公共支出，這些稱為「**財政政策**」。當失業與通貨膨脹快速提高，成長減緩，甚至**國內生產毛額**下降，可能就是總體經濟政策執行不當的證據。然而，景氣循環或許是經濟生活中無法避免的事實，再怎麼樣妥善執行總體經濟政策，都不一定能克服循環。2008 年的金融崩盤與之後的大衰退，摧毀總體經濟學家認為**大緩和**格局已成的廣泛共識，重新引發哪種總體經濟政策最有效的辯證。

macroeconomics ｜總體經濟學

　　總體經濟學描繪大格局，分析經濟體全局的現象，例如成長、通貨膨脹與失業。與研究個別市場、勞工、家庭與企業行為的**個體經濟學**相反。雖然經濟學家常自認屬於總體經濟或個體經濟陣營，涇渭分明，但總體經濟現象是經濟體中所有個體經濟活動的產物。人們並未充分理解總體與個體之間的確切關係，使得政府常難以妥善執行**總體經濟政策**。

manufacturing ｜製造

　　隨著服務的成長，過去半個世紀以來，製造活動（例如生產汽車與冷凍食品）的重要性在多數已開發國家漸漸萎縮。在英美兩國，製造業員工的占比自 1900 年的約 40% 降至僅20%。以**經濟合作暨開發組織**各會員國來說，超過三分之二的產出、五分之四的就業都在服務業裡。在此同時，製造業在開發中國家越來越重要。

　　許多人認為，製造的重要性超越其他經濟活動，比在網路上漫遊或打理他人的頭髮更優越。這或許不過是一種懷舊心情，因為，過去在工廠裡工作是真男人才會做的事，就像一百五十年前會下田的才是真男人一樣。大致上來說，從製造轉往服務（就像更早期的農業一樣），反映出人類社會進展到能創造更高**效用**的工作，而且這一次，真女人也可以加入真男人的行列，這或許解釋了為何轉變先發生在比較富裕的國家。

　　近年來，被稱為新工業革命的科技變遷讓製造轉型，包括

開發出新材質，創新生產流程，以及 3D 列印與數位設計。因此，客製化的少量批次生產更為容易，降低了同質大量生產的需求，而且也能在更貼近客戶的地方從事製造，需要利用偏遠地區工廠設施生產的經濟理由大減。這可能大幅改變企業的供應鏈設計，以及銷售、交貨的方法。

marginal ｜ 邊際

多一單位所造成的差異，舉例來說，邊際收入是多賣一單位的東西多賺得的營收；邊際價格是消費者多買一單位必須多付的價錢；邊際**效用**是多消費（或多做）一單位能夠多得到的效用；邊際勞動產出是企業多聘用一位員工能夠增加的額外產出。邊際消費（或儲蓄）傾向是指，當一個家庭的所得多增加 1 元時，消費（或儲蓄）會增加多少。邊際稅率衡量，如果你多賺 1 元要多繳納多少稅金。

邊際成本（或各種邊際項目）和平均成本（或對應的平均項目）大不相同。平均數是總成本（或其他總額）除以總生產單位（或其他對應總數）。**個體經濟學**裡有一項共同的結論，那就是，小幅度的變化可以造成極大的影響。一般而言，從邊際角度出發得出的經濟決策，優於從平均觀點。

新古典經濟學之父**馬歇爾**提出的許多經濟行為理論就是本著邊際行為，而不去看平均行為。比方說，在某些可行的假設之下，追求最大利潤的企業會增加產量，直到邊際營收等於邊際成本為止。因為如果邊際營收高於邊際成本，企業多生產一單位將能提高利潤；但如果邊際成本高於邊際營收，企業反而

少生產一單位才能提高利潤。

在各行各業，理性經濟決策的基本道理如下：只有當你從中得到的邊際效益高於去做的邊際成本時才去做。

market capitalisation ｜市值

一家公司股票的市場價值，將股票的價格乘以發行的股數。

market failure ｜市場失靈

交由市場自行運作時，卻無法有效率地分配資源。主張干預的政治人物通常宣稱市場失靈是他們出手干預的理由。

經濟學家已經找到市場失靈的四種主要類型和肇因：

▌濫用**市場力量**：當市場裡只有單一買方或賣方，可以大力影響價格或產出時，就會發生這種事（參見「monopoly｜壟斷」和「monopsony｜買方壟斷」）
▌外部性：市場未考量某項經濟活動對外部人士的影響，比方說，市場可能忽略企業污染環境對其他人造成的成本
▌公共財：例如國防，如果由市場決定，會提供多少國防？
▌市場存在資訊不完整、資訊不對稱或不確定性

因應濫用市場力量的最好方法是**反托拉斯**政策。規範、稅

賦或補貼，可以減少外部性。制定財產權，可以強制市場考量所有受經濟活動影響者的福利。透過稅制，強制每個人付費，可以確保公共財的供給。

market force ｜市場動力

這是市場中買賣雙方所施加壓力的綜稱，而不是來自政府規畫者或規範的力量。

market power ｜市場力量

市場裡的單一買方或賣方有能力施展極大的影響力，影響產品與服務的交易數量或出售的價格。**完全競爭**裡沒有市場力量這種事，但是會發生在**壟斷**、**買方壟斷**或**寡占**的情況下。

Marshall, Alfred（1842-1924）｜
馬歇爾／阿佛瑞德・馬歇爾

英國經濟學家，發展出**個體經濟學**中某些最重要的概念。在他的知名著作《經濟學原理》（*Principles of Economics*）中，保留了**古典經濟學**的標準架構，強調成本的重要性，但他加以補充，解釋產品的產出與價格由供給和需求決定，而且**邊際成本與利益**非常重要，從而催生出**新古典經濟學**。

他是第一位解釋當價格上漲，需求會下跌，因此**需求曲線**從左到右是負斜率的經濟學家。他也是提出需求的**價格彈性**與

消費者剩餘等概念的第一人。

Marshall Plan ｜馬歇爾計畫

　　這可能是史上最成功的國際援助與國家建構的範例。這項計畫以美國國務卿喬治‧馬歇爾（George Marshall）命名，二次大戰結束時他提議援助西歐，重建當地因戰爭受創的經濟。北美在 1948 年到 1952 年間總共撥出了約 1% 的**國內生產毛額**提供援助，多數來自美國，其餘則來自加拿大。美國人讓歐洲人自行決定分配援助的細節，許多經濟分析指出，可能正因為如此，這套計畫達成的成果高於日後的諸多援助方案，後來的國際援助多半都由捐助國決定錢應該怎麼花。管理這項援助計畫的機構主是歐洲經濟合作組織，1961 年時轉型成**經濟合作暨發展組織**。目前，每當有人建議國際社會應該提供援助，重建因戰爭受創的經濟體（例如 2003 年時的伊拉克與 2014 年時的烏克蘭），就會有人提到「新馬歇爾計畫」一詞。

Marx, Karl（1818-1883）｜馬克思／卡爾‧馬克思

　　一位受到許多人追隨，也遭到許多人誤解的德國經濟學家。他有兩件作品最為人所知，分別是 1948 年和佛瑞德里希‧恩格斯（Friedrich Engels）合著的《共產主義宣言》（*Communist Manifesto*），以及在 1867 年到 1910 年間出版的四冊《資本論》（*Das Kapital*）。他多數的經濟假設都取自正統的**古典經濟學**，但最後得出非常不正統的結論。雖然他

被指責激發出某些史上最殘酷的反市場制度政府,但他並非完全反對**資本主義**。事實上,他稱讚資本主義拯救數百萬人免於「鄉村生活的愚昧」,即便如此,他仍認為資本主義注定滅亡。需求的短缺將讓經濟力量與財富集中於更少數人之手,造成人數更多且更悲慘的無產階級,他們最終會奮起,形成「無產階級專政」,長期下來國家會慢慢衰弱。馬克思認為這樣的歷史發展無可避免。到目前為止,歷史證明他是錯的,主要是因為資本主義創造出更高水準的成長,嘉惠了大多數人,而不限於他設想的少數分子。

mean ｜平均數

參見「average ｜平均」。

mean reversion ｜回歸均值

這是指後續觀察到的隨機變數會比較接近平均數,而不是目前的觀察值。比方說,如果現在的數字是 7,平均數是 5,而且存在回歸均值的傾向,那麼,下一個數字比較可能是 6,而不是 8。

median ｜中位數

參見「average ｜平均」。

medium term ｜中期

在糟糕的短視主義與長期之間，有一段神聖的中期地帶，時間遠到可以阻止決策者的短視行為，卻又近到讓人有感，但很多政府都不說清楚它們認為的中期是多久。

menu cost ｜菜單成本

指更改價格的成本。當一家餐廳更改餐點價格，必須印製新的菜單，很多企業每次調整費用，也得付出重大成本。因為有菜單成本，意味著企業不願意每次都隨著供給和需求平衡改變而更改價錢，這就是**價格僵固**，致使市場的產出失衡。有了網際網路之後，點一點滑鼠便能更改價格，或許會大幅壓低菜單成本，這樣一來，由於市場更常處於均衡，或許能夠提升效率。

mercantilism ｜重商主義

這是 17 世紀的傳統經濟思維，近年來有一部分再度復興（中國政府內部的重商主義者不在少數）。重商主義者擔心錢不夠多，將無法維持高水準的產出和就業，他們偏好的解決方案是廉價的錢，也就是低利率。重商主義遭受**古典經濟學**支持者的反對，後者主張廉價而豐沛的錢會導致通貨膨脹，這番爭執是 20 世紀**凱因斯學派**與**重貨幣論**者之間激辯的先聲。最初的重商主義者，如蘇格蘭的金融家（也是被定罪的謀殺犯）約

翰·洛（John Law）相信，一國的經濟繁榮與政治力量來自於貴金屬存量。為了累積最多的貴金屬存量，他們反對自由貿易，而偏愛縮減進口、擴大出口的**保護主義**政策，累積貿易盈餘，以購入更多貴金屬。古典學派的學者，如**亞當·斯密**和大衛·休謨（David Hume）對此提出質疑，他們認為，一國的財富並非源自於貴金屬存量，而是來自於有生產力的資源（土地、勞力和資本等）存量，並且高效率地使用資源。自由貿易讓各國專精於具備**比較利益**的活動上，因此可以促進效率。

merger and acquisition ｜ 併購

指兩家企業變成一家，可能透過合併，也可能是一家公司收購另一家。企業間的合併有三種形式：「**水平整合**」是兩家類似的企業變成一家，「**垂直整合**」是兩家在供應鏈上處於不同階段的企業合併，「**分散**」則是兩家無共同點的企業合而為一。併購可以是自願性的公平結合，可以是一家公司自願被另一家收購，也可以是惡意收購。在惡意收購中，被收購的公司管理階層曾力抗買方的進攻，但最終被現任的所有權人強迫接受交易。由於某些理由，企業合併的活動通常分好幾波進行，可能的解釋是，當股票價格很低時，公司的市值低於資產價值，這對買家而言具有吸引力。

理論上，不同類型的併購有不同類型的潛在利益。然而，從過去半世紀以來的併購潮中學到的要命教訓是，除了 1980 年代美國的**槓桿收購**潮是一大特例之外，併購通常無法創造出足以支應成本的好處。始於 2013 年、部分是因為全球整合而

興起的購併潮是否會比較成功，仍有待觀察。

microeconomics ｜ 個體經濟學

研究組成整個經濟體的個體部分。不同於研究如成長、通貨膨脹與失業等經濟體全局現象的**總體經濟學**，個體經濟學考慮的議題是：家庭如何做出消費與儲蓄的決策，企業如何為產出定價，民營化是否能促進效率，特定的市場是否有足夠的競爭，以及勞動市場如何運作。

microfinance ｜ 微型貸款

這是為窮人提供的金融服務，尤其在開發中國家。自1970年起，微型信貸的供給快速成長。微型信貸為窮人（尤其是女性）提供小額貸款，供應資金給小企業，（理論上）讓他們脫離貧窮。除了微型貸款之外，也有越來越多人提供其他金融服務，包括儲蓄帳戶、保險等等。一開始，微型貸款大部分仰賴慈善捐款，才能提供貸放出去的資本，但這類貸款還款率一般都很高，證明窮人不一定會讓借錢的人變成高風險債權人。更近期，追求利潤的營利型微型貸款快速成長。批評者說，從極貧窮的人身上獲利是錯誤的；支持者則主張，能獲利就能吸引更多資本，讓窮人借到錢，會比透過慈善籌得更多資本。由於開發中國家人民使用智慧型手機的數量大增，行動貨幣的發展，再加上金融應用程式，讓微型貸款更能促進**金融普惠**。

minimum wage ｜ 最低薪資

企業在法律上有義務支付給員工的最低薪水。多數工業化國家都設有最低薪資，但某些類型的員工經常被排除，例如年輕人或兼職員工。多數經濟學家認為，如果最低薪資達成原本的保護用意，會導致失業高於不設最低薪資之時。政治人物制定最低薪資的理由，是因為在自由市場裡，由買賣雙方訂出的薪資可能太低，對於賺取薪資的勞工來說微薄到不道德。從經濟學來看，最低薪資若高於市場結清薪資，企業對勞工的需求量就會少於以市場薪資聘用的數量，至於少多少，則要看最低薪資比市場薪資高多少。

某些經濟學家挑戰這套簡單的供給和需求模型。幾個實證研究指出，稍高於自由市場薪資的最低薪資並不會大幅影響就業水準，（在極罕見的情況下）反而可能增進就業，比方說，較高的薪資可以降低員工流動率。流動率太高是一種反面誘因，不利於聘用。經濟學家與決策者都接受這些研究結果。不論最低薪資對於就業勞工有何影響，都和多數國家的大多數最貧窮者無關，因為這些人通常連賺得最低薪資的工作都沒有。

misery index ｜ 痛苦指數

指一國的通貨膨脹率加上失業率，得分越高，經濟痛苦越強烈。

mixed economy ｜ 混合經濟體系

指參與經濟活動的有民營企業，也有政府的國有企業；或是指民營部門必須受限於大量政府規範的市場經濟體。各個混合經濟體的公、民營企業的比重都不相同，規範的程度與形式也大相逕庭。1980 年代早期，由於國有化退場，民營化取而代之，多數混合型經濟體裡的國家所有權開始退場，但通常伴隨而來更多的規範。然而，2008 年崩盤之後，趨勢暫時扭轉，許多國家在一流的銀行和其他企業裡都握有所有權。

mobility ｜ 機動性

生產要素的機動性越高，代表越能流向最有價值之處。當稀少性資源的配置效率越高，**國內生產毛額**越可能成長，成長速度也會越快。除了陸地飄移之外，土地不具機動性。資本長久以來在各國國內都極具機動性，隨著全球化程度日深，現在也能在全世界輕鬆移動。創業精神具有機動性，程度則視特定的創業者而定。勞動市場裡有些人可以放眼全球找到工作，有些人則連到隔壁城鎮都找不到工作。

資本管制是阻礙資本流動的主要障礙，自 1980 年代以來，已經移除或降低大多數的障礙。勞工缺乏機動性，理由眾多且複雜，包括移民管制、交通成本、語言障礙與不願遠離家人親友。美國勞工的機動性遠高於歐盟境內和歐盟各會員國國內，有些經濟學家認為，勞工願意遠赴他處工作，有助於解釋為什麼美國的經濟表現較佳且失業水準較低。富裕國家的所得較

高，使得較貧窮國家最有才華的員工移往海外，讓這些國家紛紛抱怨人才枯竭。然而，這些人出走的效應，常因為他們匯款給故鄉的家人，帶回大量的錢而抵銷緩和。

機動性也會有太高的時候嗎？當然，某些開發中國家就因為**熱錢**衝進衝出而受害。近年來，難民人數達到歷史新高，導致移居目的地的人民心生不滿，甚至導致歐盟考慮重新恢復邊境管制。之前歐盟為了鼓勵勞工自由移動，已廢除邊境管制。

一般而言，生產要素如果可以快速移至他處，會引發嚴重的經濟問題。比方說，如果雇主擔心員工會忽然間跳槽到另一家公司，雇主在員工培訓的投資上就會三思。同樣的，如果創業者擔心資本隨時會被抽走，他們就不太可能去承擔實踐新構想的風險，這也顯現取得長期資本的重要性，如發行債券和股票。

mode ｜ 眾數

參見「average ｜平均」。

modelling ｜ 模擬分析

針對經濟整體或部分經濟體如何運作，經濟學家做出一些簡化的假設，然後看這在不同的情境下有何意義。**傅利曼**主張，不應該根據假設是否有效來判斷經濟模型，而要根據預測的精準度。他說，專業的撞球選手或許不懂物理法則，但打起球來卻是一副很精通的模樣，因此，如果我們假設他了解物理

原理，運用這套模型，就可以精準預測出他的行為。同樣的，舉例來說，一套假設人們的目的是要追求最大利潤的模型，或許可以準確預測出經濟決策者的行為，即便他們實際上並未意識到這就是自己的目的。

模擬分析的內容越複雜，越難正確。整體來說，經濟預測的表現紀錄不佳。模擬分析的標的越偏向個體經濟，這個模型就越可能得出精準預測。

modern portfolio theory ｜ 現代投資組合理論

關於財務與投資，這是最重要且影響最深遠的經濟理論之一。現代投資組合理論立基於一個簡單的概念：透過分散，可以在風險較低的條件下，創造出相同的總報酬。納入多樣金融資產的投資組合，風險會低於把所有投資放在同一個標的上。

這套理論有四項基本前提：

▍投資人風險趨避
▍證券在有效率的市場中交易
▍可以用投資人的整體投資組合來分析風險，無須檢視個別資產
▍在每一個風險水準上，都有一組最佳的資產投資組合，可以創造出最高的預期報酬

這些前提現在看起來是直接了當，唯一有點例外的可能是效率市場這部分。但是在 1950 年代初期，哈利‧馬可維茲

（Harry Markowitz）提出這套論點時，讓世人非常震驚，他後來也因為這套理論得到諾貝爾獎。馬可維茲指出，當他對**芝加哥學派**諸位大師說明這套理論時，「**傅利曼**說投資組合理論並非經濟學。」但現在是了（參見「arbitrage pricing theory｜套利定價理論」、「capital asset pricing model（CAPM）｜資本資產定價模型」、「Sharpe ratio｜夏普比率」和「Black-Scholes｜布萊克－休斯模型」）。

monetarism｜重貨幣論

這一派認為只要控制**貨幣供給**，經濟體的其他部分便會自行調節。會發展出這一派經濟思維，是出於一股反動，駁斥1945年之後著重需求管理的**凱因斯學派**政策，呼應了更早期的**重商主義**與**古典經濟學**兩派之爭。重貨幣論的基礎是相信通貨膨脹源自於政府印了太多鈔票。這一派和**傅利曼**有很大的關係，傅利曼主張，根據**貨幣數量理論**，政府應該維持貨幣供給大致穩定，每年小幅擴大，讓經濟體能夠自然成長。如果政府做到這一點，**市場動力**就可以有效率地解決通貨膨脹、失業和衰退等問題。

重貨幣論在1980年代初期風光一時，當時，經濟學家、政府與投資人積極掌握每一項新的貨幣供給統計數據，英美兩國尤其熱中。許多中央銀行訂下了正式的貨幣成長目標，數據稍有變動都會受到嚴密的檢視，從中尋找下一次利息利率動向的蛛絲馬跡。自此之後，貨幣供給成長速度越快，可以加速通貨膨脹的想法不再受到青睞。僅有當貨幣和名目**國內生產毛額**

之間的關係成立時，通貨膨脹是穩定且可預測的，貨幣供給才會是有用的政策目標。貨幣供給會對價格和產出造成什麼樣的影響，要看貨幣供給在經濟體中流通的速度。問題是，貨幣的**流通速率**可能忽然之間就改變。1980 年代，研究發現，貨幣供給和通貨膨脹等不同指標之間的關係並不如重貨幣論所說的那樣明確，多數中央銀行也不再制定要遵行的貨幣目標，改採明確的**通貨膨脹目標**。

在 2008 年的崩盤之後，全球各中央銀行試圖利用**量化寬鬆**這種**貨幣政策**來刺激成長，以壓制大衰退的嚴重程度。這類做法成效如何，未來是否會浮現長期性的後果，仍是經濟學家激烈爭辯的主題。

monetary neutrality ｜貨幣中性

這是指**貨幣供給**的變動對於產出、**實質利率**，以及失業等實質經濟變數並無影響。如果中央銀行讓貨幣供給倍增，價格也會倍增，錢多了兩倍，代表每一塊錢的購買力減少了一半。這套理論是**古典經濟學**的核心信念，最早提出的是 18 世紀的大衛・休謨（David Hume）。他用**古典二分法**將經濟變數分為兩類：名目與實質，會影響名目變數的因素不見得會影響實質經濟體。如今，少有經濟學家認為現實中存在純粹的貨幣中性，至少短期沒有。由於**價格僵固**或**貨幣幻覺**等現象可能存在，因此，通貨膨脹會影響實質經濟。

monetary policy ｜ 貨幣政策

指中央銀行為了控制**貨幣供給**，從而管理需求所做的事。貨幣政策涉及**公開市場操作**、**法定準備**，以及調整短期利息利率（這是指**貼現率**）。貨幣政策是**總體經濟政策**的兩項主要工具之一，是**財政政策**的搭檔，但說起來容易，要做好很難。

money ｜ 錢

錢推著世界轉動，有各種不同的形式，從貝殼、珠子到金幣，再到塑膠貨幣、紙幣或數位貨幣。用錢交換比以物易物好，因為有錢可以有效率地分配經濟體中的稀有資源。

錢有三種主要特質：

▎ 錢是交易的媒介，買方可以拿錢給賣方，以支付產品或服務
▎ 錢是記帳的單位，有了錢，就可以用共通的價值把蘋果和橘子相加在一起
▎ 錢可以儲存價值，將購買力移轉到未來

賣水果換錢的農夫可以在未來才把錢花掉，如果他一直抱著水果不放，水果可能會爛掉，無法再用來支付任何東西。通貨膨脹有損錢的價值儲存用途，特別不利於把錢當成記帳的單位，比較不同時點的價值。**惡性通貨膨脹**可能會讓人對於特定形式的錢失去信心，使得錢連交易媒介的功能都不具備。衡量

流動性的各種指標，代表一種資產變現時的難易度，越容易的話，資產的流動性就越高。

幾世紀以來，政府施展權力，成為各國國內的壟斷貨幣供應者。一開始，錢通常有大宗商品作為後盾，比方說黃金。近來，大宗商品被法定貨幣取而代之，支持後者的是對發行政府的信心。如果政府容許的話，創造出如**比特幣**等私人發行的數位貨幣，很有潛力挑戰現有政府發行貨幣的壟斷權。

money illusion ｜貨幣幻覺

這是指人們被通貨膨脹誤導，認為自己變得更有錢，但實際上錢的價值卻在下跌。經濟學家熱烈討論人是否真的會被通貨膨脹所愚弄，又會被愚弄到何種程度。貨幣幻覺是**凱因斯**發明的說法，被某些經濟學家拿來用，指出小幅的通貨膨脹或許不是壞事，甚至可能是好事，因為有助於「潤滑經濟體的巨輪」。因為貨幣幻覺，勞工樂見自己的名目薪資成長，他們會誤以為自己的環境條件改善，但以實質條件（經通貨膨脹調整後）來看，可能並沒有變好。在通貨膨脹高達雙位數期間，提高薪資（房價也可能大幅提高）可能會讓他們覺得更富有，但實際上並沒有。人們很難體會到由於通貨膨脹水準低造成的實質所得成長。

money market ｜貨幣市場

指任何供錢和國庫券等**流動性**資產借出與借入的市場，時

間從幾個小時到幾個月不等。反之則為「**資本市場**」，這裡交易的是長期資本。

money supply ｜ 貨幣供給

指經濟體中可得的錢。在 1980 年代初期，**重貨幣論**風光之時，經濟學家緊抓住每個月的貨幣供給數據（在某些國家甚至是每星期），以尋找線索判斷未來的通貨膨脹。中央銀行的目的在於管理需求，用的方式則有**公開市場操作**、**法定準備**，以及調整短期利息利率（這是指**貼現率**）。

決策者的難題之一是，要如何衡量相關的貨幣供給。衡量方法有幾種，反映的是各種貨幣的不同**流動性**。鈔票和硬幣具有完全的流動性，某些類型的銀行存款必須等到一個期間之後才能提領。M3（在英國則為 M4）指「廣義貨幣」，包含現金、銀行和其他金融機構的活期帳戶、儲蓄帳戶，以及定存。 M1 是「狹義貨幣」，包含在外流通的現金與活期存款。（英國的） M0 是流動性最高的指標，僅包含在外流通的現金、銀行櫃檯裡的現金，以及英國央行持有的營業存款。

雖然貨幣成長並非預測通貨膨脹的好指標，卻是很方便的經濟活動**領先指標**。在很多國家，實質廣義貨幣成長與實質**國內生產毛額**成長之間有很明確的關連。

monopolistic competition ｜ 壟斷性競爭

競爭激烈程度介於**完全競爭**與**壟斷**之間，又稱為「不完全

競爭」。這描繪了許多現實世界裡的市場。完全競爭市場極罕見，很少有企業享有完全壟斷的地位，**寡占**則比較常見。在壟斷性競爭市場裡，企業家數比完全競爭市場少，由於廣告或是設計上的微小差異，每一家的產品都和其他產品有某種程度上的區別，這些微小差異構成**進入障礙**。因此，企業得以享有一些超額利潤，但又不如完全壟斷高，也不會有新進入者透過競爭拉低價格。在這裡，價格高於完全競爭市場，產出則較低。

monopoly ｜ 壟斷

由單一企業提供沒有近似替代品的產品或服務，這家企業擁有**市場力量**可以決定產出的價格。在**完全競爭**時，任何單一企業都無法影響產出的價格，壟斷剛好相反。一般而言，比起完全競爭之下的市場，通常壟斷的生產量較低，價格較高。壟斷廠商在決定價格時，是先計算出**邊際**收入等於邊際成本的產量，再訂出能把這個產量賣出去的價格。

實務上少有絕對的壟斷，壟斷者的定價或限制供給能力，會因為實際或潛在的相近競爭對手而受限。發生這種情況的極端範例是單一企業獨占一個市場，卻完全沒有定價能力，因為所處的是**可競爭市場**，當企業營運缺乏效率，更有效率的對手企業就會搶走整個市場。**反托拉斯**政策可以鼓勵競爭，抑制壟斷力量。如果是因為競爭卻乏效率而形成的**自然壟斷**，則可以執行價格規範。此外，反托拉斯行動很少能刺激壟斷者自我規範，他們只是希望能避開遭受調查的麻煩而已。

monopsony │ 買方壟斷

市場裡由單一買方獨霸，從原物料到勞力，不管購買的標的是什麼，壟斷的買方都擁有**市場力量**，可以決定價格。反之，在**完全競爭**時，任何買方的規模都不夠大，無法影響任何市場價格。

moral hazard │ 道德危險

通常有兩大因素會導致提供保險時發生**市場失靈**，這是其中一種，另一種是**反向選擇**。道德危險意指，比起沒有保險的時候，有保險的人會去承擔更高的風險，因為他們知道自己受到保護，也因此，保險公司收到的索賠可能高於最初決定保費之時。

許多經濟學家認為，從銀行到政府都提供保險，導致**金融體系**普遍存在道德危險，應該承擔引發泡沫之責。2008 年泡沫破滅，引發了崩盤與之後的大衰退，自此之後，針對如何阻止「**太大而不能倒**」的銀行冒過度的風險，有很多人不斷辯論，監理單位也採取相關的因應行動。

most-favoured nation │ 最惠國待遇

在國際貿易中至少獲得同等待遇。假設，A 國授予 B 國最惠國待遇，代表 B 國的出口面對的關稅不會高於適用於其他 A 國稱之為最惠國的國家，這是進口的最惠國關稅待遇。

最惠國待遇是國際貿易體系中最重要的基石之一。**世界貿易組織**要求，各會員國若給予任何會員國任何產品最惠國關稅與規範待遇，對於其他會員國的「類似產品」也要一視同仁。在**關稅暨貿易總協定**之前，雙邊貿易協定常有最惠國待遇條款，這有助於世界步向自由貿易。然而，在 1930 年代時，這引發了許多反作用，最惠國待遇就沒有這麼受到青睞。這番轉變推動世界經濟分化成各個地區性貿易區。在美國，必須由國會定期批准最惠國待遇，這套流程經常引發大量爭議，尤其是要優惠中國時。

multiplier ｜乘數

這是一種簡單的說法，指支出的變化如何引起幅度更大的所得變化。舉例來說，假設政府放寬**財政政策**，多投入 100 億的淨公共支出到教育中，這筆錢馬上就能提高教師、銷售教育用品事業或興建、維護校園廠商的收入。這些人會花掉一些多賺的錢，讓其他人也多賺一點，賺到錢的人也會拿一點出來花，這個過程會繼續下去。

理論上，這個過程可以永無止盡，若是如此，乘數值就會無限大。實際上，多數人如果多賺也會多存，不會全數花掉。至於會花掉多少，要看**邊際**消費傾向而定，可以利用以下公式計算乘數值：

▌乘數＝ 1÷（ 1 －邊際消費傾向）

如果邊際消費傾向為 0.5（多賺 1 元會花掉 5 角），乘數便是 2。實務上，通常很難算出乘數效應，也很難預測經濟體對於**貨幣政策**或財政政策變動會有何反應。

I N

NAFTA │ 北美自由貿易協定

這是 North American Free-Trade Agreement 的縮寫。
1933 年，美國、墨西哥和加拿大同意降低三國之間的貿易障
礙。這三個國家裡有很多政治人物反對組成這種地區性的貿易
區，美加兩地反對聲浪尤其高，很多人擔心北美自由貿易協定
會導致國內失去工作機會，落入墨西哥較廉價的地區。即便多
數研究發現，實務上，經濟上的利益超過任何損失，但這項協
定仍爭議重重。因此，歐巴馬 2008 年競選總統時便談到要重
新協商。然而，等到當選後，他似乎更相信這大有好處，因此
就這樣了。

NAIRU │ 無加速通貨膨脹失業率

這是 non-accelerating-inflation rate of unemployment

的縮寫（參見「natural rate of unemployment｜自然失業率」）。

Nash equilibrium｜納許均衡

這是**賽局理論**裡的重要概念，當每一個人都完全清楚其他人的策略，每一個人都拿出自己的最佳策略，便達成納許均衡。一旦達成納許均衡，或許不一定是最好的結果，但每個人都不再有動機改變自己的策略。這種均衡以約翰·納許（John Nash）為名，他是數學家，也是獲得諾貝爾獎的經濟學家。

nation building｜國家建構

把一個無法運作的國家打造成運作順暢的國家。一個國家無法運作，可能是因為舊有的秩序已經崩解（例如前蘇維埃陣營）、遭到戰爭摧毀（例如伊拉克），或者打從一開始就不曾真正發揮過功能（例如阿富汗）。要讓百廢待舉的國家轉型，需要法律規範來建立秩序，以及建立合法政府和其他有效的社會機構，還要有可信任的貨幣和能運作的市場經濟。這絕非易事，通常百般辛苦，如果人民之間有深深的種族、宗教與政治分歧，或是該國從來不曾發揮過國家功能，更是艱難。外界的專業（例如**世界銀行**提供的協助）和錢（例如最著名的**馬歇爾計畫**）都有幫助，但不保證成功。

national debt ｜國債

一國政府（包括全國性和地區性的政府）尚未償還的總債務。一般認為，國債是負擔，但公共負債可能有經濟上的益處（參見「balanced budget ｜預算平衡」、「fiscal policy ｜財政政策」和「golden rule ｜黃金法則」）。誠然，一代人的債務可能會變成後面幾代的沉重負擔，如果沒有將借來的錢做明智的投資，問題更嚴重。國債是一國政府借來、未來必須償還的總數，和每年的公部門預算赤字大不相同。1999 年，美國政府為了當年有大筆的預算盈餘而歡欣鼓舞，但是該國的國債仍接近**國內生產毛額**的一半，之後債務越滾越大。

national income ｜國民所得

這是指一國生產、賺取或花掉的總額（參見「GDP ｜國內生產毛額」和「GNP ｜國民生產毛額」）。

nationalisation ｜國有化

這是指政府取得民間企業的所有權。在 1945 年到 1980 年間，國有化是採行**混合經濟體**各國很流行的做法，之後，國營企業民營化逐漸普遍。不同國家的政府所有權情況非常不同。有很多原因都會導致國有化，有些是為了體現**社會主義**者的意識形態，有些則是試圖修正**市場失靈**。

與民營對手相較，國有企業的績效通常較差，但是並不必

然。國營事業通常享有受法律保護的壟斷，再加上缺乏競爭，代表這類企業沒有什麼必須發揮高效率的壓力。政治人物經常干預重要的管理決策，因此更難以在薪資、關廠、裁員等方面落實不受歡迎的行動，如果有強大的公部門工會或親工會的政府，更是如此。出於政治目的設下的財務限制，也可能迫使國營事業投資不足。

雖然民營化並非有益無害，但平均來說能夠提振經濟效率。全球自 1980 年代起便風行民營化政策，但仍有大量的國有企業。一項 2015 年發布的研究指出，全球的總公共商業資產（指政府在企業、財產和類似資產中握有具控制力的股權）價值 75 兆美元，比全球的總年金儲蓄高兩倍。

natural monopoly ｜ 自然壟斷

會出現自然壟斷，是因為由一家企業服務整個市場，比兩家或更多企業更有效率，背後的原因是市場中有某種**規模經濟**。常見的範例是供水，這項業務的主要成本是鋪設供水的管線網絡，由一家水公司去做，每位客戶的平均成本會低於兩家企業競爭建設管線網絡。**網絡效應強**的產業會傾向自然壟斷。壟斷也可能出於非自然，比方說，當一家企業取得某種對生產產品或服務而言極重要的單一所有權，或者政府授予一家公司合法的權利，由該公司成為獨家生產者。當一家企業效率比對手高太多，而且是出於除了規模經濟以外的其他優勢，就有可能形成非自然壟斷。自然壟斷和其他類型的壟斷不同，效率更高的新進廠商也難以把既有廠商趕出市場，因此，需要針對自

然壟斷訂出規範，以保護消費者。

natural rate of unemployment ｜ 自然失業率

這個詞很有爭議，說穿了，就是讓就業市場可以處於穩定均衡的最低失業率。在**菲力普曲線**的力挺之下，**凱因斯學派**假設，如果政府願意接受稍高一點的通貨膨脹，就可以降低失業。然而，某些經濟學家，如日後均獲得諾貝爾經濟學獎的**傅利曼**和艾德蒙‧菲爾普斯（Edmund Phelps）則主張，假設可以用高通貨膨脹換就業是一種陷阱。容許高通貨膨脹以降低失業的政府會發現，失業率僅會短暫稍微下跌，之後就回到之前的水準，但通貨膨脹已經上漲，而且居高不下。他們認為，失業有一個均衡率，或者說自然率，由勞動市場的架構決定，無關經濟體的需求。這是讓通貨膨脹維持穩定的最低失業水準。當失業高於自然率時，可以靠著提高需求，把失業導引回到自然率；但要是試圖壓低它，只會導致通貨膨脹加速。也因此，這個自然率也稱為「**無加速通貨膨脹失業率**」。

最初，提出無加速通貨膨脹失業率一詞，等於認定**總體經濟政策**無法克服失業。這個詞通常被拿來當作在政策上無作為的託詞，就連 1980 年代到 1990 年代工業化國家失業率達 10% 以上時也是如此，儘管經濟學家估計的無加速通貨膨脹失業率，與前述數值天差地遠。

更近期，想方設法降低失業率的經濟學家開始問：自然失業率是否會改變？又在何種情況下會改變？多數解決方案強調，需要在目前普遍的薪資水準下讓更多人能就業，尤其要促

進**勞動市場**彈性化。經濟學家對於哪一個特定時點的失業率就是無加速通貨膨脹失業率仍無定論，但已經沒有人認為自然失業率是一個固定的數值。確實，有人便覺得這個概念毫無意義。

negative income tax ｜負所得稅

這是指在稅捐體系內進行重分配，從高所得者手上拿錢，付給低收入者。由於這是透過稅制自動進行，收到這類財務援助會沾染上的污名，理論上應該少於接受其他形式的福利援助。然而，這可能無助於鼓勵領取福利津貼的人努力工作以增加所得，就因為這樣，某些國家實施的負所得稅僅提供給有工作的窮人。在美國，這稱為「薪資所得稅扣抵」（earned income tax credit）。

neo-classical economics ｜新古典經濟學

這一派的經濟學進一步發揚**古典經濟學**自由市場的概念，發展出解釋經濟體如何運作的全面性模型。最知名的新古典經濟學家是**馬歇爾**，他是**邊際**分析之父。新古典的思維多半假設市場會朝向均衡移動，備受**凱因斯**抨擊，在二次大戰後**凱因斯學派**獨領風騷的幾十年間並不流行。但是，拜**傅利曼**等經濟學家之賜，之後新古典的概念廣被人接受，而且未惹爭議。

net present value (NPV) ｜淨現值

這個指標用來幫助人們決定要不要從事某項投資。「淨」代表投資的成本和效益都已含括在內。要計算淨現值，要先把投資中所有預期利益加總，包括現在的和未來的，再把所有預期成本也加起來。接下來，利用適當的**折現率**計算未來的效益和成本目前價值多少。接著，從利益中扣掉成本。如果淨現值為負值，預期報酬便不足以支持這項投資。如果為正值，從預期報酬來看投資可行，但還必須比較其他投資機會的淨現值。

network effect ｜網絡效應

網絡效應是指，當某種產品的使用人數改變，該產品對於消費者的價值也會出現變化。比方說，當電話網絡裡的用戶增多時，擁有一支電話就更有價值。網絡效應有時稱為網絡**外部性**，但這個詞暗示著網絡成員得到的益處是出於**市場失靈**，這種觀點通常是錯的。

由於網絡效應，使得擁有網絡的企業擁有絕大的競爭優勢。會出現這種現存者優勢，是因為新進廠商必須說服人們加入新網絡，一開始成員數少，因此價值可能低於現有網絡。基於這個原因，提供具備網絡效應產品的市場，通常由幾家企業稱霸，或者由一家壟斷，後者可能是**自然壟斷**。有些經濟學家主張，目前很多科技創新都有相當的網絡效應，尤其是網際網路，使得生產力與成長都比過去高出許多。

neuroeconomics ｜神經經濟學

　　這一派經濟學試著透過研究大腦的化學過程來解釋人們所做的經濟決策。自 1990 年代後期以來，神經經濟學家利用新開發出來的技術來研究經濟決策，例如核磁共振顯示，不同區塊的灰白質和不同情緒與決策活動有關。他們已經檢驗過的議題包括人信任他人的理由、顯然不理性的冒風險行動、長短期成本效益的相對估值、利他或慈善行為，以及上癮。

　　這派經濟學家說，當腦部釋放出帶來愉悅的化學物質多巴胺時，可能就代表了經濟**效用**或價值。越來越多人對於來自神經科學的新證據感興趣，這些證據審慎地指出大腦在做決策時有兩種情況在互相競爭：冷靜、客觀的狀態，以及熱烈、情緒性的反應；後者會消滅做出合理取捨的能力。這兩種腦部狀態的潛在互動，是很理想的經濟模擬分析主題。

　　有些經濟學家對此很懷疑，主張經濟學家不需要大腦（似乎是這樣），只要研究人們的決定（也就是他們的**顯現性偏好**）就夠了。然而，以經濟學這門「憂鬱的科學」來說，神經經濟學家並非第一批想要窺探人類大腦內部的人。1881 年，愛爾蘭籍的經濟學家法蘭西斯・艾吉沃斯（Francis Edgeworth）就建議打造一部「快樂儀」，用來衡量每個人從決策中得到的效用。當時的科技還沒能創造出這部儀器，但如今看來有機會了。

neutrality ｜中性

參見「fiscal neutrality ｜ 財政中性」和「monetary neutrality ｜貨幣中性」。

new economy ｜新經濟

在 20 世紀的最後幾年，某些經濟學家主張，資訊科技的發展與全球化催生出「新經濟」（首見於美國），比起被取代的舊經濟，生產力與成長都更高。有些人更進一步補充，表示在新經濟裡，通貨膨脹已死、景氣循環無效，傳統經濟學法則太過多餘。這些說法極具爭議。其他經濟學家則指出，過去科技快速變遷時已經有人提過類似的預測，但經濟學的本質並沒有出現根本的變化。在 2000 年科技股泡沫破滅之後，新經濟一詞就被棄用了，但生產力仍持續提高，這都要歸功於新科技，尤其在美國。

new growth theory ｜新成長理論

參見「growth ｜ 成長」。

new trade theory ｜新貿易理論

雖然多數經濟學家支持自由貿易，但自由貿易理論的預測和現實世界貿易流動的嚴重落差，在 1970 年代讓很多人深感

迷惑，他們用新貿易理論來解決難題。

難題之一是，經濟狀況與生產要素類似的工業化國家之間貿易成長最快，而且，以許多新產業來說，任何國家都沒有明顯的**比較利益**。生產與貿易模式看來只是因緣際會造成的，兩國之間的貿易經常是大同小異的產品，比方說，一國會賣汽車給另一國，並從這個國家進口不同款式的汽車。

有一種解釋，和麻省理工學院獲得諾貝爾獎的經濟學家保羅·克魯曼（Paul Krugman）特別有淵源，汲取的是**亞當·斯密**的概念：勞動分工可以降低單位成本。企業內部的**規模經濟**和傳統貿易理論假設的**完全競爭**並不相容，比較實際的假設是，許多市場都有**壟斷性競爭**。當壟斷性競爭市場要擴張時，會納入更多的企業（讓產品更多樣化）與更大型、規模經濟更高的公司。自由貿易在擴大市場規模時，超越國家的邊境，因此很多企業可以取得更大的規模經濟，有利於消費者、勞工和股東。

相近的經濟體互有貿易往來，可能好處更大。這可以解釋為何類似國家之間比較容易達成貿易自由化。也因此，舉例來說，美加之間的自由貿易協定只造成少數的抱怨，但後來納入大不相同的墨西哥經濟體時，爭議也隨之擴大（參見「NAFTA｜北美自由貿易協定」）。

NGO｜非政府組織

這是 non-government organisation 的縮寫。這類團體已經存在幾百年了，比方說，1800 年代初期，英國與海外反

奴協會（British and Foreign Anti-Slavery Society）在廢除蓄奴法上貢獻良多。雖然歷史悠久，但最近的社會與經濟變化，賦予這些通常不求利潤的非營利組織新生命。沒人能算清楚非政府組織有多少，但一般認為，美國和印度至少有一百萬個類似機構，這兩國各在全球非政府組織總數中占五分之一。

基於幾個理由，非政府機構的數量與規模快速成長：

▎ 政府要滿足社會需求越來越勉強，因此，非政府組織介入成為服務供應者，以填補落差
▎ 當政府設法因應特定的社會需求時成效不彰，非政府組織裡更有創意的社會型創業者找到更好的解決方案
▎ 人民希望改善監督，讓政府與企業為它們對社會造成的影響負起責任，激勵它們做得更好，許多非政府組織在這方面是人們偏好的組織形式

政府一向是從事各種活動的非政府組織矛頭所指，然而，感受更深的卻是跨政府機構，如**世界銀行**、**國際貨幣基金**和其他聯合國機構，以及**世界貿易組織**，因為它們不具政治力量。很少國會議員需要面對國際貨幣基金或世界貿易組織直接施加的壓力，但是每一位決策者都要面對來自特定利益公民團體的壓力。而且，著重技術的官僚系統向來公眾形象不佳，毫不意外地經常成為非政府組織「蜂群」的攻擊目標。政府與跨政府組織如何回應非政府組織，影響可能甚鉅，甚至會擴及全球各個經濟體。

同樣重要的是，非政府組織如何回應更多的檢驗，以及更

多針對它們有多負責，以及對誰負責的疑慮。人們不只檢驗非政府組織是否負責，更在意它們的效率問題（更常見的是效率不彰的問題）。非政府組織這個區塊的成長，讓人關注起其經濟意義（美國的非營利組織目前提供的工作占比超過10%），這又引發一個問題：非政府組織在使用經濟資源時，效率多高？與營利企業相較，非政府組織通常規模較小，缺乏透明度，效率也不彰。它們通常沒有資源壯大，但也沒有退出市場的壓力（無論它們的績效多低落）。

但是近年來，有越來越多非政府組織成為**社會型企業**，從事商業活動，賺取收入，以支應相關活動需要的資金。很多時候，這可提振它們的效率。此外，由於**慈善資本主義**興起，掀起一波新浪潮，富有的慈善家運用自己的錢和商業技能，嘗試提升非政府組織的績效，他們通常和社會型創業家合作。

Nobel Prize in Economics ｜諾貝爾經濟學獎

這是為了紀念阿佛瑞德‧諾貝爾（Alfred Nobel）而設置的第六種年度獎項。嚴格說來，這不完全是諾貝爾獎，因為諾貝爾的遺囑並未提到這個獎項，與先前設立的和平、文學、醫學、化學與物理等獎項並不相同。但是，諾貝爾獎的光環，再加上每年瑞典的中央銀行會拿出100萬美元的獎金，這個獎還是很有贏的價值。1969年，首次的諾貝爾經濟學獎由挪威和荷蘭的（共同）得獎人抱走，自此之後，多半都由美國的經濟學家獲獎，其中大部分都屬於**芝加哥學派**。

nominal value ｜名目價值

名目價值是以當天的錢來表達的數值。因為通貨膨脹，錢長期下來會損失價值，因此，比較不同時期的數值時，名目數字就可能造成誤導。比較好的方式是比較**實質價值**，調整名目數值，消除通貨膨脹的扭曲效應。

non-price competition ｜非價格競爭

這是指嘗試使用降低價格以外的方法贏走對手的業務，方法包括廣告、針對產品做差異化區隔或改善品質，或是提供免費贈禮或後續回購時的折扣。在**寡占**時，非價格競爭尤其常見，因為這可以營造出競爭激烈的形象，掩蓋企業實際上正互相勾結，以推高價格。

non-profit ｜非營利組織

參見「NGO｜非政府組織」。

normal goods ｜正常財

當平均所得提高時，對正常財的需求也會提高；反之則為「**劣等財**」。

normative economics ｜規範經濟學

這一派經濟學嘗試改變世界，提出政策以增進經濟福利。反之則為「**實證經濟學**」，這一派滿足於描述世界的狀態，而不提出方法讓世界更好。

NPV ｜淨現值

見「net present value（NPV）｜淨現值」。

nudge ｜推力

這是自由父權主義的表現，利用**行為經濟學**的觀點提出政策，鼓勵（推動）人們去做決策者希望他們做的事，不同於純粹要求或強迫人民遵循的非自由父權主義。幾國政府受到理查・塞勒（Richard Thaler）和凱斯・桑思坦（Cass Sunstein）兩位經濟學家 2009 年出版的書《推出你的影響力》（*Nudge*）啟發，引進所謂的「推力單位」（nudge unit），擔負起落實干預手段的任務，最初以小規模試辦的方式引進，並利用隨機對照試驗加以測試。

英國早期成功敦促欠稅者付款的方法值得注意，政府告知欠稅人其他人多半按時納稅，讓他們體悟自己並不符合社會普遍的慣例。發出個人特色濃厚的簡訊，有助於推動人們繼續參與各項公共方案，例如為年輕人開辦的讀寫算數課程。在美國，發出八封簡訊提醒，可以讓低收入戶學生的大學註冊率提

高近 9%；寄給農民個人化信函，並隨附客製化申請政府貸款步驟說明套件，能讓取得貸款的農民人數增加近 22%。在新加坡，以催收債務常用的粉紅色印製稅單，可以將納稅率提高 3 到 5 個百分點。

決策者希望推力可以改善公共服務，同時能省錢。但推力仍有限制，與公部門預算相比，推力能省下或賺得的數值僅九牛一毛。此外，少有證據顯示政府願意先花錢投資推力，期待未來能夠省下一大筆。當干預手段很廉價（譬如改變信函裡的用字遣詞）時，很容易就能說服政府做實驗，然而，一旦涉及規模更大、風險更高的改變，不僅耗費巨資，萬一出錯，還可能傷及政府聲譽時，就困難多了。

null hypothesis ｜虛無假設

虛無假設一項是有待檢定的說法。在**計量經濟學**中，經濟學家通常從虛無假設開始，假定某個特定變數等於某個特定值，然後蒐集分析數據，看是會證實還是否定這個假說，憑藉的標準則是**統計顯著性**法則。選定的虛無假設，通常和實驗者相信結論的相反，為的是用數據加以反駁。

I O

OECD │ 經濟合作暨發展組織

這是 Organisation for Economic Co-operation and Development 的縮寫，總部設在巴黎，是工業化國家和最出色的非工業化國家組成的俱樂部。成立於 1961 年，前身為根據**馬歇爾計畫**創立的「歐洲經濟合作組織」。到了 2015 年，會員國已經從最初的二十國增加為三十四國，總共生產全球三分之二的產品與服務。經濟合作暨發展組織為各國政府提供政策討論的場域，探討公共政策概念的文件多到砍掉好幾座森林，另外還有大量的詳細實證分析。該組織也針對個別國家的經濟表現發表報告，通常會納入大量寶貴的資訊，儘管很少批評會員國政府執行的政策。

offshore ｜境外

在境外時，母國的規範不適用於個人或企業。這可能是實質上的境外，例如投資人把錢挪至號稱**避稅區**的加勒比海小島。也可能僅是法律意義上的境外，例如某些人在倫敦城行政區（City of London）進行財務交易，就法規而言，這視為發生在境外的交易。

offshoring ｜產業外移

參見「outsourcing ｜外包」。

oil ｜石油

石油價格大漲，造成了持續多年的嚴重經濟後果。1970年代，在**石油輸出國組織**的**卡特爾**帶動之下，高漲的油價是造成重要工業經濟體通貨膨脹和**停滯性通貨膨脹**等問題的元凶。許多製造業的營運被認為已經不合時宜，最後被其他石油使用效率更高或仰賴其他燃料的新工廠取而代之。

2008 年 7 月，以名目條件計算的油價（美國原油）衝上新高，每桶達 145 美元。油價在金融崩盤之後下跌，2011 年時回跌到 100 美元，一直到 2014 年中以前都維持在 90 美元以上，但在 2016 年 2 月時暴跌到至每桶 26 美元。關於油價為何衝高，以及之後為何又暴跌，經濟學家意見分歧。顯然，這一次，石油輸出國組織不再是導致油價上漲的主因（但有人

認為沙烏地阿拉伯出於政治運作過度供給石油，沙國明顯是輸出國組織的領頭羊，而這也是促成 2014 年之後油價大跌的主因）。開發中國家更強勁的需求，尤其是中國，或許也促成了更抗跌的石油文化。經濟學家對於哪些因素造成影響莫衷一是，高漲的需求當然有影響，但也有人說，主要是因為**避險基金**與其他金融投資者放肆的**投機**所致。也有一種說法直指全球產油量已過高峰期，但沒有太多證據支持這一點。

高油價主要嘉惠兩個族群，一是由產油國設立的**主權財富基金**，忽然之間，它們有能力投資某些世上最受敬重的企業；另外則是開發另類能源的企業，尤其是對環境友善，不會導致氣候變遷的「潔淨科技」。

更近期，油價下跌的罪魁禍首不僅指向沙烏地阿拉伯過度供給，更有人說是因為新興國逐漸成熟、需求下滑所致，再加上出現創新的新開採方法（例如壓裂），使得美國的石油與天然氣產量快速成長（從 2008 年到 2015 年間增加近八成）。2015 年，美國的石油實際上已經達成自給自足，因此放寬石油出口限制，進一步影響全球的市場價格。

Okun's law ｜奧肯法則

這項法則描述**國內生產毛額**成長的改變，如何影響失業的變動，基礎為亞瑟・奧肯（Arthur Okun, 1928-1980）所做的實證研究。奧肯法則預測，若國內生產毛額一年成長約 3%，失業率不會變動；若成長速度加快，超過 3%，失業率的降幅會達到超過 3% 部分的一半。也就是說，假設國內生產毛額成

長 5%，失業率會下跌 1 個百分點。同樣的，倘若國內生產毛額成長幅度小，比方說為 2%，則會導致失業率提高 0.5 個百分點。

這項法則並非鐵律，僅反映奧肯研究期間的美國經濟。即便如此，以多數經濟體而言，奧肯法則仍是合理的基本原則，可以估計產出變化可能對就業造成的影響。

oligopoly ｜寡占

指由幾家企業主導一個市場。通常，這些企業可以集體行動，彷彿是一家壟斷廠商，比方說組成**卡特爾**。或者，它們也可以私下勾結，選擇比較溫和的**非價格競爭**，不要進行血腥的價格戰。由於一家企業能做什麼要看其他企業做了什麼，因此，寡占廠商的行為難以預測。然而，證據指出，卡特爾本質上並不穩定，當寡占廠商從事價格競爭時，也可能產量很高、價格很低，就像處於**完全競爭**的市場一樣。

OPEC ｜石油輸出國組織

這是 Organisation of Petroleum Exporting Countries 的縮寫，是 1960 年組成的**卡特爾**，在 1970 年代與 1980 年代初期迫使石油價格上漲（光是 1973 年到 1974 年之間，油價在短短幾星期內就上漲四倍），造成高通貨膨脹與低成長，在工業國引發浩劫。很多在低油價時能發揮用處的生產性資本設備，在高油價時無利可圖，最後停工。某些經濟學家認為，無

論如何，**市場動力**都會帶動油價上漲，石油輸出國組織只是善用時機罷了。

自 1980 年代初期以來，石油輸出國組織的影響力消退。許多企業乾脆轉換成需要較少石油、甚至較少能源的生產方式。非石油輸出國組織的廠商，如英國和美國企業，則在這段期間買入新的油田。這個卡特爾組織有十三個成員國，某些國家不願與其他會員協調出產油量，於是分道揚鑣。儘管 2014 年石油價疲軟，部分肇因還是出在身為石油輸出國組織領導國家之一的沙烏地阿拉伯，沙國拒絕其他會員的要求，不願意抑制給市場的石油供給量，但石油輸出國組織發現，它們越來越傾向被動回應油價的暴起暴落，而不是主動影響油價。

open economy ｜ 開放型經濟

開放型經濟不會限制人員、資本、產品與服務出入其邊境；反之則為「**封閉型經濟**」。很難說世界上是否存在百分之百開放的經濟體。

open-market operations ｜ 公開市場操作

這是指中央銀行在公開市場裡買賣證券，藉此控制利率或**貨幣供給**的成長。多賣點證券，央行便可以收回過剩的錢；買進證券，就可以提高貨幣供給。中央銀行交易的證券多半是政府公債或國庫券，有時候也會買賣商業證券。

opportunity cost ｜ 機會成本

一件事物的真實成本，是你為了得到它而放棄的東西，不僅包括你為了購買（或進行）而付出的錢，也要加上你因此無法購買（或進行）其他事物而必須放棄的經濟利益，也就是**效用**。比方說，你選擇接受教育訓練，想成為一名律師，你的機會成本不光是學費、書籍的價格，還包括你因此無法再從事有薪工作，也無法培養技能成為足球員。

這些被放棄的機會可能代表高昂的損失效用，去散散步看起來沒什麼損失，但你要想到，這樣一來你不能用這段時間賺錢。你所做的一切都有機會成本，表達的方式通常是與你選擇去做的事物相比之下，另一個最佳選擇的價值是多少。

經濟學的重點在於以高效率使用稀少性資源，為了確保資源的運用有效率，機會成本的概念非常重要。

optimal currency area ｜ 最適通貨區

指在一個地理區內，使用單一貨幣比較有利。最適通貨區有不同的規模，有些跨越幾個國家，有些可能還不到一個國家的大小。

採用單一通貨的好處，是外匯與貨幣**避險**成本較低，而且定價透明度高，因為所有價格都以相同的貨幣表示。但是，除非是在最適通貨區內使用單一貨幣，否則的話，其他成本會抵銷這些好處。單一貨幣意味著單一**貨幣政策**，通貨區內任一區塊都不能改變與其他區塊之間的匯率。如果一個國家或地區可

能遭受**不對稱衝擊**，所受的影響不同於單一貨幣區其他區塊，這可能會變成一大問題，因為這個國家無法放鬆本國貨幣政策或讓貨幣貶值來因應。如果受影響國家的勞工能夠且願意自由移往他國，如果薪資和價格有彈性，可以調整以因應衝擊，或者，如果**財政政策**可以把資源從未受害的地區移轉到受害的地區，或許可以克服這個問題。

要成為最適通貨區，理想上應該極少發生不對稱衝擊，這意味著涉及的經濟體景氣循環相似，也有雷同的架構。而且，單一貨幣政策應該對每一個部分造成同樣的影響（例如，調降利率不會導致某一個區塊失業下降，但另一個區塊通貨膨脹）。在文化上、語言上或法律上不能有不利於勞工跨境移動的障礙，也要設置某些移轉資源的機制，供給受害的地區。現實中，世界上使用單一貨幣的地方很少是最適通貨區，但採用單一通貨，會讓它們朝向理想境界邁進。

美國這個國家並非最適通貨區，在制定各種維繫聯邦美元的聯邦財政支持機制之前，還打過一場內戰。歐元區從來也不符合最適通貨區的標準，因此，在 2008 年崩盤之後幾度瀕臨解體。歐元區會員國的經濟大不相同，而且從未制定必要的政治機制以減緩單一貨幣政策引發的張力，在危機期間也沒有補足。

optimum ｜最適

在你面對的操作限制之下達成的最好結果。用最適的概念來描述任何事物時，必須有一個目標，比方說追求最高經濟福

利，還要有一套限制，比方說可用的稀少性經濟資源量。追求最適，是指在這樣的條件下得出最好的結果。

option ｜選擇權

參見「derivative｜衍生性商品」和「Black-Scholes｜布萊克—休斯模型」。

output ｜產出

產出是經濟活動的成果，指任何使用生產要素生產出來的東西。

output gap ｜產出落差

指一個經濟體目前的產出與處於完全產能時的差距。平均而言，當產出高於潛在產能時，通貨膨脹會上漲；低於潛在水準時會下跌。然而，短期而言，通貨膨脹與產出落差之間的關係可能不同於長期模式，因此可能造成誤導。這對決策者來說很不利，沒有人真的知道一個經濟體的潛在產出有多高，用產出落差的規模與方向來看，很可能誤判，導致**總體經濟政策**出現嚴重錯誤。

outsourcing │ 外包

把過去在企業內部從事的活動移到外部，用成本效益更高的方法把事情做好。自 1990 年代以來，大企業外包出去的業務量越來越大。許多人把產業外移，將工作移到勞工較低廉的國家，例如印度（但並非所有產業外移都是外包，有些是轉移到企業的海外子公司）。在一些國家，因為產業外移而失去工作，引發政治爭議。中國等新興國家曾是受人鍾愛的產業外移地點，如今薪資正在上漲，改變了某些活動的平衡，使得某些活動回歸母國，這個過程稱為「回流」。

進行外包的企業，由於聚焦在自己可以創造最高價值的活動上，因此能改善效率；接下外包的企業也能增進效率，因為它們專攻被外包的活動，至少理論是這麼說的。在現實中，管理外包流程可能很棘手，面對比較複雜的活動時尤其如此。

outward investment │ 對外投資

指投資海外；反之則為「**對內投資**」。

over the counter │ 櫃檯買賣

若是指藥品，這說的是無需醫師處方箋便可以買到的成藥。若是指金融證券，則是指在私人交易商或銀行買賣，而不是在金融交易所交易的證券。

overheating ｜ 過熱

指經濟成長太快，生產產能趕不上需求，通常會引發通貨膨脹。

overshooting ｜ 反應過度

在金融市場有一股常見的趨勢，就是在因應基本面的變動時，價格一開始的變化幅度會遠高於理論上的水準。原因之一，可能是因為資訊不完全，投資人成群行動，聽到傳聞後衝進衝出市場。隨著投資人獲得更多情報，價格通常會回歸到更適當的水準。大幅調整匯率時，常見反應過度，其他範例也不少，舉例來說，在某些開發中國家放棄**資本管制**之後，由於海外資金湧入，這些國家的股價一開始會漲到不合理的高點，之後才會回到比較能長久維持下去的估值。

I

P

paradox of thrift ｜節儉的矛盾

這是**凱因斯**的有趣看法之一，節儉的矛盾指出，倘若每個人在衰退時多存錢，導致總合需求下降，消費和成長雙雙隨之下滑，到頭來，總儲蓄也會跟著減少。這是個人（事實上，還有企業和其他機構）在個體層面上做出理性的決策，但加總之後的結果讓大家都變得更差的範例之一。在 2008 年崩盤之後，家庭、企業、**機構投資人**，以及支持樽節開支措施的政府，審慎修補備受衝擊的資產負債表，但是從「節儉的矛盾」來看，很可能因此拖慢經濟體從大衰退當中復甦的腳步。

Pareto efficiency ｜柏瑞圖效率

無法在不損及任何一人的情況下讓另一個人變得更好，就是達到柏瑞圖最適（Pareto optimal），這個詞以義大利的經

濟學家維佛雷多·柏瑞圖（Vilfredo Pareto）命名。如果一個經濟體在使用資源時效率不彰，就有可能在不損害其他人的條件下，改善某些人的狀況。現實中，改變通常會同時造就輸家與贏家，柏瑞圖效率無助於判斷這類有輸有贏的改變在經濟上是好是壞。

Paris Club ｜巴黎俱樂部

這是指透過一些財務重整安排，讓國家得以重整它們的官方負債，官方負債是一國向他國政府借來的款項，而非向銀行或私人企業的貸款。巴黎俱樂部總部位在巴黎科勒貝大街，有二十名會員，**世界銀行**等機構也會以非正式會員的身分參加。重整債務的安排需要所有會員一致同意，而且不可以獨厚任何身為債權人的特定國家。倫敦俱樂部（London Club）則提供私人債務的重整安排。

patent ｜專利

1899 年，美國專利局局長建議裁撤他管轄的單位，他說，「可以發明的東西都已經發明出來了。」但是，之後的百餘年又出現了好多創新，而這可能要歸功於專利的存在。經濟學家認為，如果要鼓勵人們花必要的時間和錢，去思考和開發新產品，就要讓他們有一定的信心，相信他們努力落實的構想能帶來不錯的利潤。專利有助於達成這個目的，因為專利容許發明者對自己的構想擁有暫時的壟斷權，阻止未承擔任何開發風險

與成本的仿效者剽竊。

　　一如任何壟斷，專利會導致生產與銷售產品時缺乏競爭，引發效率低落的問題。對於專利的保護應該為期多久，以及哪種創新需要潛在壟斷的鼓勵才可能促成，經濟學家彼此爭辯。在專利價值極高的那幾年期間，某些產業的創新大幅減少，有些經濟學家主張，這證明了專利在創新流程中並未扮演重要角色。

path dependence ｜路徑依賴

　　歷史很重要，過去走過的路，決定了你現在所處的位置，以及未來可以去的地方。確實，以過去走的路來說，即便是微不足道的小差異，對於如今的你和未來的你而言，都會造成重大影響。在經濟學中，路徑依賴指的是，顯然不重要的事件和選擇，卻對市場與經濟的發展造成重大影響。

　　路徑依賴的情形有多普遍，以及這是否是一種**市場失靈**，經濟學家們無法達成協議。這類辯證的焦點之一是 QWERTY 鍵盤，有些人主張，QWERTY 鍵盤的設計是故意拖慢打字速度，以克服早期打字機容易卡紙的問題，但就算這項功能早已無用，其他打字速度更快的鍵盤也無法普及。有些人說，QWERTY 鍵盤和其他鍵盤排列方式在效率上是一樣的，這種鍵盤之所以勝出，是**市場動力**的勝利，當人們付出投資，製造和使用 QWERTY 鍵盤之後，轉換到其他並未更好的替代方案，在經濟上毫無意義。

peak pricing ｜尖峰定價

倘若一段期間內，產能固定，但需求會變動，在需求尖峰時段索取高於平均的價格，可能是很有道理的做法。這麼做會把部分尖峰時段的需求轉移到較便宜的離峰時段，減輕尖峰時的產能，同時減少離峰時的閒置產能，以更高效率地使用資源。尖峰訂價常見於在大部分產能固定的服務業，例如供電和交通，在尖峰時段搭乘 Uber 付過較高加成計價的人，都很清楚這是怎麼一回事。

pension ｜年金

這是人退休之後才能收到的收入，有時候，年金是在你還在工作時用自己的儲蓄買下，有時候是政府買單。德國首相奧托・馮・俾斯麥（Otto von Bismarck）在 1889 年時建立第一套國家年金制，自此之後，多數國家也為退休人士設立基本年金，通常從當年度的稅收當中撥款。當退休人士對現有勞工的「扶養率」提高時（比方說，出生率大幅下降），可能會引發問題，因為還在工作的人必須為更多退休人士支付退休所得。建立第一套國家年金制度時，能領取年金的年齡為 70 歲，比一般人的預期壽命多了 25 歲。如今，人們越來越長壽，表示從退休到死亡的平均年限很長，許多國家都因為這一點導致年金成本遠高於建立時的預期。降低這種成本最好的方法，是延後退休年限，但老年人不樂見，而且老年人的投票行為又比年輕人穩定，這可能會在政治上引發難題。讓退休年紀和預期

壽命變動連動，可能是最能被接受的延後退休年限方法。

政府通常會提出誘因，說服人們加碼年金，透過私人方案為退休生活預先儲蓄，並鼓勵雇主為勞工提撥年金。近幾年，風向大幅扭轉，從如何所謂的「固定給付制方案」轉向「固定提撥制方案」。前者承諾給付一定金額的年金，不管工作時提撥到年金方案的金額財務報酬如何；後者支付的年金金額不一定，要看工作時提撥的金額投資後賺了多少錢。有些經濟學家質疑這樣的轉變是否明智，他們主張，這樣會讓人更不確定年老之後有多少錢可以度日，更難以做出審慎的財務規畫，而且，要多半不具金融素養的個人決定如何為退休做最好的投資，通常是太過分的要求。越來越多人擔心，過去提撥到固定提撥方案的年長者沒有存夠錢滿足適當的年金方案（在美國尤其明顯），這表示很多人可能不具備能完全退休的財務工具。

percentage point ｜百分點

指總數的百分之一，是表示規模的單位。這不可和變動的百分比混為一談，成長 1% 和增加 1% 大不相同。比方說，如果去年的**國內生產毛額**成長率為 1%，今年為 2%，那麼，與去年相比之下，今年增加了 1%（這是指 1% 與 2% 間的差距），成長幅度則是 100%（從 1% 倍增為 2%）。如果說，成長率比去年增加 1%，代表今年的成長率僅有 1.01%。

percentile | 百分位

在英語裡，字尾「ile」代表在某個尺規標準中的位置。比方說，所得分配的第一個百分位，就是指人口中最富裕的1%。

perfect competition | 完全競爭

這是人們能想像到競爭最激烈的市場。完全競爭很罕見，很可能根本不存在。這種市場競爭極為激烈，任何個別的買方或賣方對市場價格造成的影響微乎其微。產品是同質的，資訊也很完全，所有人都是價格接受者。企業只能賺得足以維持營運的正常利潤，如果企業獲利超過這個水準（亦即賺到超額利潤），由於完全競爭市場沒有**進入障礙**，其他企業會進到市場裡，把價格壓下來，一直到只能賺得正常利潤為止。完全競爭市場裡產出達到最大，價格則是降到最低。反之則有**壟斷性競爭**、**寡占**，還有最極端的**壟斷**。

permanent income hypothesis | 長期所得假說

人會試著把一生中的支出分攤得比較平均一點，不像所得上上下下變動。提出長期所得假說的是**傅利曼**，他指出，人在做支出決策的時候，會以認定的終生平均所得水準為根據。短期所得大幅提高，並不會導致短期消費等幅度提高。如果某個人意外得到一筆大錢，比方說贏得樂透，會怎麼樣？長期所得假說認為，人們會把大筆橫財中的大部分存起來，雖然現實世

界的情況可能並非如此。

philanthrocapitalism │ 慈善資本主義

這是一場讓企業和社會一同改變的運動，特色之一是，富裕的企業領袖捐出大筆的私人財富，並運用自己的商業才能，投資從事創新的**社會型創業者**，確保他們的錢有效用於解決社會問題。最知名的慈善資本家是微軟的創辦人比爾‧蓋茲（Bill Gates），他透過蓋茲基金會捐出數十億美元，多數用於改善美國的學校品質，以及對抗開發中國家發生的致命疾病。某些經濟學家質疑，這樣的給予是否比國際援助更有成效，並主張應該更加重富裕人士的稅捐負擔。其他人認為，由於個人性的慈善事業相對上沒有**代理成本**的問題，再結合慈善家的商業才能，在因應某些問題時會比傳統政府更具成效。

在過去，慈善活動通常替代了政府行動，但如今，即便是最高額的個人財富，與政府預算相形之下仍是小巫見大巫，而且，如蓋茲夫婦等慈善資本家通常也會和政府合作，加入**公私合營**夥伴關係。他們也越來越常和非政府組織配合，尤其是社會型創業者創辦的組織。大企業也是他們的合作對象，透過企業社會責任或企業公民策略，在因應社會最棘手的問題上扮演重要角色，蓋茲夫婦將這樣的過程稱為「創意**資本**主義」。

Phillips curve │ 菲力普曲線

1958 年，紐西蘭的經濟學家菲力普（A.W.H. Phillips,

1914-1975）提出通貨膨脹與失業之間存在著一種取捨關係，失業率越低，通貨膨脹率越高，政府必須做出選擇，看如何兩害相權取其輕。他研究英國 1861 年到 1957 年之間的名目薪資與失業率，得出前述的結論。這段期間的數據顯示，失業率與通貨膨脹之間的關係看來是一條平滑的曲線。1950 到 1960 年代各經濟體的運作看來支持他的主張，但之後這樣的關係就不成立了。如今，經濟學家偏好談「**無加速通貨膨脹失業率**」，也就是不會讓通貨膨脹加速的最低失業率。

Pigou effect ｜ 皮古效果

這個詞以經濟學家亞瑟・皮古（Arthur Pigou, 1877-1959）為名，指通貨緊縮造成的**財富效果**。價格下跌會提高儲蓄的**實質價值**，讓人覺得自己更富有，因此花更多錢。這類需求的增加會帶動就業。

platform economics ｜ 平台經濟

指一家公司獲利的方式是藉由創造平台，讓其他人能在平台上創造價值。與其他類型的企業相比，平台型的公司具有獨特的優勢，如果使用該平台的企業很難轉換到其他平台的話（比方說，因為該平台有強大的**網絡效應**效益），優勢更是明顯。蘋果公司的應用程式商店是典型的平台業務範例，各家公司在應用程式商店出售產品，所得的營收有 30% 納入蘋果公司的口袋。Uber 是另一個範例，透過其市場平台，仲介乘客，

並從司機賺得的收入中抽佣。

當「雙邊市場」（two-sided market）存在時，最有機會打造平台，因為平台可以同時為兩群不同的使用者帶來好處。信用卡公司就是同時服務業者和消費者的平台，讓雙方更容易交易。就像 Uber 連結司機和乘客、Airbnb 連結有空房的人和找地方過夜的旅客。關鍵是，身為平台，要讓市場兩邊直接和彼此互動，不需要平台供應商自己跳出來仲介交易。Uber 目前面對法律訴訟，平台的身分受到挑戰，提告的司機希望當 Uber 的員工（有權享受有薪假等福利），而不是剛好利用 Uber 交易平台從事業務的獨立商業人士。如果司機贏了，Uber 長期的獲利可能就沒這麼高了。

Ponzi scheme ｜龐氏騙局

1920 年，義大利的商人兼騙子查爾斯・龐氏（Charles Ponzi）承諾在三個月內讓投資者的錢翻倍。許多天真的投資者相信了他，帶著錢過來。當騙局最後被戳破時，導致的損失，以今天的幣值計算約為 2 億美元，而他的名字永遠和欺騙投資人的狡猾騙局脫不了干係。他被判五年徒刑。龐氏騙局的核心，是用新投資人的錢支付豐厚的報酬給之前的投資人，只有在永遠都有新的資金流入時才能運轉。最惡名昭彰的龐氏騙局，可能是柏尼・馬多夫（Bernie Madoff）的犯行，他是一名華爾街的基金經理人，他的騙局在 2008 年的金融崩盤後破局，一般認為至少讓投資人損失 100 億美元（可能遠不止這個數），也賠上了他自己的自由，因為他被判一百五十年有期徒刑。

positional goods ｜地位財

地位財是炫富者會買的東西。有些人買某些東西時是出於商品本身的用處，例如榔頭或洗衣機，但地位財是買主買來彰顯自身的東西。人利用地位財來建立或顯示自身的身分地位，以有別於無法擁有這類商品的其他人，例如跑車、最時尚渡假村的假期、潮牌設計師設計的衣服。這類產品的數量某種程度上是固定的，這有其必要，因為如果供給過度，這類產品將不再象徵地位。如果每個人都有一部勞斯萊斯，這部車又能透露出哪些和車主有關的訊息呢？由於定位，地位財的供給必須稀少，因此有人擔心地位財的興起會限制成長，但到目前為止證明是錯的。創業者想出越來越巧妙的方式讓人們為了彰顯地位而購買，有助於已開發經濟體繼續成長。

positive economics ｜實證經濟學

這一派經濟學的重點在於描述世界的狀態，而不企圖改變。反之則為「**規範經濟學**」，這一派會提出能增進經濟福利的政策建議。

poverty ｜貧窮

指處於窮困的狀態，至於什麼叫貧窮，就要看定義了。方法之一是使用一些絕對性的指標，比方說，「貧窮率」是所得不到適當飲食必要所得三倍的家庭（但所謂適當飲食，可能會

隨著時間不同而改變）。另一種方法，是衡量相對貧窮，比方說，所謂生活在貧窮狀態下，可以定義為所得不到平均家庭所得一半的家庭。或者，（相對）貧窮線也可以定義成所得落在最貧窮 10% 以下的家庭。不管是哪一種，要區分貧窮與沒那麼貧窮，界線都很武斷。

隨著國家越富裕，處於絕對貧窮狀態的人通常越少。但落入相對貧窮的人數就不一定了，因為就定義相對貧窮的方法來說，總是會篩選出許多貧窮家庭。無論一個國家多富裕，總是會有 10% 的家庭比其他家庭貧窮，但這些家庭可能住得起大屋、吃得起魚子醬（但屋子可能比其他 90% 的家庭小，吃的魚子醬也比較少）。

在聯合國 2000 年至 2015 年的千禧年發展目標中，要把生活在極度貧窮中的人數減少一半，是其中一個比較成功的項目。從 1999 年到 2015 年，每天生活費不到 1.25 美元的人數，從 17.5 億人降至 8.36 億人。這項成就有一大部分歸功於中國快速工業化，帶動所得成長。進一步減少極貧窮人口，是 2015 年立下的新全球性目標之一。

所得不必然是衡量貧窮的最適當指標，諾貝爾經濟學獎得主阿馬蒂亞・森（Amartya Sen）就發展出一套「多面向貧窮」指標，反映人們在沒有錢的同時要面對的諸多問題，包括健康情況不佳、沒有合宜的居家庇護所，以及缺乏教育。這套多面向貧窮指標使用了十個指標，如果人經歷其中的三分之一以上，就陷入了多面向貧窮。用這個指標來看，生活在極度貧窮中的人數，會比光用所得衡量多兩倍。

poverty trap ｜貧窮陷阱

這是失業陷阱的另一種說法。從總體經濟的層次來說，這是指一個國家太過窮困，無法達成持續的經濟成長。

PPP ｜購買力平價

見「purchasing power parity (PPP) ｜購買力平價」。

precautionary motive ｜預防性動機

這是指把一些錢留在身邊，以防萬一。這是凱因斯提出持有現金的三種動機之一，另外兩種是「交易性動機」，亦即你需要現金來支付計畫要購買的東西；以及「投機性動機」，亦即你認為資產價格會下跌，因此你先賣掉資產，持有現金。當經濟前景的不確定性提高時，持有現金的預防性動機也會提高。

predatory lending ｜掠奪性放款

指剝削脆弱債務人的放款。但放款何時變成掠奪性放款，而不是擴張信用，貸放給貧窮的債務人，經濟學家並無定論（參見「financial literacy ｜金融素養」、「subprime ｜次級」和「usury ｜高利貸」）。

predatory pricing │ 掠奪性定價

指現在先收取偏低的價格，期待日後能調高價格。掠奪者索價很低，可能必須長時間忍受虧損，期待能把對手逼出業界。顯然，這種策略只有在實行掠奪的企業最終能壟斷時才有意義。某些支持反傾銷的政策，就主張便宜的進口品正是掠奪性定價的範例，但少有證據支持這種說法。確實，一般而言，掠奪性定價很少見，實務上，多半只出現在飽受效率更高的競爭對手帶來定價壓力的企業文宣材料當中。

preference │ 偏好

指消費者想要的（參見「revealed preference │ 顯現性偏好」）。

present value │ 現值

參見「net present value (NPV) │ 淨現值」。

price │ 價格

達成均衡時，價格能讓供給和需求達成平衡。產品或服務的索價，取決於消費者的品味、所得，以及需求彈性，也取決於市場的競爭激烈程度。在**完全競爭**之下，所有企業都是價格接受者。在壟斷之下，或是企業握有一定的**市場力量**時，就能

在某種程度上控制價格，可能會高於完全競爭市場。至於高多少，則要看市場力量有多大，以及具備市場力量的企業是否追求最大利潤。有時候，基於策略性原因或其他理由，企業的定價可能會低於能達成最高利潤時的價格。

price discrimination ｜差別取價

指一家企業用同一產品對不同的客戶收取不同的價格。對生產者而言，最完美的狀態是，他們可以對每一位顧客收取不同的價格，收足每一位客戶願意支付的價格，使**生產者剩餘**達到最大。但這是不可能的，更別說賣方根本不知道消費者願意付多少錢。

但是，某些差別取價是可行的，條件是如果整體市場可以切分成幾個獨立的市場，而且每一個市場的均衡價格皆不同，比方說，因為消費者的品味不同，或是因為企業在某些市場區塊享有**市場力量**。然而，這只有在各市場區塊可以完全分開來時才行得通，如果可以在低價市場區塊買進，然後在高價市場區塊賣出並獲利，差別取價就持續不了多久。

price/earnings ratio ｜本益比

這是一種用來判斷股票是昂貴還是便宜的粗略方法。這個比率，是股票的市場價格對該公司的每股獲利，換言之，就是企業的利潤比。

本益比越高，代表購買該個股的投資人預期未來公司能創

造的利潤比現在更高。換言之，本益比越高，投資人越樂觀。

price elasticity ｜ 價格彈性

這個指標是衡量需求對價格變動的反應。如果需求變動的百分比大於價格變動，這種產品便具有價格彈性；如果需求變動幅度小於價格變動，則不具備價格彈性。經濟學家也衡量需求對於消費者所得變化的彈性。

price mechanism ｜ 價格機制

市場訂出價格的過程。

price regulation ｜ 價格管制

以公用事業為例，當價格受到管制時，企業會有動機盡量降低成本，以追求最大利潤。反之則為「**報酬率管制**」。

principal-agent theory ｜ 委託人—代理人理論

參見「agency cost ｜ 代理成本」。

prisoner's dilemma ｜ 囚犯的兩難

這是**賽局理論**裡一個讓人津津樂道的範例，指出為何即便

合作對雙方有益，也很難達成。這個範例是說，兩名犯人因為同一件案子遭到逮捕，被羈押在不同的牢房。每個人都有兩種選擇：認罪，或者保持沉默。可能的結果有三種：若一人認罪，同意轉作污點證人指證另一人，可以獲得輕判，但同伴會遭到重判。若兩人都保持沉默，或許可以幸運獲得輕判，甚至無罪開釋，因為沒有鐵證證明犯罪。或者，兩人都認罪，這樣一來，或許會比自己不說，對方卻認罪、還回過頭來指證自己判得輕。第二種情況對兩名嫌犯來說都是最好的結果，然而，另一方可能會認罪、轉作汙點證人的風險，很可能鼓勵兩人都坦白，讓兩人都面對牢獄之災。如果兩人合作，都緊閉口風，原本可以逃避刑責。

在**寡占**時，企業的行事作風就像這些囚犯一樣，不會把價格訂在高水準，因為它們都不相信對方不會挖自己的牆角時，這下子，大家的條件都變差了。

private equity │ 私募股權

這是指一家企業的股份由私人持有，未在公開市場交易。私募股權包括已經發展成熟的私有公司，以及**創投**在新創事業持有的股份。私募股權的**流動性**低於公開交易的股票，投資人期待能從中賺到更高的**股票風險溢價**。

私募股權最早在 1980 年代蓬勃發展，當時一些合夥事業進行高調的**槓桿收購**，知名者如 KKR 集團，這家公司的名稱之後便和私募股權畫上等號。1980 年代末期經濟崩盤之後，緩慢復甦，一直要到 21 世紀初私募股權才又火熱了起來，規

模前所未見，只有在 2008 年的崩盤與之後的大衰退時，由於忽然之間無法取得信用，才遭遇快速但短暫的下滑。在 2014 年之前，私募股權公司管理約 2.6 兆美元的資金，比 2008 年時多了兩倍。

某些經濟學家主張，私募股權的投資者是藉由承擔額外的風險來創造利潤，他們會借錢買企業，並且大力精簡成本。有些則說，私募股權提高了經濟效率，因為他們的企業治理比一般上市櫃企業更有效，降低了被收購企業中的代理成本。確實，就像某些經濟學家說的，私募股權不受制於如「股東行動主義」（shareholder activism）等短期取向的壓力，這些壓力常導致上市櫃公司投資不足，長期難以創造價值。

privatisation ｜ 民營化

這是指把國營事業售予私人投資者。這種政策一開始和 1980 年代柴契爾主政的政府有關，當時的英國政府把許多公司民營化，包括英國電訊、英國天然氣，以及水力、電力公司等公用事業。在 1990 年代間，民營化成為全球政府喜愛的政策。

民營化受歡迎有幾個理由，在某些情況下，目的是為了提升國營事業的表現。國有化通常無法達成企業應該達成的目標，而且越來越常和客戶服務品質低落畫上等號。有些民營化是讓國有壟斷轉型，進入競爭市場，這時或許會涉及一些新形態的規範。某些民營化則是為了籌措新資本，讓企業能夠投資以強化服務，公共支出會有限制，使得公部門無法撥出錢給國

營事業。

讓人不齒的是，有時候，民營化是為了將寶貴的公共資產廉價移轉到親政府的民間人士手中，比方說，葉爾欽（Boris Yeltsin）主政時期的俄羅斯，盜竊式民營化大概便是這麼一回事。確實，對許多政治人物來說，民營化的主要吸引力是可以賺取收益，減緩公家預算的壓力，（短期）可以不用為了改善財政狀況而去做更痛苦的決定，比方說加稅或刪減公共支出。

probability ｜ 機率

指某件事發生的可能性，通常以比率的方式來表達，用特定結果出現的數目，除以事件中所有可能結果的總數。比方說，每次擲一顆骰子，都有六種可能結果，但是只有一種是出現「6」，因此，擲一次骰子出現「6」的機率就是六分之一。就算你上一次擲出「6」，也不會改變你下一次丟出「6」的機率是六分之一。

producer prices ｜ 生產者價格

參見「factory price ｜ 出廠價格」。

producer surplus ｜ 生產者剩餘

指供應商提供產品或服務收到的價款，減去供給成本後的

差額。和**消費者剩餘**相加，便是一次銷售活動創造出來的總經濟效益。

production function ｜生產函數

這是一種數學方法，描述一家企業投入的生產要素用量，與之後的產出量之間的關係。如果多生產一單位需要的要素用量，少於前一單位，這家企業就享有遞增的規模報酬，或者說是遞增的**邊際**產出。如果多生產一單位需要用到更多的要素，這家企業面對的就是遞減的規模報酬，也可以說是遞減的邊際產出。

productivity ｜生產力

指生產要素和產出之間的關係，適用於個別或整體的要素。「勞動生產力」是最常使用的指標，計算方式一般是把總產量，除以勞工總人數或總工時。「總要素生產力」是衡量企業或國家使用的整體要素的生產力。

可惜的是，生產力統計數據的用處讓人質疑。不同要素的品質長期可能大幅改變，要素的組合也會大不相同。此外，不同的企業與國家對要素的定義也可能不同，在資本這一項上尤其如此。

即便如此，國家之間生活水準的差異，也反映在生產力的差異上。通常，生活水準越高的地方，生產力也越高，但不是絕對。1980 年代的英國，勞動生產力大幅成長，有些經濟學

家說這是「生產力奇蹟」。有些人不同意，指出生產力成長是因為失業提高，換言之，在計算平均生產力時已經剔除了生產力最低的勞工。

1990 年代末期美國也開始有類似的爭論。最初，經濟學家很懷疑是否真的出現了生產力奇蹟，到了 2003 年，他們勉強承認，過去五年，美國享有二次大戰以來最快速的生產力成長，超過任何期間。從 1995 年到 2003 年，平均勞動生產力幾乎每年成長 3%，比之前二十年高了兩倍。這並未阻止經濟學家停止討論奇蹟為何發生。

profit ｜利潤

利潤是企業存在的主要理由。在經濟學理論中，利潤是獎勵第四種生產要素：創業精神，補償創業者承擔的風險，是扣除租金、薪資和利息等成本後剩下的部分。簡言之，利潤是一家企業的總營收減去總成本。

經濟學家區分正常利潤與超額利潤。正常利潤是創業者的**機會成本**，僅足以讓企業留在業界而已。如果利潤低於這個水準，這家企業從事其他經濟活動會比較好。超額利潤則是「超過正常的利潤」，高於正常利潤，通常這也證明了企業享有某些**市場力量**，才能賺到高於**完全競爭**市場的利潤。

profit margin ｜獲利率

指一家企業的利潤，以占總營收或銷售額的比率來表示。

profit maximisation ｜追求最大利潤

這是企業的預設目標。實務上，商業人士通常會在賺取最大利潤和實現其他目標之間做取捨，例如建立企業帝國、受員工愛戴，以及享受生命。用公司的股份支付主管薪酬的做法越來越普遍，這或許能降低經理人身為股東聘用的代理人引發的**代理成本**，去追求最大利潤。

progressive taxation ｜累進稅

這是一種稅捐制度，所得越高的納稅人，所得被課稅的比率就越高（參見「vertical equity ｜垂直公平」）。

propensity ｜傾向

經濟學針對各種事物提出各種不同的傾向，包括消費、儲蓄、投資、出口等等。不管是哪一種，重點在於要區分平均傾向與**邊際**傾向。平均消費傾向，是總消費除以總所得。邊際消費傾向，是衡量所得多 1 元，會多消費多少，是消費變動的百分比除以所得變動的百分比。決定**乘數**值的是邊際消費傾向，比平均消費傾向更難預測。

property right ｜財產權

財產權是任何市場經濟的要項。要達成交易，一定要確認

銷售產品或服務的人擁有所有權,而且所有權可以移轉給買方。所有權越穩固、越透明,就越可能達成交易,價格也會越有效率。無法確立財產權時,可能會造成嚴重後果。乾淨空氣被污染造成高成本的**外部性**,解決方法之一就是制定空氣的財產權,讓所有權人可以對排放廢氣的污染者收費。

私有財產權通常比共有所有權更具經濟效率。因為如果不是直接擁有某件東西,就不太有誘因去照料它(參見「tragedy of the commons|共有的悲劇」)。非常明顯的案例是,俄羅斯在**共產主義**倒台之後,要建立順暢運作的市場經濟很困難,部分是因為大家不清楚許多國家的資源所有權人是誰,而且就算訂出所有權,通常也不太可靠。企業產品經常被犯罪幫派盜走,或者被迫交出大部分的利潤當作保護費。高效的法律系統與落實法律系統的財產權,是先進市場經濟體的一大特色,這並非偶然。祕魯經濟學家赫南多・德・索托(Hernando de Soto)提出充滿說服力的主張,由於非正式經濟中少了可以執行的財產權,因此這類經濟多半無法成長。確立有意義的財產權,是讓人類社群經濟發展更快速的催化劑。

即便如此,財產權並非絕對。舉例來說,稅捐正是一個清楚的範例,這是政府侵害納稅人對錢的所有權。政府有時候會動用「徵用權」,掌控私人擁有的土地(在某些國家則是強制徵收)。侵害財產權的經濟成本,凸顯政府應謹慎思考稅制對經濟成長會造成哪些後果,這是很重要的事。

prospect theory │ 展望理論

這是討論非理性經濟行為的理論。展望理論說，心理因素會帶動許多不斷出現的偏見，影響人們在不確定情況下做的選擇。特別是，這套理論假設，比起獲利，人們更容易受到損失的影響，因此會花更多心力以避免損失，而不是創造獲利。這套理論的根據是丹尼爾·康納曼（Daniel Kahneman）與阿莫斯·特沃斯基（Amos Tversky）兩位心理學家的實驗研究，康納曼還因此獲得諾貝爾經濟學獎。展望理論是**行為經濟學**中的重要元素。

protectionism │ 保護主義

保護主義與**自由貿易**剛好相反，雖然前者的用意是要保護一國的經濟免於和外國對手競爭，但這通常會讓國家的處境惡化，反而不如不以**配額**和關稅作為貿易障礙的時候。

public goods │ 公共財

指社會中每一個人都能消費的東西。公共財有三項特徵，分別為：

▎非對立性：當一個人消費公共財，並不會阻礙其他人也消費
▎非排他性：如果有某個人可以消費這種產品，就不能阻

止其他人也消費

▌ 不可拒絕性：人們不能選擇不消費

公共財的範例如潔淨空氣、國防系統與司法制度。非對立性加上非排他性，表示使用者付費的方法窒礙難行，所以，如果全由**市場動力**決定，可能就沒有人提供。因此，公共財被視為一種**市場失靈**的範例，在多數國家裡，公共財都至少有一部分是由政府提供，並透過強制的稅捐付費（參見「global public goods｜全球性公共財」）。

public spending｜公共支出

全國性、地方性政府，以及某些政府支持機構的支出（參見「fiscal policy｜財政政策」、「golden rule｜黃金法則」和「budget｜預算」）。

public-private｜公私合營

這是指民間企業、非政府組織或個人（如慈善家）和政府結盟。1980 年代初期之後，由於各國政府試著在不用全面民營化的條件下，創造出某些民營企業的優勢，這樣的做法越來越普遍。公私合營最能提升效率的方法之一，就是透過競標，將服務交由民間企業執行。如果由民間企業負責籌資，獲益最小，甚至可以說會造成損失。因為政府通常可以用比民間企業更低廉的成本借錢，因此，如果政府要求民間企業幫忙籌資，

就會讓人質疑，政府這麼做，是不是為了讓公共的借貸數字看起來少一點。

更近期，非政府組織與**慈善資本主義**興起，導引出新的公私合營合作關係，善用慈善家與**社會型創業者**的企業家精神，發展出的解決方案通常極有創意，優於由政府獨力因應問題。這類合作包括發行**社會效益債券**。以分工來說，當政府聚焦在提供資金，民間夥伴聚焦在以更有效率且更創新的方法做事時，政府得利最大。

public utility ｜ 公用事業

指為公眾提供重要服務的企業，例如用水、電力與郵政服務，通常都涉及**自然壟斷**的成分。食物很重要，但可以透過競爭性市場供應，因此食物的供給通常不被視作公用事業。由於公用事業都有某種壟斷力量，通常受制於某些政府的規範，例如**價格管制**，或是有義務為所有人提供服務，連無法支付市場價格的人都不能排除，這稱為「普及服務義務」。公用事業通常由政府持有，但由於民營化，這種情況越來越不常見。

purchasing power parity (PPP) ｜ 購買力平價

這是計算貨幣正確價值的一種方法，貨幣的真實價值可能不同於目前市值。在比較不同國家的生活水準時，購買力平價很有用，這個指標會指出適當的匯率，用共同的貨幣，表達不同國家的所得與價格。

所謂正確價值，在經濟學上指長期能讓一種貨幣的需求和供給達成均衡的匯率，目前的市場匯率僅是短期均衡。以相同的貨幣計算時，相同的產品和服務在不同的國家價格應該是相同的。讓一籃子相同的貿易產品與服務在兩個不同國家價格相同，就是購買力平價匯率。

　　購買力平價通常和目前的市場匯率大不相同。某些經濟學家主張，每當匯率被推離購買力平價水準時，流入流出一國的貿易和金融就會失衡，導致可能出現大幅的貿易與經常帳赤字或剩餘。由於受影響的不僅是貿易產品，因此，某些經濟學家主張，用購買力平價來判斷貨幣的真實價值太過狹隘，他們比較喜歡「基本面均衡匯率」（fundamental equilibrium exchange rate, FEER），這是讓一國和外在世界達成整體均衡的匯率，包括貿易產品、服務和資本流動（參見「Big Mac index｜大麥克指數」）。

Q theory ｜ Q 理論

參見「Tobin, James ｜托賓／詹姆士・托賓」。

quantitative easing (QE) ｜ 量化寬鬆

　　指印錢來買債券。在 2008 年崩盤之後，各國中央銀行普遍推行量化寬鬆政策，以支撐銀行體系，並防止經濟再度走緩，陷入大蕭條。量化寬鬆最先起於日本，後來被美國**聯準會**當成經濟政策核心，從 2008 年起，推動好幾輪的量化寬鬆，向銀行買入的債券價值至少 3.8 兆美元。這項政策飽受批評，很多人認為央行支付過高價格買進證券，如果央行不買，這些證券不會有這麼高的價格。還有，量化寬鬆刺激經濟的力道也並不如央行的承諾，因為銀行多半把出售債券的錢收著，沒有貸放出去。量化寬鬆政策退場（也許是透過各國的中央銀行出

售許多之前買入的債券），會不會如某些批評者預測的，造成更多的經濟干擾，尚待觀察。

quantity theory of money ｜貨幣數量理論

這是**重貨幣論**的基石。貨幣數量理論指出，經濟體中有多少錢可用，決定了錢的價值。提高**貨幣供給**是導致通貨膨脹的主因，所以，**傅利曼**才會宣稱「通貨膨脹是永遠存在，而且處處可見的貨幣現象」。

這個理論以「費雪方程式」為基礎：

$$MV = PT$$

這條公式以美國經濟學家爾文・費雪（Irving Fisher, 1867-1947）為名，M 代表貨幣數量，V 是**流通速率**，P 是平均價格，T 則是經濟體中的交易次數。這條公式的意思簡單明瞭，花掉的貨幣數量，等於使用的貨幣數量。最純粹的數量理論，是假設 V 和 T 都是常數，至少短期如此。因此，改變 M 會直接改變 P，換言之，增加貨幣供給，就只會導致通貨膨脹而已。

1930 年代，**凱因斯**挑戰這套到當時為止都算是王道的理論，他認為，提高貨幣供給，會導致流通速率下降，並提高實質所得，否定了**古典二分法**。之後，諸如傅利曼等重貨幣論者勉強承認 V 會改變以因應 M 的改變，但改變是穩定且可預測的，不會影響貨幣數量理論的中心要旨。即便如此，當 1980

年代許多國家採行重貨幣論的政策時，績效並不好，日後傳利曼本人都承認。

quartile ｜四分位

在英語裡，字尾「ile」代表在某個尺規標準中的位置。比方說，所得分配的第一個四分位，就是指人口中最富裕的25%。

queueing ｜排隊

排隊是一種**市場失靈**嗎？未必。通常，排隊反映的是訂出的價格太低，需求超過供給，所以某些顧客必須花時間等待才買得到。但是，排隊可能也是生產者特意限量的結果，比方說，為了吸引注意力，有些餐廳就希望透過人龍來顯得自己受歡迎。消費者可能會認為，排隊是比價格機制更公平的分配產品方法，比方說排隊等待接受治療。

quota ｜配額

這是一種**保護主義**，指一國限制另一國可以進口的產品數量。比方說，法國可能會限制日本進口的汽車數量，例如一年限兩萬輛。由於限制供給，進口品的價格會高於自由貿易時，讓國內的生產者可以喘一口氣。

R

R squared ｜ R²

這個指標顯示**迴歸分析**找出來的關係有多可靠。舉例來說，R²為 0.8，代表一個變數的變動有 80% 可以由相關變數的變動解釋。

random walk ｜ 隨機漫步

這代表不可能預測出下一步。**效率市場假說**認為，許多金融資產的價格遵循隨機漫步模式，例如股票就是。換言之，你不可能知道下一次的價格變化是漲還是跌，也不會知道漲跌幅度是多少。理由是，在一個效率市場裡，讓投資人能預測接下來價格動向的所有資訊都已經反映在目前的價格上了。這種想法使得某些經濟學家主張投資人不可能長期勝過大盤。但另一些經濟學家則主張，資產價格可以預測，並不遵循隨機漫步模

式，市場也並非效率市場。

randomised controlled trial ｜隨機對照試驗

這是指在一個小群體中測試某種新產品或新概念，之後用得到的結果和未接觸到新事物的類似對照組相比較。隨機對照試驗在 1950 年代首見於醫療保健產業，用來試驗藥品是否安全。如今，這種方法廣泛用於經濟體中的諸多部分，包括測試宣稱有助於減少貧窮的方案。這麼做的一大優勢是，可以得到證明，有說服力地指出該項措施是不是把錢花在刀口上。

隨機對照試驗也會有限制。當干預手段會影響到每一個人時，比方說調整利率，這個方法就不適用；或者，明知道有害還用這種方法，就不符合道德，比方說，醫師想知道吸菸到底有多不健康，也不能要求受試者吸菸。但是，以隨機對照試驗來說，最大的問題是，社會上應用的頻率不夠高。一開始，就連醫療界都有所遲疑，許多人感到惱怒，認為這是在否定他們的專業判斷；有些人擔憂，只讓隨機選定的病患嘗試新的療法並不道德；也有些人就是覺得不值得花錢從隨機對照試驗取得證據。只有當這種方法證明了許多既有療法有害，以及許多前景看來大好的新藥並沒有用處，才說服了世人。

如今，醫師認為隨機對照試驗是判斷證據的黃金準則，社會中的其他部分也需要抱持類似的態度才行。沒有證據證明效果，就貿然針對國際發展援助、學校或監獄制定政策的決策者，不會比靠水蛭和放血治療的醫師高明。

rate of return ｜報酬率

這是衡量經濟成就的一種方法，但是，人很輕易就能操弄這個指標。計算報酬率的方法，是經濟利得（通常是利潤）對總資本用量的比率。要決定利潤的數值並非易事，同樣的，要把所有用到的資本加總起來也是麻煩事，如果當中還包括無形資產與人力資本，更不容易。企業在評估是否要執行一項專案，會估計專案的預期報酬率，並和自己的**資本成本**相比較（參見「net present value (NPV)｜淨現值」和「discount rate｜折現率」）。

rate of return regulation ｜報酬率管制

這種規範方法通常用於公用事業，規定賺取的報酬率不得高於監理單位制訂的水準，以阻止濫用壟斷力量。實務上，這通常鼓勵公用事業效率不彰、創新緩慢，並且快速把錢花在租用豪華辦公室與主管專用飛機，好壓低利潤與報酬率。反之則為「**價格管制**」。

rating ｜評等

這是指出金融工具涉及風險程度的指引，提供評等的是如穆迪（Moody's）、標準普爾（S&P）和惠譽（Fitch）等評等機構。這些衡量**信用**品質的平等指標，評定的對象多半是有市場銷路的政府與公司債券。評等為 AAA 或 A++，代表違約

風險低；若為 C 或 D，代表違約風險極高或根本已經違約。債券價格和殖利率通常（但不必然）會反映評等。AAA 債券的殖利率低。高殖利率的債券也稱為「垃圾債券」，通常得到的評等都指向違約風險高。

自 1990 年代中期之後的一連串金融市場危機，越來越多人討論評等是否可靠，以及是否太慢才指出麻煩已經迫在眉睫。美國能源公司恩隆（Enron）在 2001 年倒閉，評等機構同樣未預見此事。某些批評者主張，這三大評等機構已經變成懶散的**寡占**局面，鼓勵以更多的競爭強化評等。付錢取得評等的是證券發行機構，而非考慮購買證券的投資人，這樣的系統是否明智也引發問題，這難道沒有嚴重的利益衝突嗎？

2008 年金融崩盤之後，這類批評聲浪高漲，因為**次級**房貸連動證券評等過高，給了投資者到頭來是一場空的虛假信心。美國的〈**多德—法蘭克法**〉，要求聯準會與華爾街主管機關──證券交易委員會，加強對評等機構的規範，並在制定和銀行有關的規定時少參考評等，但這兩個監理機構的步伐都沒這麼快。歐盟設置新的監理機構──歐洲證券市場管理局，部分原因就是為了要進一步監督評等機構的行為。2015 年，標準普爾為了美國司法部提起的訴訟支付 14 億美元和解金，但不承認有錯。司法部宣稱標準普爾犯下「誤導大眾與欺瞞投資人」的罪。到 2015 年時，三大評等機構的業務再度活絡，期待有大型新進廠商帶來競爭的希望，大致上也消失無蹤。

rational expectation ｜理性預期

　　某些經濟學家相信人們會理性看待未來。沒有人能準確預知未來，但理性預期理論假設，長期下來，造成衝擊的意外事件會彼此抵銷，因此平均而言，人們對未來的預期是準確的。因為人們會理性地預期，以最好的方式使用他們得到的所有資訊，並且從錯誤中學習。這和其他討論人如何看待未來的理論形成對照，比方說**適應性預期**，這套理論說，人會根據過去的**趨勢和趨勢變化**形成預測；還有**行為經濟學**，這假設人的預期某種程度上是不理性的，是心理偏見的結果。

　　理性預期理論讓羅伯・盧卡斯（Robert Lucas）贏得諾貝爾經濟學獎。根據這套理論，**凱因斯學派**的需求管理終將失敗，因此最初在**重貨幣論**者之間蔚為流行。在理性預期理論下，人們會預測政府政策的變動並據以行事。由於總體經濟**微調**的前提是政府能愚弄人民，相信理性預期，就表示微調通常無用。之後，有人質疑這樣的結論，最主要是行為經濟學派。然而，理性與近乎理性預期，仍是主流經濟思維的中心。

rationality ｜理性

　　參見「economic man ｜經濟人」。

rationing ｜配給

　　雖然經濟學家說配給是價格機制運作的結果，但多數人則

認為配給是另一種替代方案，不放任價格決定稀有經濟資源、產品與服務的分配。非關價格的配給，通常會在人們認為**市場動力**決定的分配不公平時使用。配給可能會引發黑市，因為人們可以把自己買到的配給品，賣給願意支付更高價格的人。

real balance effect | 實質餘額效果

指因為通貨膨脹和利率下跌，導致支出提高（參見「wealth effect | 財富效果」）。

real exchange rate | 實質匯率

以兩個貨幣互有匯兌的國家而言，這是考量了通貨膨脹的差異調整後的匯率。

real interest rate | 實質利率

指利率減去通貨膨脹率。

real options theory | 實質選擇權理論

這是一套相對新穎的理論，討論當未來不明朗時，如何做出投資決策。這套理論指出實質經濟體，與金融選擇權的使用和價值評估的雷同之處，在商學院裡日漸流行，也慢慢擴及到企業界。

傳統投資理論說，企業在評估一項專案時，要計算專案的**淨現值**，如果為正值，就應該推動。實質選擇權理論則假設，企業在決定要不要投資時，有多個選擇。換言之，專案就像選擇權一樣，是機會，而不是義務。一如金融選擇權，有趣的問題是，要何時履約，絕對不是等到錢用光的時候（指投資成本超過利益）。就算金融選擇權在價內，也就是履約的利益超過成本，也不一定要履約。比較好的方式，可能是等到價差最大時，即履約的效益遠超過成本。同樣的，就算專案的淨現值為正，企業也不一定要推動，靜候時機可能會有更好的收穫。

　　多數企業的投資機會都包含了許多管理選擇權。比方說，一家石油公找到了一座新油田，但不確定油藏量有多少，以及開挖之後油價會有什麼變化。選項一：把這塊土地買下來或租下來開發。選項二：如果找到石油就開採。要不要執行這些選項，則要看油價，以及公司未來可能的動向，由於油價波動性大，除非油價遠高於傳統投資理論中淨現值為正值的水準，讓這項投資變成非常安全的選項，不然，貿然投產生產石油並不合理。

　　實體資產選擇權的行為模式和金融選擇權（比方說股票選擇權）相似度極高，因此，可以根據同樣的方法論來評價，至少理論上行得通。以上述的石油公司為例，土地成本對應的便是買權（可購買股票的選擇權）的履約保證金，要開採石油必須投入的額外投資，相當於履約價格（指履行選擇權時要付的價格）。一如金融選擇權，選擇權到期日前的時間越長，標的資產（以本例來說就是石油）波動性越大，選擇權越有價值。這是理論，實務上，金融選擇權的定價通常有諸多微妙之處，

要評估實質選擇權更是困難。

real term │ 實質條件

指衡量剔除通貨膨脹效果後，錢有多少價值；反之則為「名目價值」。

recession │ 衰退

廣義來說，指經濟成長減緩或為負成長的期間，通常伴隨著失業提高。經濟學家有兩種更精準的衰退定義，第一種是當經濟體的成長低於長期趨勢的成長率，並且出現閒置產能，但這可能難以證明。第二種是**國內生產毛額**連續兩季下滑。

reciprocity │ 互惠

指投桃報李，A 給 B 某些特權，前提條件是 B 也給 A 同樣的特權。多數國際經濟協定（比方說貿易協定）都納入具約束力的互惠規定。

redlining │ 拒絕往來紅線區

指不借錢給居住在某些貧窮或有問題地區的人，銀行會在地圖上畫上紅線。只要申請人住在該地區就會被拒絕，無論用其他標準來看**信用**狀況好不好。

reflation ｜通貨再膨脹

指利用政策促進需求，從而帶動經濟活動。**重貨幣論者**擔心，這類政策最後可能只是導致更高的通貨膨脹。日本等國的經驗指出，通貨再膨脹有時候很難達成。

regional policy ｜地區性政策

這類政策的用意是要帶動特定地理區的經濟活動，涵蓋的區域並非整個國家，通常是瞄準經濟狀況比鄰近地區更差的地方。可能的方式包括提供誘因，讓企業進駐當地提供工作，實際操作上可以利用優惠貸款、獎助金、降稅、廉價的土地與建築、補貼勞工與員工訓練。

有必要這麼做嗎？某種程度上，地區性的問題應該能自我修正，畢竟，簡單的供給和需求理論指出，企業會移往薪資低、失業高的地方，以善用廉價的勞力與過剩的勞工；或者，勞工會離開這些地方，前往薪水更高、工作更多之處。但某些經濟學家指出，企業通常不會移往薪資最低之處，反而與其他成功企業群聚在一起。區域性政策的條件可能非常慷慨，才能利誘企業放棄群聚的益處。

regression analysis ｜迴歸分析

分析數據以找出不同經濟變數之間的關係。在解讀利用這種統計技巧找到的結論時，要有所保留。至於要保留多少，可

能差異極大,而且要看**統計顯著性**和 R^2 的水準而定。一個依賴變數(比方說,**國內生產毛額**)與一組解釋變數(例如需求、利率、資本、失業)的關係,就可以用迴歸方程式表達。

regressive tax | 累退稅

在這種稅制下,所得越高的納稅人,所得被課稅的比率越低,比方說,固定費率的車輛稅,在窮人所得中的占比就高於富人。這違反了**垂直公平**原則,許多人認為,任何公平的稅捐制度都應該以垂直公平為核心。

regulation | 規範

規範是管理民間企業活動的規則,通常由政府制定實施,可能直接施行或透過指定的監理單位。然而,某些產業或專業也會透過自我規範,限制內部成員。

引進規範經常是為了處理**市場失靈**,像污染等**外部性**,就激發政府制定限制工廠排放的規則。針對銷售金融商品給散戶制定的規範,是保護客戶對抗資訊更充分的無良金融企業。利用**報酬率管制**和**價格管制**來對抗**自然壟斷**,有時候是國有化的替代方案。有些規範的起因是政治,而非經濟學,比方說,限制人們的工時,或是制定雇主解雇員工的條件。

即便制定規範的背後有扎實的經濟理由,還是可能導致弊多於利。受規範的企業或個人可能要承擔極高的法規遵循成本。企業可能會投入大量資源從事**規範套利**,導致消費者的處

境並未因規範而好轉。如果人們相信政府會代勞管理受規範企業的行為，可能就會疏於監督，引發**道德危險**。規範也可能設計不當，導致產業達成無效率的均衡。嚴格的規範可能會壓抑創新。另外，也有可能出現**規範俘虜**的危險。簡而言之，**規範失靈**對經濟體的傷害，可能大過市場失靈。

2008 年的崩盤與之後的大衰退，重啟市場失靈與規範失靈孰輕孰重的討論，當時兩者都是普遍的現象。

regulatory arbitrage ｜ 規範套利

指利用規範的漏洞，在**套利**的過程中，甚至可能導致規範無效。比方說，國際投資者使用**衍生性商品**規避一國的金融規範。

regulatory capture ｜ 規範俘虜

看守人變成盜獵者或盜獵者的幫手。提出規範俘虜理論的是芝加哥大學的經濟學家兼律師李察・波斯納（Richard Posner），他主張：「規範的重點完全不在於公眾利益，這套流程是利益團體設法促進自己的私利⋯⋯長期下來，規範機構都被受規範的產業把持在手中。」

多數經濟學家沒這麼極端，他們主張規範通常有益，但是到受規範企業把持的風險永遠存在。

regulatory failure ｜規範失靈

指規範造成的經濟成本高於經濟利益。

regulatory risk ｜規範風險

這是民間企業面對的風險，規範改變可能會傷害他們的業務。在競爭市場裡，規範風險通常很小。但是在**自然壟斷**產業中，比方說輸配電，這類風險可能很高。為確保規範風險不會阻礙私人企業提供服務，當政府要變更規範時，補償因變動而受損失的私人企業，或許是合理的做法。

relative income hypothesis ｜相對所得假說

人們通常比較在意相對福祉，超過絕對福祉。比方說，人比較樂見自己加薪 1,000 元，同事加薪 500 元，勝過看到兩人都加薪 2,000 元。窮人會希望縮小與富人之間的消費水準落差，因此消費在所得中的占比可能高於富人。提出相對所得理論的是美國經濟學家詹姆斯・杜森貝里（James Duesenberry），他說家庭的消費有一部分取決於相對於其他家庭的所得水準。反之則為「**長期所得假說**」。

remittance ｜匯款

指寄回家的錢，通常是海外的移工寄回給親友。**世界銀**

行指出，2014 年有超過二·五億名移工匯錢回母國，總金額達 5,830 億美元。這些流入資金對於收款的經濟體而言非常寶貴，很多時候，重要性甚至超越國際援助。以絕對值來說，印度收到的匯款金額最高，約 600 億美元，占全球約 12%。其他經濟體匯入款沒這麼多，但更仰賴這些流入的資金，比方說，占宏都拉斯的匯入款占**國內生產毛額**約 25%，海地的占比為 20%，相較之下，墨西哥僅為 3%。在所有匯款中，約有四分之一是在美國的移民寄回家的錢，沙烏地阿拉伯則是第二大匯款來源國。

rent ｜ 租金

對經濟學家而言，租金有兩種不同的意義，這很容易造成混淆。第一種是一般的定義：出租土地或其他耐久財賺到的收益。第二種也稱為「**經濟租**」，是用來衡量**市場力量**的指標：這是實際支付生產要素的價格，減去將要素用於目前用途的必要價格。假設球隊實際上用每星期 5 萬美元的薪資延攬一位足球明星，但他只要有 1 萬美元就願意上場，那麼，他的經濟租就是每星期 4 萬美元。在**完全競爭**下，不會有經濟租，因為總是會有新企業進入市場競爭，把價格拉下來，直到經濟租消失不見。調降經濟租並不會改變生產決策，因此，對經濟租課稅，也不會對實質經濟造成任何負面影響。

rent-seeking ｜ 競租

競租是把比較大塊的餅分給自己，而不是努力把餅做大，設法在不增加生產的條件下多賺錢。提出「競租」一詞的是美國經濟學家戈登・涂洛克（Gordon Tullock），典型的範例如：

▋ 幫派收取保護費，拿走商家的部分利潤
▋ 同意提高價格的企業**卡特爾**
▋ 要求提高薪資、卻不提高生產力的工會
▋ 遊說政府制定有利於遊說方的稅賦、支出與規範政策，但讓納稅義務人、消費者或其他對手付出代價

無論合不合法，由於競租行為無法創造任何價值，都會對經濟造成極大成本。

replacement cost ｜ 重置成本

要重置一家企業現有資產必須付出的成本。

replacement rate ｜ 人口替代率

要讓一國人口維持穩定規模的必要生育率。在富裕國家，這個比率通常為每名婦女二・一個小孩，多出來的〇・一反映的是有的孩子可能還來不及為人父母便死亡了。在嬰兒死亡率較高的貧窮國家，替代率會比較高。在許多國家，自 1990 年

初以來，生育率已經低於人口替代率。很多人在爭論原因為何，大部分人都同意，如果趨勢延續，由比例不斷縮小的年輕人扶養的退休老人比例大幅提高，這些國家將會面臨諸多問題。

repo ｜ 附買回協定

在這類協定中，一方賣證券給另一方，並同意在日後某個特定日期以特定價格買回。中央銀行從事短期附買回業務，為金融體系提供**流動性**，做法是用現金向銀行買入證券，條件是銀行在幾個星期後必須買回。

required return ｜ 必要報酬

這讓你願意從事某項投資的最低預期報酬。

rescheduling ｜ 債務重整

指債權人和債務人同意改變某項負債的償付方式，通常在債務人很難履行原始還款安排時才會進行。做法包括調降要付的利息款、但延長支付期間；把貸款的償還日期延後；調降要付的利息款、但提高最後必須償還的金額，諸如此類。債權人可能會、也可能不會因為債務重整而蒙受財務損失。國家層級的貸款重整，通常透過**巴黎俱樂部**與倫敦俱樂部進行。

reservation wage │ 保留薪資

這是讓一個人願意去工作的最低薪資。

reserve currency │ 準備貨幣

這是指一國政府或中央銀行持有外幣，當作該國一部分的外匯**準備**。在美國之外，美元是最廣為使用的準備貨幣，但使用歐元的情況也越來越普遍。至於中國的人民幣，雖然還不是真正的準備貨幣，但也正成為亞洲貿易的重要貨幣。

reserve ratio │ 準備率

指一家銀行挪出作為**準備**之用的存款比率。

reserve requirement │ 法定準備

規範規定一家銀行必須挪作**準備**之用的最低存款比率。

reserve │ 準備

手上的錢可以用來支應規畫未來要支付的款項，或者供其他需求之用。企業的準備金，可能是放在銀行裡的存款。如果是銀行，則是指銀行留下來、沒有貸放出去的存款。

residual risk │ 剩餘風險

買進一項資產，就會面臨各種不同的風險，其中有很多並非該資產獨有的風險，而是反映大環境的多種可能性，例如股市大盤的漲跌、利率的調升調降，或是整體經濟或產業成長率的變化。剩餘風險也稱為「A 風險」，是把所有共同風險拿掉以後的風險。透過分散可以降低剩餘風險。反之則為「**系統性風險**」。

restrictive practice │ 限制競爭行為

這是統稱一家或多家企業為了限制競爭所做的行為，通常是違法的（參見「antitrust │ 反托拉斯」和「cartel │ 卡特爾」）。

return │ 報酬

從事商業活動的獎勵。報酬通常是指利潤，可以用不同的方式衡量（參見「rate of return │ 報酬率」和「total return │ 總報酬」）。

revealed preference │ 顯現性偏好

以下是經濟學家之間流傳的一個笑話：兩位經濟學家看到一部法拉利，「我想要一部。」第一位說。「顯然並非如此。」

另一位回答。要知道笑點在哪裡，必要條件（可惜並非充分條件）是要知道何謂顯現性偏好。顯現性偏好的概念是說，人的想法會展現在行動上，而不是話語中。坐而言，不如起而行。如果那位經濟學家沒有法拉利，又真的想要一部，他就會想辦法去買。

經濟學家用三種主要方法來模擬需求，以及當價格或所得變動時需求的變動：

- 基數法：請消費者說明他們消費特定產品可以得到多少**效用**，蒐集所有產品與服務的效用，並在假設人們消費是為了追求最大總效用之下，計算需求的變化
- 序數法：不要求消費者以絕對值來表示他們消費特定產品得到的效用，而是請他們指出消費不同產品的相對效用，也就是指出他們喜歡某個籃子的產品勝過另一個籃子，還是兩者對他們來說沒有差別
- 顯現性偏好：要模擬需求，只需要比較一個人在不同的價格及／或所得下的消費決策，並假設消費者長期的決策是一致的（意思是說，如果他們在某個期間喜歡紅酒勝過啤酒，之後同樣會偏好紅酒）

Ricardian equivalence ｜李嘉圖等價定理

這是**李嘉圖**提出的一個極有爭議的概念，他說，政府的赤字不會影響經濟體的總體需求，因為納稅人知道，所有赤字日後都需要清償，因此，他們會提高儲蓄，預留來支付稅金。由

於民間自有對策，因此政府企圖提高公共支出或降稅來刺激經濟，將不會有效果。

Ricardo, David (1772-1823) ｜ 李嘉圖／大衛·李嘉圖

大衛·李嘉圖是一位富有銀行家的三子，他在 21 歲時忤逆雙親的意思和一位貴格教派女子成婚，遭到除名不得繼承遺產。他成為股票經紀商，表現傑出，42 歲便退休，專心從事寫作與政治。

他和古典經濟學家湯瑪斯·馬爾薩斯（Thomas Malthus）、讓—巴蒂斯特·賽伊（Jean-Baptiste Say，參見「Say's law｜賽伊法則」）為友，發展出許多經濟理論，沿用至今，最具影響力的論點是**比較利益**，為自由貿易奠下立論基礎。

他在 1817 年出版《政治經濟學及賦稅原理》（*The Principles of Political Economy and Taxation*）一書，提出一套在經濟體中分配產出的理論，生產要素要配置到哪一個領域的經濟活動，決定的因素是從中可以賺得多少**經濟租**。由於**報酬遞減**，經濟租會慢慢下滑，資本與其他資源會移到獲利能力更高的專案上。他檢視薪資與利潤之間的分配，主張利潤不減少，勞動的價值就不會增加。

他的**李嘉圖等價理論**也主張政府的赤字不會影響經濟體的總體需求。

risk ｜風險

　　風險是事態發展最後不如預期的可能性。冒風險是**資本主義**的核心，也帶動了大部分的經濟體成長。一般而言，經濟學家假設，平均來說，要人們願意暴露在更高的風險之下，唯有讓他們可以期待能比低風險時賺到更高的報酬。預期報酬要高多少？一部分要看不利結果出現的機率，一部分要看冒險者的態度是**風險趨避、風險中性**，還是**追求風險**。

　　在 20 世紀的後半葉，經濟學家對風險的理解大增，發展出各種風險管理理論，說明何時利用保險、分散或**避險**來改變風險暴露程度才有意義。

　　在金融市場裡，最常用來衡量風險的指標，是資產價格的波動性，也就是**標準差**，更適當的方法是檢視資產總報酬的變動。描述風險概況時，經常會加入其他統計指標，例如偏態（skewness）或出現罕見情境極端變化的機率（參見「stress test ｜壓力測試」、「scenario analysis ｜情境分析」和「value at risk ｜風險值」）。2008 年的崩盤凸顯了這些風險指標的局限性。

risk management ｜風險管理

　　指承擔想承擔的風險，並設法把不想要的風險暴露程度降到最低。風險管理有幾種方法，例如不做會遭遇特定風險的事、購買保險、分散和**避險**。

risk premium ｜風險溢價

這是指讓投資人願意持有風險性資產，放棄無風險資產的必要額外報酬，計算方法是將風險性投資的預期報酬，減去**無風險報酬率**（參見「equity risk premium ｜ 股票風險溢價」）。

risk-averse ｜風險趨避

這是指認為風險是壞事的人。假設有兩種投資，兩者的預期報酬相同，但風險不同，風險趨避的投資者喜歡風險比較低的那一種。

risk-free rate ｜無風險報酬率

這是無風險資產能賺得的**報酬率**。這是**現代投資組合理論**中很重要的一部分，這項理論假設，這個世界上同時存在風險性與無風險的資產，無風險資產如政府公債，無風險報酬率便是政府公債的殖利率。但事實上，就連短期的國庫券都並非完全無風險。在現代投資組合理論中，無風險報酬率低於風險資產的預期報酬，因為風險性資產的發行者必須提供更高的預期報酬，才能說服**風險趨避**的投資者放棄無風險資產。

risk-neutral ｜風險中性

　　這是指對風險不敏感的人。假設有兩種投資，預期報酬相同，但一種結果很確定，另一種則不太確定，對於風險中性的投資人來說，兩種投資並沒有差別。這種人少之又少。

risk-seeking ｜追求風險

　　這是永遠不嫌風險太高的人。追求風險的投資人喜歡結果不確定的投資，勝過預期報酬相同、但結果確定的投資。

S

safe harbour ｜ 安全港

指提供保護，不受規範衝擊。法規當中經常會有安全港條款，規定在某些條件下，在其他時候受規範的企業或個人可以從事某些活動，不受規範的監督或干預。

satisficing ｜ 滿足論

接受結果夠好就好，不執意追求最好。當決策者試圖同時滿足一個以上的目標時，就可能發生這種事。**古典經濟學**和**新古典經濟學**假設，個人、企業和政府會努力達成**最適**，希望從決策中得到最好的結果。滿足論假設他們會針對每一個目標設定夠好的水準，設法一次滿足所有目標，達成次佳狀態。**行為經濟學**常見這種決策方法。可以視為現實主義決策理論。司馬賀（Herbert Simon, 1916-2001）在 1957 年的著作《人的

模型》（*Models of Man*）中提出這個概念，他是獲得諾貝爾獎的經濟學家。

saving ｜儲蓄

指任何沒有花掉的所得。儲蓄是一個經濟體中投資的源頭，不過，外國存款人的資本可以補充國內的儲蓄，本國的儲蓄也會投資海外。

從經濟觀點來看，儲蓄包括買進股票或其他金融證券，然而，許多衡量一國儲蓄率（總儲蓄占總所得的比率）的官方指標都排除這類金融性交易。有時候，經濟體對金融證券的需求極高，排除的話，可能會錯誤表述經濟體中的儲蓄量。

個人的儲蓄水準會因年齡層（參見「life-cycle hypothesis ｜生命週期假說」）與國家而大不相同。不管在哪裡，各年齡層的人儲蓄都會隨著所得成長而增加。利率高時儲蓄的供給會增加。利率上漲，會導致投資資金的需求下滑。投資資金的需求提高，可能導致利率上漲，從而拉高**資本成本**。財富也會影響儲蓄量（參見「wealth effect ｜財富效果」），稅捐政策亦然。

Say's law ｜賽伊法則

供給會創造需求，這是法國經濟學家讓—巴蒂斯特·賽伊（Jean-Baptiste Say, 1767-1832）的說法，之後許多古典與**新古典經濟學**家也同意。**凱因斯**的論點和賽伊相反，他主張，

如果需求不足以創造**充分就業**，就要使用**財政政策**加以刺激。

scalability ｜可擴充性

這是指經濟產品或流程的供給能輕易擴大，滿足提高的需求。近來的科技進展，使得某些經濟學家認為，即時的可擴充性越來越重要。比方說，軟體一寫好，可以馬上放上網路，以接近零成本供無數用戶使用。具備這種潛力的新產品，進入市場與贏得市占率的速度更勝以往，這會加劇競爭，可能也會加快**創造性破壞**的過程。

scarcity ｜稀少性

指生產要素的供給有限，正因為如此，人們必須決定什麼才是生產要素的最佳用途，而這也正是經濟學的著力點。透過價格機制運作的**市場動力**，通常是配置稀有資源最有效率的方式，政府規畫最了不起也只能扮演次要角色。稀少並不意味著貧窮，從經濟角度來說，稀少性代表需求與欲望超過資源可以滿足的程度，這在富裕國家和貧窮國家都一樣普遍。

scenario analysis ｜情境分析

這是指設想各種可能情境來檢驗計畫，看萬一情勢發展不順利時，可能會發生什事。情境分析是風險管理中的重要技巧，協助企業，尤其是金融機構，不會承擔過多的風險。當然，

用處有多大，端看風險經理是否想出正確的情境。

Schumpeter, Joseph (1883-1950) |
熊彼得／喬瑟夫·熊彼得

　　成長於奧匈帝國，是一名律師，在 1909 年成為學者。1919 年，他奉命擔任奧地利財政部長，任職期間經歷了**惡性通貨膨脹**，之後，他成為維也納一家小銀行的總裁，銀行後來倒閉。他在 1925 年重返波昂學術界，在 1930 年代加入哈佛大學的行列。

　　1911 年，他在切爾諾夫策（位於現在的烏克蘭）任教時，撰寫《經濟發展理論》（*Theory of Economic Development*）一書，提出他的創業理論：成長的出現，通常都是突然爆發，背後的理由是因為競爭和不斷下滑的利潤，激發創業者創新。這後來發展成貿易循環理論（參見「business cycle｜景氣循環」）和動態競爭的概念。用他的話來說，動態競爭的特色便是**創造性破壞**。他主張，在**資本主義**中，企業通常會追求某種程度的壟斷力量，此時，競爭不再是透過價格機制，而是改為經由創新。或許是因為壟斷通常會造成懶惰，成功的創新比較可能來自於新進廠商，從既存者手中搶走市場，從而在整個經濟體颳起創造性破壞的風暴。最終，新進廠商賺飽壟斷利潤，等到下一場創造性破壞的風暴再起，又被吹跑。

　　在他 1942 年的著作《資本主義、社會主義與民主》（*Capitalism, Socialism and Democracy*）中，他預測資本主義將在菁英知識分子手中沒落，這一點極具爭議，但或許時間

會證明他終究是對的。

SDR ｜ 特別提款權

這是 special drawing right 的縮寫。特別提款權創立於
1967 年，是**國際貨幣基金**自有的貨幣，其價值是以各種廣泛
使用貨幣的組合為基準。

search cost ｜ 搜尋成本

這是為了找到想要的東西而付出的成本。買東西的經濟成
本，並不僅限於支付的價格，找到想要的東西，並且確定價格
具備競爭力，可能要付出高昂的代價，包括實地去市場裡走一
趟的成本，或是花時間蒐集資料的**機會成本**。會出現搜尋成
本，代表人們在做決策時，通常並未獲得所有相關資訊，這可
能導致效率不彰。網際網路興起等科技變遷，可能會大幅降低
搜尋成本，從而帶動更有效率的決策。

seasonally adjusted ｜ 季節調整

許多經濟活動都有季節性的模式，比方說，冬天時營造活
動會比夏天少，聖誕節接近時購物花費會提高。為了顯示基本
的趨勢，僅反映年度中部分時間的統計指標通常會做調整，以
消除季節性的變動。

secondary market ｜次級市場

　　這是交易二手金融工具的市場。債券和股票最初在初級市場銷售，例如透過首次公開發行，之後，新的所有權人會在次級市場出售。具**流動性**的次級市場會鼓勵人們去初級市場買證券，因為他們知道，如果要的話，很容易就能轉手。

second-best theory ｜次佳理論

　　我們所在的世界並不完美，那麼，以完美世界為假設的經濟學理論又有什麼用？1956 年由李察・利普西（Richard Lipsey）與凱文・蘭開斯特（Kelvin Lancaster）提出的次佳理論，檢視當經濟學模型裡的假設無法全部成立時會如何。他們發現，如果無法滿足所有條件，次佳情況（亦即盡量滿足最多條件的情況）可能並非**最適**解決方案。利普西和蘭開斯特認為，一般而言，如果無法滿足某個最適均衡的條件，其他均衡的條件也會因此改變。

　　次佳均衡可能比政府干預造成的新均衡更糟，但也可能讓失衡的市場回復均衡，或者，也可能把其他市場推離各自的次佳狀態。

　　經濟學家利用這項觀點來支持經濟體中各式各樣的干預，包括對某種產品加稅、卻補貼其他產品，以及限制自由貿易。次佳理論指出，只要**市場失靈**存在，就有可能設計出能增進經濟福利的政府政策。不過，從政府干預的歷史紀錄來看，雖然理論上政府干預有可能變成優於次佳狀態的選項，但實務上，

次佳狀態通常都是兩害相權的情況下，較輕的那一方。

secular stagnation ｜長期停滯

這是指經濟體陷入長期低度成長，或是完全不成長。這個詞首先用來指稱大蕭條期間的美國經濟。2013 年，美國前財政部長賴瑞・桑默斯（Larry Summers）特別指出美國又再度陷入長期停滯，某些其他工業化國家可能也是。長期一詞是對比「循環」，指各種持續抑制經濟成長的動力。

桑默斯將長期停滯歸咎於需求不足與基礎建設投資不足。批評長期停滯假說的人主張，在崩盤之後，成長緩慢大多是都是循環性的，是特殊因素造成的結果，債務懸崖到最後也沒這麼嚴重，成長將會再度加速。

security ｜證券

這是一種金融契約，賦予所有權人在某項資產中的權益，例如債券、股票和**衍生性商品**，這些證券是金融市場裡的交易大宗。

securitisation ｜證券化

指把未來的預期現金流，轉換成類似債券的可交易證券。在 1990 年代間，這樣的資產擔保證券成為銀行獲利豐厚的業務，它們根據未來的現金流，創造各種新的證券，包括房貸、

信用卡款項、銀行貸款、電影票房，甚至英國搖滾歌手大衛・鮑伊（David Bowie）的歌曲版權，這稱為「鮑伊債券」。

　　證券化有許多好處，至少理論上是如此，發行人可以立刻拿到本來要等上好幾個月或好幾年才能拿到的錢，而且可以避開預期營收可能不會實現的風險。銀行把貸款證券化（這稱為**「抵押債務憑證」**），再銷售出去，銀行就無須綁住大筆資本，有更多錢可以為客戶提供資金。投資人持有新式的資產，理論上風險應該低於無擔保債券，可享有分散帶來的降低風險效益。但這當中仍有危險，標的證券未來的現金流可能會比預定時間提早或延遲，也可能完全不見。

　　在 2008 年金融崩盤前後，前述的缺點完全顯現出來，當時許多證券化資產的績效遠低於評等的水準，導致大筆損失，癱瘓金融體系。第一批嚴重出錯的資產擔保證券，連結的標的是幾百萬美國家庭的**次級**房貸。證券化的數量一度大減，之後又再度回升，但火熱的程度是否會恢復到崩盤之前那幾年，尚待觀察。

seignorage ｜ 鑄幣收益

　　傳統上，這是指由於一國統治者使用金屬鑄幣，向人民換得高於鑄幣成本的利潤。目前的定義則比較寬鬆，指一個國家的紙鈔和硬幣被另一國持有當作**準備貨幣**而擁有的權力。

seller's market ｜賣方市場

在賣方市場裡，賣方占優勢，因此收取的價格可以高於在買方市場時。

seniority ｜優先權

這是指債權人受償權的順序。發生破產時，優先債券的債權人會比次順位債券更早受償。次順位債券因為受償的機率低於優先債券，承擔的風險較高，殖利率通常也較高。

sequencing ｜定序

簡言之，就是以正確的順序落實經濟改革，這已經成為**發展經濟學**的熱門主題。某些經濟學家主張，光是提出正確的政策，並不足以重振功能不彰的經濟體，更重要的是，必須以正確的順序落實改革。為此，他們會進行辯論，比方說，在改革的過程中，何時要進行國有企業民營化，應該以什麼樣的順序進行，主題也可能是放鬆**資本管制**或其他貿易障礙。

service ｜服務

這種經濟活動的成果你觸摸不到，從髮型設計到網站架設都包含在內。在多數國家，服務業在經濟活動中的占比在 20 世紀時穩定攀升，取代了農業和製造業。以**經濟合作暨發展組**

織會員國來說，目前有三分之二以上的產出、接近五分之四的就業都在服務業。

shadow banking ｜影子銀行

這是由投資銀行、**避險基金**、房貸或類似機構組成的密切交織網絡，是引發 2008 年的崩盤、之前的泡沫與之後的大衰退的一股重要力量。這類機構冒的風險和銀行一樣高，但（大多數）免受相關規範管制。規範的用意，是要阻止銀行引發金融體系的**體系風險**。影子銀行對於金融體系而言極為重要，因此，一般認為，政府至少不能讓其中規模最大型的機構倒閉。這引發了**道德危險**，讓這些機構過度冒險，最後造成嚴重後果。隨著影子銀行在經濟危機中的角色越發明顯，陸續也有相關機構採取行動，限制它們遵守更嚴格的規範，方法通常是把它們帶出陰影之外，進入主流的受規範體系。這樣做的後果之一，是把風險推出受規範的金融體系之外，推進新的影子銀行體系，後者可能再度累積出無以為繼的高風險，遲早會再回來糾纏主流金融體系。

shadow price ｜影子價格

影子價格是某項活動的真實經濟價格，也就是**機會成本**。某些產品或服務，可能因為價格是由政府制定，沒有市場價格，就可以用影子價格來計算。影子價格常用於特定的**成本效益分析**，這種分析是為了捕捉決策中的所有變數，而不只是檢

視市場價格存在的變數。

shareholder value ｜股東價值

　　這是指把股東放在第一位，所有企業活動的目標都應該是把公司股份的總價值提升到最高。有些批評人士主張，聚焦在股東價值，會傷害公司其他利害關係人，如員工、供應商和客戶。

share ｜股票／股份

　　股票是金融證券，每一股都賦予持有人一部分的公司所有權。為了回報投資人將自己的資本提供給公司管理階層發展業務，在公司履行其他義務之後，股東有權從營收中分一杯羹，支付給股票的錢稱為「股利」。但多數公司會保留部分營收，用作投資。股東有投票權，包括有權投票選任公司董事。股票／股份也稱作「股權」，可以在公開的金融市場交易，也可以透過**私募股權**的方式持有。

sharing economy ｜共享經濟

　　是一種分配產品與服務使用的點對點系統（peer-to-peer, P2P），隨著 Airbnb 與 Uber 等網際網路平台公司興起，蔚為流行。共享經濟裡的「共享」一詞，指的是許多人暫時使用他人擁有的資產，例如房子、車子。但這真的是共享，而不是

用新的詞包裝傳統的租賃嗎？或許是如此，但由於科技降低了交易成本，使得分享或租賃資產比以往更廉價且更容易，因此可以擴大規模。

一項非常重要的變化是描述人和事的**大數據**，讓實體資產可以用數位的方式分切，並且變成服務來使用。在網際網路出現之前，人們也可以向他人租用衝浪板、電動工具與停車位，但是通常租比買更麻煩。如今，像 Airbnb 與 Uber 等公司可以馬上媒合物主與租客，**邊際**成本極低；社交網路讓你可以查核和你分享的人，建立信任；線上支付系統則可以處理帳款問題。

支持共享經濟的人主張，共享資產可以減少浪費，使用上會比過去更有效率。批評者則說，這會毀掉非共享經濟裡原本有的長期正職工作，以低薪職務取而代之，後面這類工作沒有健保與其他福利，也沒有太多保障。

Sharpe ratio ｜夏普比率

這是一個粗略的指引，指出一項投資的報酬是否符合風險水準，發明這項指標的是比爾・夏普（Bill Sharpe），他是諾貝爾經濟學獎得主，也是**資本資產定價模型**的共同作者。夏普比率是把投資過去的報酬率先扣除**無風險報酬率**，然後除以**標準差**，這是最單純的風險指標。夏普比率的數值越高越好，因為這代表每單位的風險報酬更高。然而，這是一種回顧性的指標，以過去的表現為基準，不保證未來也能創造出類似報酬。

shock ｜衝擊

影響經濟體的意外事件（參見「asymmetric shock ｜ 不對稱衝擊」）。

shorting ｜作空

這是指賣出自己並未持有的證券，比方說股票，期待在交割給新所有權人之前，價格會下跌。如果確實跌價，就可以用較低價格買入證券，交割給買方，並從中獲取利潤。這麼做的風險是價格可能會漲，如果漲價，就會造成損失。有時候，投資人會融券以作空。當投資人不借券就做空時，稱為「無券放空」。

作空會引發爭議，無券放空更是。在 2008 年崩盤前幾個月，銀行就指控空頭賣方作空銀行股，讓問題更惡化。某些**避險基金**，例如美國知名經理人約翰‧鮑爾森（John Paulson）管理的基金，在雷曼兄弟銀行倒閉與其他銀行股暴跌時，因為作空賺了幾十億美元。有一陣子，主要經濟體的監理機構禁止作空某些金融企業股票。批評這項措施的人主張，作空為市場提供重要的**流動性**，禁止放空，將導致流動性在**信用緊縮**期間下降，讓雪上加霜。

short-termism ｜短視主義

指去做短期會變好、但長期會變糟的事。在 2000 年代初

期，股市泡沫破滅之後，英美兩國以金融市場為基礎的**資本主義**被控短視，在 2008 年的崩盤之後，相關的言論又再起。投資人被控過度看重短期利潤和股票價格的變化，無法深入探查長期表現。因此，經理人做能美化短期數字的事，通常有損企業長期的健全度。經理人的薪酬制度通常有推波助瀾之效，許多企業從事誤導性、甚至詐欺性的會計操作，虛報短期獲利，也冒了過高的風險，長期為投資人帶來高昂的**代理成本**。

在 1980 年代與 1990 年代初期，也有人對短視主義提出另一種抱怨，但形式不太相同，也比較沒有說服力，他們說，短視導致英美兩國企業的投資水準偏低，不及德國和日本等股市沒那麼重要的國家。

如何減少短視主義，並不明確，像**凱因斯**認為長期根本不值一提，更沒有什麼好說的。然而，把焦點放在經理人和機構投資人的獎酬機制上，盡量減少短視主義行為的誘因，應該有相當的可行性。

signalling ｜ 發出信號

發出信號是一種解決方案，可以解決**市場失靈**最重大的源頭之一——資訊不對稱。出現資訊不對稱時，賣方面對最大的問題之一是，如何才能說服買方，他們手上的待售物件確實和說的一樣好。當買方無法輕易知道銷售物品的品質時，就有資訊不對稱的問題，買方會擔心被賣方訛詐。這個時候，賣方的解決方法，或許是去做點事證明品質確實如他們的保證。經濟學家把這類行為稱為發出信號。

進一流大學可能非常有價值，因為這對潛在雇主發出和個人能力相關的訊息，而不只透露了主修專長。同樣的，一家企業願意花大錢廣告產品，這件事本身可能比廣告中的任何資訊更有意義，透露出更多公司對該產品的想法。發出信號要有用處，必須讓發送假訊息的人承擔高成本，超過說謊的利得。

simple interest ｜ 單利

這是指僅以借入或投資本金計算的利息；反之則為「**複利**」。

Smith, Adam（1723-1790）｜ 亞當·斯密

我們都知道，亞當·斯密是經濟學之父。他生於蘇格蘭的法夫鎮科卡迪，在格拉斯哥與牛津受教育，1957 年時成為格拉斯哥大學邏輯學教授。八年後，他出版《道德情操論》（*Theory of Moral Sentiments*），聲名大噪。他在 1776 年出版的《國富論》（*An Inquiry into the Nature and Causes of the Wealth of Nations*），是**古典經濟學**的聖經，閱讀這本書應同時參照《道德情操論》。他強調專業化、技術進步與資本投資的角色，認為這些是帶動經濟成長的主要引擎。最重要的是，他強調「**看不見的手**」的重要性，認為在自由市場追求自利，可以導引出效率最高的資源使用方式，在過程中讓每個人都變得更好。

social benefit/cost ｜社會性效益／成本

這是指一項經濟行為對整體社會福利的影響。一項行為與相關的**外部性**會為個人帶來效益／成本，把所有人的效益／成本加總起來，就是社會性效益／成本。

social capital ｜社會資本

指一個經濟體能將整個社會凝聚在一起的社群精神或信任的總合。社會資本越豐富，經濟體的生產力越高。有一點讓人百思不得其解，很多知名書籍探討社會資本，其中，哈佛大學羅伯・普特南（Robert Putnam）在著作《單人保齡》（*Bowling Alone*）裡指出，比起 1950 年代，1990 年代美國人更少成為社區組織、俱樂部或協會的成員，他還畫出一張保齡球聯盟不斷減少的圖示來說明論點，但在此同時，美國的經濟更加壯大。這使得某些經濟學家質疑社會資本是否像理論說的這麼重要，有些則主張保齡球聯盟等社群組織的成員多寡並非良好指標，不適用於指出一國的社會資本量。

social enterprise ｜社會型企業

指利用產品與服務交易，來支持某種社會使命的組織，包括利用交易來替代或輔助獎助的非營利組織或非政府組織，還有越來越多「做好事來把事做好」達成社會性目的的營利事業（參見「B Corp ｜ B 型企業」）。「混合價值型」的公司不

斷增加，它們會根據兩種（同時考慮利潤與社會影響力）或三種（利潤、社會與環境影響力）損益指標來衡量績效。

social entrepreneur ｜社會型創業者

指體認到某個社會問題，並利用創業來解決問題的人。傳統企業的創業者在判斷他們的表現時，最終是看是否有能力創建能獲利的企業。社會型創業者則是根據他們對社會的影響力來衡量成敗。近年來，社會型創業者大增，不論是在非營利組織／非政府組織領域，還是在社會任務導向的營利事業領域，例如從事**微型貸款**的企業和 **B 型企業**，均明顯成長。一些經濟學家相信，社會型創業者提升了社會領域的效率與生產力，過去，由於政府和既有的非政府機構缺乏企業家精神，因此效率不彰。富有的**慈善資本主義**實踐者慷慨解囊，為出色的社會型創業提供一臂之力。

social market ｜社會市場

這是德國在二次大戰後設計出來的經濟制度，混合了市場**資本**主義、強力的勞工保障和工會，再加上慷慨的福利國家。這個詞用來形容試著在市場資本主義中加入更多人性，同時善用市場機制，提升國家社會性功能的效率。

這個詞另有廣義的定義，指研究不同的社會機構如何成為各個市場經濟的基礎。

social network analysis ｜社會網絡分析

這已成為經濟研究中成長最快速的領域之一。社會網絡分析的源頭，是 20 世紀初的社會學與艾彌爾・涂爾幹（Emile Durkheim）的研究，現在已匯入主流經濟學，因為相關的研究處理了重要的問題，例如人們如何與為何建構及維持網路，還有，成為某個特定網路的成員，如何增進或減少一個人的人力資本。大型社交網路，如 Facebook 的出現，創造出大量數據，供經濟學家處理前述的問題。有一項研究獲得眾多關注，那就是「鄧巴數」理論。提出這套理論的是人類學家羅賓・鄧巴（Robin Dunbar），理論說，人只能維持人數固定且相對少數的穩定網路，這個鄧巴數通常為 150，但有可能低至 100 或高達 250。經濟學家根據 Facebook 所做的大型朋友網路研究，並不認同上述結論。

Social Progress Index ｜社會進步指數

這是一種無關乎財務的指標，衡量某個地理區（例如一個國家或一座城市）的發展是否適切地滿足了人民的社會與環境需求。本書作者馬修・畢夏普（Matthew Bishop）為社會進步指數的共同作者，在 2013 年首次發表。提出這個指數的用意，是要讓人們感受到各個實體（例如國家政府）的作為，尤其是當中無法用財務指標（如人均國內生產毛額）或混合指標（如人類發展指數）衡量的部分。

社會進步指數有三大主軸，包含四個次指標：基本人類需

求（潔淨用水、居住等）、福利基礎（資訊取得、永續生態體系等），以及機會（人權、接受更高的教育等）。這個指標不僅可以理解特定地區詳細且微妙的發展狀況，也可以比較不同地區運用經濟所得為人民提供福利的成效。

比對每個實體的社會進步指數與國內生產毛額的相關性，可以找出相對於國內生產毛額，哪些地地區確實讓社會更進步，哪些地區績效不彰。舉例來說，2015 年時，美國的人均國內生產毛額是全世界第六名，社會進步指數則排名第十六，表現不佳；哥斯達黎加的社會進步指數排名第二十六，超越人均國內生產毛額的排名——第五十九名。了解為何有些國家的社會進步指數表現比國內生產毛額相對出色，有些卻相形失色，或許可以做出更好的決策。

social-impact bond ｜社會效益債券

這是一種最近的創新，為各種解決社會問題的方案提供資金，也稱為「按效果付費」（pay for success）契約。當中的想法，是要吸引私人資本，協助解決某個根深蒂固問題，比方說出獄後的犯人再度犯案，這讓政府一年要花掉好幾百萬美元。社會效益債券可以籌募資本，協助降低再犯率的專業機構擴大發展。這些機構為政府省下越多經費，債券支付給投資人的報酬就越高。這種做法超越**公私合營夥伴關係**，後者的用意，是以更便宜的方式提供原本由國家提供的服務。社會效益債券獎勵更好的社會成果，而不光是精簡成本而已。

英國在 2010 年時推出全世界第一張社會效益債券，目的

是要降低彼得勒地區的再犯率。早期的成果顯示，與隨機對照試驗中的對照組相比，再犯率下降了 8.4%。自此之後，包括美國、澳洲和以色列等其他國家也紛紛推出社會效益債券，但目的不太相同，從因應肥胖問題到改善兒童早期發展都有。

強調根據績效支付報酬的概念格局可以發展到多大？經濟學家意見分歧。批評者認為，在最好的情況下，也只能做到為小規模的實踐，提供種子資金，成功之後，還是需要透過政府支出擴大。支持者認為，這可以大幅提高用於社會創新的資金，為社會帶來極大的利益。但願是後者。

socialism ｜ 社會主義

很多人在辯證究竟社會主義的真正含意為何，理論上應該包括生產方式的集體所有權，以及極力強調公平的價值。

soft currency ｜ 弱勢貨幣

這指的是相對於其他貨幣，預期價值將下跌的貨幣。

soft dollar ｜ 軟錢

這是券商為了換得投資經理人的生意，「免費」提供研究服務的價值。這種隱性的付款方式在經濟上來說是否缺乏效率，經濟學家尚未有一致的看法。

soft loan ｜優惠貸款

這是指低於市場利率的貸款。國際性機構經常使用優惠貸款，鼓勵開發中國家的經濟活動，或是支持非商業性的活動。

sovereign risk ｜主權風險

指政府對其債務或擔保貸款違約的風險。

sovereign wealth fund ｜主權財富基金

這是國有的投資基金。科威特投資局在 1953 年建立全球第一檔主權財富基金，這個當時新獨立的國家把銷售石油的收入拿去投資。2015 年時，規模最大的是挪威的政府年金基金，資產達 8,820 億美元，第二名則是阿布達比投資局，擁有資產約為 7,730 億美元。許多國家陸續成立新的主權財富基金，尤其是中國政府。到了 2013 年，主權財富基金掌控的總資產近 20 兆美元，他們投資美國和歐洲一流企業的胃口越來越大，再加上許多控制基金的政府素無民主之名，導致主權財富基金的爭議性越來越高。有些批評者說它們是帶動「新重商主義」的力量。

speculation ｜投機

這是一種經常受人批評的投資態度。批評者說，投機是快

速買賣金融資產以賺取利潤。這和長線投資形成對比，長線投資人會長期持有資產，不問短期的價值波動。由於投機客樂於頻繁進出買賣，為市場提供了**流動性**，在金融市場裡扮演了重要角色。這也對長線投資人有益，因為這能讓他們在未來出售資產時，賣得好價格。

speculative motive ｜ 投機性動機

參見「precautionary motive ｜ 預防性動機」。

spot price ｜ 現貨價

這是針對現貨交易報出的價格，換言之，是付給現在就要交割的標的的價格。與現貨市場相反的是遠期契約與期貨市場（參見「derivative ｜ 衍生性商品」），在這些市場裡，未來某個時間才會付款及／或交割。另外，長期契約則是議定一段長期間重複進行交易的價格，可能不用馬上全額付款。

spread ｜ 價差／利差

指兩種價格之間的差額，是金融市場裡常用的詞彙，範例如下：以股票或其他證券的價格而言，有出價（交易商願意付的價格）與要價（交易商要賣的價格）；以債券來說，有承銷商支付給發行公司的價錢，以及向大眾索取的價錢；還可以指兩種不同債券的殖利率差額。

stabilisation │ 穩定化

指讓經濟循環變得更平順的政府政策，在失業水準高時擴大需求，在通貨膨脹造成威脅時降低需求。如果政府是以微調來落實穩定化政策，多半會發現困難度遠高於凱因斯學派決策者的預期，因此這種方法不再風行。然而，自動穩定機制仍廣為應用，比方說，在經濟不景氣時，國家的社會福利支出通常會增加；在經濟成長時，稅收會提高，帶動政府收入。

stagflation │ 停滯性通貨膨脹

這個詞出現在 1970 年代，用來指稱兩個經濟問題：成長停滯、但通貨膨脹上漲。在那個時代之前，這兩個經濟問題從來不曾同時出現。沒錯，過去決策者相信菲力普曲線傳遞的訊息：失業和通貨膨脹之間是一個取捨問題。

stagnation │ 停滯

指長期衰退，但嚴重程度不如蕭條。

stakeholder │ 利害關係人

和一家公司有利益、財務或其他關係的所有相關人士，包括股東、債權人、員工、客戶、管理階層、社區和政府。對於企業必須兼顧多少種不同的利益，當衝突發生時又該如何行

事，很多人爭論不休。特別是，有些人主張，經營企業應該僅以股東的利益為依歸，創造最大**股東價值**。另一派則主張，在股東的期待和其他利害關係人的期待之間有時候應該做取捨。兩方的歧見越來越大。

standard deviation ｜標準差

衡量長期下來，變數偏離期平均值（即平均數）幅度的指標。

standard error ｜標準誤差

衡量統計估計值可能出現誤差水準的指標。

statistical significance ｜統計顯著性

曾任英國首相的班傑明・迪斯雷利（Benjamin Disraeli）說過，謊言有三種：謊言、該死的謊言，以及統計學。即便分析數據的結果具備統計顯著性，也不代表事實上關係成立，但確實意味著關係成立的機率高於不成立。具備統計顯著性，代表只是出於湊巧才得出這種關係的機率很低。最常用來衡量統計顯著的指標，是結果為正確的機率至少為95%，通過統計檢定的結果是隨機發生的機率僅二十分之一。

sterilised intervention ｜沖消式干預

當政府或中央銀行買賣部分外幣的**準備**時，會影響本國的**貨幣供給**。出售外幣準備，會降低本國貨幣的供給；買進外幣準備，則會提高本國貨幣供給。政府或中央銀行可以沖消（也就是相互抵消的意思）外匯干預對貨幣供給造成的影響，反向買進或賣出等量的證券。也就是說，如果政府買進外幣提高準備，本國的貨幣供給便會提高，但倘若同時賣出國庫券等證券，就能拉抬本國的貨幣需求。

sticky price ｜價格僵固

加油站的價格不會隨著每次石油價格的變動而變動，旅館假日房價與非假日標準房價也會固定很長一段時間。價格僵固，指的就是價格在因應供給或需求的變動時，速度很慢，也因此，至少短期，市場會出現失衡。

出現價格僵固的理由包括**菜單成本**、資訊不足、消費者不喜歡價格經常變動或長期契約固定價格。只有當維持價格的成本超過調整價格的成本，價格才會變動。在金融市場裡，價格時時在變，因為報錯價格的成本極高。在其他產業，價格錯誤的代價或許沒這麼嚴重，舉例來說，旅館定價不當導致失衡，可能也沒有太大的差別，也因此，旅館房價通常都很僵固。

stochastic process ｜隨機過程

指展現出隨機行為的過程，比方說布朗運動（Brownian motion），常用來描述效率市場股票價格的變化。效率市場的股價變化遵循**隨機漫步**，是一種隨機過程。

stock ｜股票／股份／存量

這是英語裡另一個用來和share（股票／股份）輪用的詞。普通股在英國稱為「ordinary share」，美國的說法則是「common stock」。這個詞也可以指企業為滿足未來需求而持有的庫存數量。

stress test ｜壓力測試

這套流程用來檢視一個由多種資產及／或負債組成的組合，在極端惡劣條件下的表現，在風險管理上是很有用的工具。

structural adjustment ｜結構面調整

這類政策方案的目的是要改變經濟體的結構，通常指透過**國際貨幣基金**及／或**世界銀行**核准的方案，往市場經濟的方向調整。通常會提供必要的資金，以調整結構，緩解過渡期的痛苦。這類政策在開發中國家備受批評，有時是有道理的。

structural unemployment ｜ 結構性失業

　　這是最難消弭的失業，起因是經濟結構的變動，而不是經濟循環的變動。反之則為「循環性失業」，這種失業可以透過刺激經濟成長，在不提高通貨膨脹之下，降低失業，就算實務上不必然可行，至少理論上是如此。要降低結構性失業，唯有改變引發失業的經濟結構，比方說，撤除限制**勞動市場彈性化**的規定。

subprime ｜ 次級

　　這是 2008 年金融崩盤中最恐怖的惡魔。在之前幾年，美國大幅擴張**信用**，尤其是房貸，大量貸款給達不到「頂級」申貸條件的人。次級債務人的風險高過頂級債務人，因此，次級房貸的利率高於頂級房貸。次級負債被證券化，包裝成**抵押債務憑證**，通常以高於投資頂級證券的殖利率在金融市場交易。實際上，次級債務最終的風險超過多數人的想像。次級產品一開始號稱這是必要的信用擴張，惠及過去無法取得主流財務服務的窮人，後來則變成金融體系核心黑洞的代名詞。

subsidy ｜ 補貼

　　付錢把價格壓到低於自由市場的水準，扶助若無金援將會倒閉的企業，或是促成某些沒有這筆錢就不會出現的活動，金主通常是政府。補貼是一種**保護主義**的形式，透過人為的方

式，讓國內產品與服務能和進口品競爭。這會扭曲市場，可能造成大量的經濟成本。

substitute goods ｜替代品

一種產品的需求會因為另一種產品需求下跌而上漲，或因為該產品需求上漲而下跌；可口可樂和百事可樂或許就是這樣的關係。

substitution effect ｜替代效果

舉例來說，當汽油價格下跌時，人們就會多買一些。理由有二：

▌**所得效果**：汽油降價，代表實質購買力提高，因此消費者有更多錢可以買任何東西，包括汽油
▌替代效果：汽油的價格相對於其他產品變得比較便宜，因此，人們會改變某些產品的消費量，少消費現在相對比較貴的，多消費汽油

sunk cost ｜沉沒成本

這是指你花下去之後就不能取消的成本。沉沒成本是已經發生、不能逆轉的成本，比方說，廣告費用或研發產品構想的費用。沉沒成本可以成為**進入障礙**。如果可能進入的廠商也必

須花類似的成本，要是失敗就拿不回來，它們可能會退卻。

supply ｜供給

這是經濟學家最常使用的詞之一，另一個是「**需求**」，這是帶動市場經濟的兩股併行動力。供給是在任何特定價格上可得的產品或服務量。供給法則說，在其他條件不變之下，供給量會隨著價格提高而提高。最終，實際的供給量由市場價格決定，而市場價格則取決於需求量，以及供應商願意供給的數量。

供應商願意供給的數量又要視幾個因素而定：

▌生產要素的成本
▌科技
▌其他產品與服務的價格（如果很高的話，可能會誘使供應商轉而生產這些產品）
▌供應商是否有能力準確預估需求並規畫生產，以盡量善用機會

supply curve ｜供給曲線

這個圖形顯示一種產品在不同價格時，價格與供給量之間的關係。

supply-side policy │ 供給面政策

藉由提高市場運作的效率來提升經濟成長。1980 年代，雷根與柴契爾都支持供給面政策，攻擊**凱因斯學派**的需求管理。提振需求，卻未強化市場效率，只會引發更高的通貨膨脹率，只有在市場能更自由運作時，才能增進經濟成長。因此，他們實施法規鬆綁、自由化和民營化的政策，並鼓勵自由貿易。為了降低失業，他們努力提高就業市場的效率，調降所得稅率，並打破不利於**勞動市場彈性化**的法律與其他障礙。這些方案的成效引發熱議，尤其是**拉佛曲線**明確支持的「調降稅率能增進稅收」的信念，不必然經得起現實世界的測試。即便如此，目前仍認為，供給面的改革是有效經濟政策的關鍵要素。

sustainable growth │ 永續成長

環保人士經常使用永續成長一詞，指經濟成長可以長久持續下去，不會讓不可再生的資源耗盡或任污染嚴重到無法忍受。主流經濟學家也使用這個詞，指經濟體可以永遠持續下去而不會導致通貨膨脹上漲的成長率。

swap │ 交換

參見「derivative │ 衍生性商品」。

systematic risk ｜系統性風險

這種風險無法分散，也稱為「市場風險」。系統性風險決定分散得宜的資產的報酬。

systemic risk ｜體系風險

這種風險造成的損害會傷及整個金融體系。主管銀行的監理機構一直很擔心，單一銀行倒閉會拖垮整個金融體系，因此，當某家銀行面臨財務危機時，各監理機構通常會籌組援救行動。然而，期待能獲得這類援助，可能會引發**道德危險**，鼓勵銀行從事提高體系風險的行為。

監理機構的另一項顧慮，是各銀行使用的**風險管理**方法雷同，可能引發群眾行為，提高體系風險。如果某個市場出現問題，可能導致銀行結清其他市場的部位，當每個人都同時想要緊急撤退時，就會引發惡性循環，使得金融體系失去**流動性**。

2008 年，美國的金融監理單位面對至少是 1930 年代以來最嚴重的體系危機，前一年開始的**信用緊縮**，迫使一流的金融機構瀕臨破產。監理機構出手干預，首先阻止投資銀行貝爾斯登（Bear Stearns）倒閉，之後又援救兩家由政府支持的企業——房利美與房地美。然而，當年夏天，他們決定讓另一家大型投資銀行雷曼兄弟申請破產，顯然是因為他們判定這家銀行的倒閉不會招致體系風險。幾天之內，情勢就證明他們大錯特錯，促成大規模的全球金融體系紓困行動，成本比當初若阻止雷曼兄弟倒閉高了數倍。

美國於 2010 年引進〈**多德—法蘭克法**〉，關鍵部分是要找出具備系統性重要度、被視為「**太大而不能倒**」的金融機構，以更嚴謹的法規加以規範。

T

talent ｜人才

參見「human capital｜人力資本」。

tangible asset ｜有形資產

觸摸得到的資產，如建築、機器、黃金、藝術作品等；反之則為「**無形資產**」。

tariff ｜關稅

這個詞通常指一國政府針對在海外生產、出口到本國的產品課徵的稅款。許多國家都已調降關稅，這是讓世界邁進自由貿易進程的一環。

tax arbitrage ｜租稅套利

指創造出某種金融工具或交易，利用稅制的漏洞或不同稅制之間的差異，讓當事人得以少付一點稅。

tax avoidance ｜避稅

在法律範圍內盡可能減輕稅金，反之為「**逃稅**」。美國的法官勒恩德‧漢德（Learned Hand）曾說過：「從事相關安排以盡量降低稅金並無任何邪惡之處⋯⋯任何人都沒有責任支付高於法律要求的稅金。」

tax base ｜稅基

這是指適用某個稅率的標的物或金額，比方說，要收所得稅，你需要對所得訂出有意義的定義。在不同的時間與國家，稅基的定義可以大不相同，在考慮租稅抵減時更是如此。因此，如果一國的稅基定義比其他國家更狹隘，稅率高的國家，租稅負擔不見得比較高。高稅率在政治上並不受歡迎，促使許多政府調降稅率，但同時擴大稅基，通常不會改變租稅負擔。

tax burden ｜租稅負擔

這是指在一段期間內支付的總稅金，在這段期間總所得中的占比，所得可以是個人、企業所得，或是**國民所得**。

tax competition ｜租稅競爭

　　這是指某些國家執行低稅賦政策，期待藉此吸引國際企業與資本。經濟學家通常偏愛競爭，不論什麼形式都好，但是，某些經濟學家說，租稅競爭通常是以鄰為壑的政策，可能會減縮另一國的**稅基**，迫使他國改變稅賦組合，或是阻礙他國按計畫徵稅。

　　支持租稅競爭的經濟學家經常引用查爾斯·提波特（Charles Tiebout, 1924-1968）1956 年的論文〈地方支出純理論〉（A Pure Theory of Local Expenditures）。論文主張，當納稅人面對不同的租稅和政府服務時，他們選擇的居住點，會是兩者組合最接近心中偏好的地方。不同國家的稅率不同，這是好事，因為納稅人就有更多的選擇，能夠滿足的機率就更高。這也是對政府施加壓力，要它們更有效率。因此，利用措施調和各國稅賦，不是好事。

　　但是，這套理論至少有一個非常需要警覺之處。提波特有一項很重要的假設，那就是納稅人的機動性很高，可以根據稅賦和福利組合，搬到任何他們喜歡的地方。但是，包括絕大多數勞工在內的納稅人都無法隨意移動。如果容許富人移居到不重新分配稅金的地方，租稅競爭的存在，會更難透過稅制，把錢從富人身上重新分配給窮人。

　　2012 年時，亞馬遜、蘋果、Google 與星巴克等國際企業在全球採行惡劣的稅賦安排，之後，**經濟合作暨發展組織**引入各項措施，以降低「有害」租稅競爭引發的負面後果。前述這些企業在英國營運規模龐大，但在該國支付的稅金卻少之又

少。它們洋洋得意地考量了各種名為租稅最小化的策略，例如所謂的「雙層愛爾蘭夾荷蘭三明治」策略。各國之間是否能夠充分合作，阻止有害的租稅競爭，還有待觀察。

tax efficient ｜ 租稅效率

從納稅人的觀點來看，這是指以最低（合法）稅金來從事一項經濟活動。

tax evasion ｜ 逃稅

這是指實際支付的稅金低於法定義務應付金額。逃稅和**避稅**不同，兩者之間或許只是一線之隔，但英國前財政部長丹尼斯・希利（Denis Healey）說：「避稅與逃稅的差別，是監獄圍牆的厚度。」

tax haven ｜ 避稅區

某些特定的國家或地區稅率極低或根本沒有稅賦，或是有很能保密的銀行，而且，這些地方通常氣候溫暖、沙灘綿延，更是吸引決心避稅，甚至逃稅的外國人。

tax incidence ｜ 租稅歸宿

這是指最終真正支付稅金的人。實際支付稅金的人，通常

不是納稅機關收稅的對象，因為租稅成本可以轉嫁，比方說，因為所得稅提高，員工要求提高薪資，這等於是把一部分的租稅負擔轉嫁給雇主的客戶或股東。

taxation ｜ 稅捐

賣春或許是最古老的行業，但收稅顯然也不惶多讓。一開始，稅捐不一定代表交錢。古代的中國有人用茶磚付稅，巴西的吉瓦納部落民族繳交的則是風乾的頭顱。古希臘與羅馬人若要成為公民，價格是要接受徵兵服役，而且必須自備武器。現代稅捐的源起，可以追溯到人們支付貴重物品給君王，以代替服役。

另一種早期的稅收來源是貿易，向往來的商旅收取過路費和關稅。這類稅收的一大好處是，基本上都由旅客負擔，居民免責。

所得稅是如今多數國家最大的政府資金來源，是相對近期的發明，可能因為年所得本身也是一個相當現代的概念。政府課稅喜歡找容易衡量的標的，這樣才容易計算納稅義務，所以，早期的稅收重點是土地與房地產、實質貨品、大宗商品和船隻，以及建築物裡有幾扇窗戶或幾座壁爐。

20 世紀，尤其到下半葉時，全世界政府的稅收在**國民所得**中的占比越來越高，主要是支付日漸昂貴的國防與打造現代福利國家。針對消費徵收的間接稅，例如增值稅，重要性越來越高，針對所得和財富徵收的直接稅則越來越不受歡迎。

不同的國家之間仍存在重大差異，其中一項是整體稅收。

舉例來說，美國的稅收為**國內生產毛額**的約三分之一，瑞典則接近一半。另外則是偏愛的收稅方式不同（直接稅或間接稅）、稅率不同，以及各種稅率適用的**稅基**定義不同。各國對於**累進稅和累退稅**的態度也不同。至於各個階層的政府如何劃分稅捐的責任，各國更是大相逕庭。

不管是哪一種稅，幾乎可以說是稅無好稅。然而，**公共財**和其他政府活動總是需要錢，因此，經濟學家通常比較重視稅捐的效率。多數經濟學家同意，最好的稅制，必須對於人們要不要從事某種生產性經濟活動的決定影響微乎其微。勞力所得若適用高稅率，可能會妨礙人們的工作意願，得到的稅收可能少於低稅率時，這也正是**拉佛曲線**講的概念。確實，**邊際**稅率對於誘因的影響可能大於整體租稅負擔。

某些經濟學家眼中最有效率的稅制是土地稅，有些人則認為是消費稅，因為這是在創造出財富之後才收稅。有些經濟學家喜歡中性稅制，不影響經濟活動的發生。有些喜歡使用者付稅，以及租稅減免，導引出他們樂見的經濟行為，例如降低汙染與鼓勵聘用人力，而非鼓勵使用資本。

有些經濟學家主張，稅制應該同時符合**水平公平**和**垂直公平**，因為這樣才叫公平，而且，也只有當人們發現沒什麼理由避稅與逃稅時，稅制才公平。然而，如果個人或企業可以轉嫁稅金，例如把稅金加到產出的價格上，那麼，最終支付稅金的人可能不同於最初被徵稅的人。舉例來說，對公司徵稅，到頭來付錢的都是其他人，比方說員工、客戶或股東（參見「tax incidence｜租稅歸宿」）。

Taylor rule ｜泰勒法則

這條著名的基本法則套用於**貨幣政策**，說明中央銀行要如何調整利率，以因應實際**國內生產毛額**和潛能值之間的落差，以及實際通貨膨脹和目標值的落差。簡單來說，這條法則建議，在通貨膨脹超過目標值或就業高於**充分就業**水準時，應該維持相對高的利率；當通貨膨脹低於目標值或就業低於充分水準時，則應該維持相對低的利率。法則最初由經濟學家約翰‧泰勒（John Taylor）在 1993 年時提出。

technical progress ｜技術進步

技術進步是帶動經濟成長的要素。經濟學家過去在分析時，經常假設會出現一定速度的技術進步，但是在新的**內生成長理論**中，他們投入更多心力，希望能準確衡量科技進步，並更加了解哪些因素導致技術變遷的速度不同。

terms of trade ｜貿易條件

指一國出口價格相對於進口價格的加權平均。

tick ｜跳動點

指金融市場中最小的價格變動單位。

time series ｜時間序列

在固定時段多次衡量一個變數，比方說每天、每月、每季等等，經濟學家通常使用時間序列來找尋趨勢，希望能利用時間序列，預測出變數的未來動向。

time value of money ｜金錢的時間價值

這個概念是說，今天的 1 元比未來的 1 元更有價值，因為今天的 1 元能賺取利息，未來收到錢時就不只 1 元。

Tobin, James（1918-2002）｜托賓／詹姆士・托賓

他是獲得諾貝爾的經濟學家，他提出理論，主張只要股票價值超過資產重置成本，企業就應持續投資。企業市值對企業資產重置成本淨值的比率，稱為「托賓 Q 值」，如果 Q 值大於 1，企業擴張就有好處，因為從股票價格來看，企業能從資產賺到的預期利潤超過資產成本。如果 Q 值小於 1，企業出售資產會比較好，因為這會高於股東目前預期能從資產中創造的獲利。

托賓也發明了「托賓稅」，這是一項到目前尚未落實的提議：針對外匯交易課徵小額稅款，以減少投機性的跨境資本流動。

too big to fail ｜太大而不能倒

這個詞出現在 2008 年崩盤時，用來描述如果允許規模極大的金融企業倒閉，將會嚴重傷及整個金融體系。諷刺的是，雷曼兄弟被判定不到這個地步，因此任其倒閉，重創了全球金融體系與經濟。2010 年，美國的〈多德—法蘭克法〉納入各項措施，要找出具備系統性重要度、被視為「太大而不能倒」的金融機構，以更嚴謹的法規加以監督，再也不需要政府紓困。

total return ｜總報酬

這是指投資一項資產所獲得的各種利益總和，包括支付給投資人的收益，以及資產市值的任何變動。總報酬通常以投資金額的百分比表示。

trade ｜貿易

參見「free trade ｜自由貿易」。

trade area ｜貿易區

在全球化經濟體中，各國和最鄰近國家的貿易量越來越大，可能是很讓人意外的事。解釋之一是地緣關係，隨著各國降低關稅壁壘，交通成本占比相對高，使得距離近這一點更加

重要。**新貿易理論**指出，**規模經濟**也有利於鄰近國貿易。但是解釋鄰近國貿易快速成長的另一個理由就沒這麼好了：地區性貿易協定激增，可能導致鄰近國家多和彼此貿易，但其實和較遠方國家貿易可能更有效率。

二次大戰後，**關稅暨貿易總協定**或**世界貿易組織**收到超過三百件地區性貿易協定通知，多數目前仍有效。其中大約有一半是自 1990 年就有的，最知名的為歐盟、**北美自由貿易協定**、南美洲的南方共同市場（Mercosur），另外還有幾十種。

經濟學家一般不熱中地區主義，原因有二。其一，他們擔心優惠性關稅會導致貿易以無效率的方式流動，也就是所謂的「貿易轉移」。在理想世界裡，貿易型態是由**比較利益**決定。比較利益是國內自行生產，相對於向不同國家購買的成本。如果美國僅因為墨西哥產品零關稅而進口墨西哥電視，但其實馬來西亞在製造電視方面的比較利益更高，就會損失重要的貿易利益。

第二層擔憂是，地區主義有礙全球推動貿易自由化的努力。紐約哥倫比亞大學的經濟學家賈格迪什‧巴格沃蒂（Jagdish Bhagwati）是知名的反地區貿易人士，他曾說過一句名言，指地區性貿易區是全球貿易自由化的「絆腳石」而非「基石」。

關於地區性貿易協定是好是壞，理論上並無明確的答案，實證發現也引發熱烈爭論。但是一般而言，對其他地區抱持開放態度的地區性貿易群體，總是比封閉性的好。

trade cycle ｜ 貿易循環

參見「business cycle ｜ 景氣循環」。

trade deficit/surplus ｜ 貿易赤字／盈餘

進口高於出口，就出現貿易赤字；出口高於進口，則出現貿易盈餘。

trade union ｜ 產業工會

參見「union ｜ 工會」。

trade-weighted exchange rate ｜ 貿易加權匯率

指一國與貿易夥伴國之間的匯率，是根據該國對不同貨幣的貿易量比重加權計算。

tragedy of the commons ｜ 共有的悲劇

19 世紀業餘數學家威廉‧佛斯特‧羅伊德（William Forster Lloyd）模擬分析一塊共有牧地的命運，擁有這塊地的是一群理性、追求最大效用的牧人。他指出，隨著牲口增加，牧地無可避免會遭到破壞。這種悲劇是所有共有資源的命運，因為財產權並不歸於任何特定個人、企業或群體，因此沒有人

去思考，這麼大的用量會毀了這塊地。

　　一旦資源的用量接近可承受的容量時，任何額外的支用都會降低對現有用戶的價值，因此，這些人會再增加用量，以便維持原來的資源價值，導致價值進一步下滑，如此循環下去，直到沒有價值為止。現代的範例包括過度捕撈與空氣汙染（參見「PUBLIC GOODS｜公共財」和「externality｜外部性」）。

transaction cost ｜ 交易成本

　　這是指除了易手的價格之外，在買賣過程中發生的其他成本。如果可以降低這些成本，價格機制的運作會更有效率。

transfer pricing ｜ 移轉定價

　　為了計算稅賦責任，在跨國企業銷售給同公司的（海外）單位時，必須對其中一個事業單位課稅。企業砸下大筆顧問費，把移轉價格定在可以盡量降低全公司總稅金的水準。比方說，在高稅率國家的單位銷售給低稅率國家的子公司時，若收取較低的移轉價格，公司便可以在前一個國家認列較低利潤，在第二個國家認列較高利潤。然而，理論上，企業應該根據公平獨立交易原則訂定移轉價格，不管買方是否為賣方的關係企業，定價應該都相同。但是，倘若沒有真正獨立的市場可以比較移轉價格，公平獨立交易原則就會引發爭論，並給了想要降低稅金的企業一個順利暗度陳倉的機會。

transfer │ 移轉

移轉支付，是指付了錢、但沒有得到任何產品或服務作為回報。很多公共支出都是以移轉的方式進行，例如年金和福利。民間的移轉包括慈善捐款，以及樂透彩金。

transition economy │ 轉型經濟體

指眾多以不同程度的熱情擁抱**資本主義**的前共產主義經濟體。

transmission mechanism │ 傳遞機制

這是指**貨幣供給**的變動影響經濟體總需求的過程。

transparency │ 透明度

這個詞很流行，就經濟活動來說，這是指揭露的資訊越多越越好。許多監理機關、私人貸放機構、政治人物和經濟學家認為，倘若亞洲各國政府、銀行與其他企業能夠針對自身的財務狀況，提供更多、更好的資訊，1990 年代末期的亞洲金融危機可能不會這麼嚴重，甚至根本不會發生。同樣的，美國能源公司恩隆於 2001 年倒閉，引發社會要求要提高透明度，強化美國和其他工業化國家企業的公司**治理**。某些經濟學家認為，透明度是最高效的規範方式之一。與其面對可能陷入**規範**

俘虜的風險，何不盡量擴大揭露範圍，由市場決定要不要接受當事人揭露的資訊？

Treasury bill ｜ 國庫券

國庫券是短期的政府負債，通常三個月到期，用來因應政府的短期現金需求波動。多數政府借貸會以發行長期債券的方式進行。

trough ｜ 波谷

從經濟衰退到復甦之間的轉折點。

trust ｜ 信任

這是最珍貴的經濟資產之一，很難建立，但很容易摧毀。信任是**社會資本**的重要成分，當人們信任彼此時，比較可能會有生意往來。信任可以降低因資訊不對稱而引起的**市場失靈**。缺乏信任時，人們必須花大筆成本來監督他人的行為，以確保對方說到做到，這項成本很高，有時高到根本不值得做這筆生意。少了信任，人們和彼此交易時的彈性可能就沒這麼高。國家可以立法要求人民展現好的行為，藉此克服某些缺乏信任引發的問題，但只有在人們相信政府會確實執法時才有效。企業展現自己值得信任的方法之一，是大舉投入經營品牌。

U

uncertainty ｜不確定性

參見「information｜資訊」。

underground economy ｜地下經濟

參見「black economy｜黑暗經濟」。

unemployment ｜失業

這是指處於工作年齡卻沒有工作的人數，通常以失業率表示，也就是失業人口占總勞動力的比例。這個數值通常會隨著景氣循環的起落而漲跌，這稱為「循環性失業」。但某些失業並非起於循環，這稱為「**結構性失業**」。失業也可分成自願性失業和非自願性失業。有些人不工作，是因為不想工作，可能

不應該把這些人視為勞動力的一部分。也些有人會在尋找新職或等待就任新職時，選擇暫時不工作，這稱為「摩擦性失業」。

1950 年代，**菲力普曲線**指出，決策者可以選擇承受更高的通貨膨脹，以換取低失業。如今經濟學家說，有一種失業叫「**無加速通貨膨脹失業率**」。在多數市場裡，價格會變動，好讓供給和需求維持均衡；但是在勞動市場裡，薪資通常有僵固性，當需求下滑或供給提高時，薪資只會緩慢下降，在這些時候，失業通常會上升。其中一種因應之道，可能是刺激需求，另一種是增進**勞動市場彈性化**。

unemployment trap ｜失業陷阱

失業的人若能請領福利津貼（可能來自政府或私人慈善機構），或許會阻礙他們找新工作，因為如果他們找到了新工作，津貼可能會減少或完全沒有，讓他們的處境更差。失業陷阱也稱為貧窮陷阱，某種程度上，要解決這個問題，可以在失業者返回工作崗位後持續支付津貼一陣子（參見「welfare to work ｜以工代賑」）。

union ｜工會

過去幾十年來，產業工會的成員減少，影響力也已經下滑，至少在已開發國家是這樣。現在很少透過集體協商訂定薪資，因為罷工而損失的工作天也減少了。工會，實質上是勞工的**卡特爾**，可能導致失業率高於沒有工會時。因為集體協商通

常會推高薪資水準，高於勞工的供給和需求達成**均衡**的水準。高薪資會拉高供給，降低需求，結果是讓更多人失業。工會因此讓勞動市場的內部人士（指工會成員）與外部人員（指不屬於工會、薪資很低或失業的人）衝突加深。然而，工會可以對抗某些企業過度的**市場力量**，尤其是當一家企業（或政府）獨霸市場時，工會可以支持受到管理階層不當對待的勞工，並推動更安全的職場。工會也能在勞工與管理階層之間提供高效率的寶貴溝通管道，在德國等國家尤其如此。在德國，管理階層如果和工會有所衝突，通常被視為是企業不健全的表徵。

usury ｜ 高利貸

有人認為，只要有收取利息都算高利貸，也有人認為，以過高的利率計價才算。柏拉圖和亞里斯多德就認為收利息違反自然，加圖（Cato）認為收利息等於謀殺。幾百年來，天主教會認為債權人收利息有罪，天主教國家不容許收利息，但猶太人可豁免，前提是不得收取過高的利息。教宗本篤十四世在1745 年時說，利息是一種罪，因為「債權人想要得到的，超過他給予的。」多數現代經濟體認為利息是經濟體系中很重要的一部分，是獎勵債權人承擔風險拿錢出來放款。即便如此，很多國家還是有某種形式的反高利貸法律，限制可收取利息的上限，保護債務人免受高利貸剝削。

utility │ 效用

這是經濟學家的說法，是一種衡量滿足的指標，是好東西。多數經濟學理論的基底就是假設，人之所以做某些事，是因為這些事會帶來效用，人想要得到最高效用。但是，當得到的效用越多，多得一單位效用，就讓人越無感，這就是**邊際**效用遞減。效用和功利主義不同，功利主義是一種政治原理，以讓最多人達到最大幸福為基礎。

有一個很麻煩的問題是，如何衡量效用？錢無法（完全）反映效用，越富有不見得越滿足。有些經濟學家試著計算更廣義的幸福指標，他們發現，有工作的人比失業的人幸福，低通貨膨脹也會讓人更快樂，額外的所得能稍微提升幸福，但幅度不大。許多國家近年來所得大幅成長，但針對國家做的調查顯示，這些國家的主觀福祉持平。在各國國內，以所得分配為基準，比較不同群組，發現富人比較快樂，但效果不大。已婚人士通常比單身幸福，沒有小孩的夫婦比有小孩的幸福，男人比女人幸福，白人比黑人幸福，接受良好教育的人比沒受教育的人幸福，自雇比受雇幸福，退休的人比從事經濟性活動的人幸福。幸福在三十多歲前大致是下降的，之後會再度提高。

某些經濟學家駁斥上述這些研究，他們主張，人都是追求自身效用最大化的理性行為人，因此，就定義而言，不管他們做什麼，都是在追求最大效用。

value added ｜加值

這個詞通常都用在企業，定義是企業的產出價值，減去所有向其他企業買進投入要素的價值。這個指標指出企業賺了多少利潤，但還沒有扣除支付給員工的薪資。基本上，企業為產品創造的附加價值越高，就越成功。在很多國家，主要的間接稅形式是增值稅，針對每一個生產階段的加值課稅，然而，最終還是由成本的消費者支付稅金。

另一種加值，是指公司經濟價值的整體變化，考量了股份、資產、負債，以及其他義務的綜合價值。企業主管的部分薪資，會和他們管理的企業增加了多少經濟附加價值有關。

value at risk ｜風險值

風險值模型是銀行與其他金融機構廣泛用來進行風險管理

的工具，模型使用複雜的演算法，算出一家機構單日交易可能發生的最大損失。這些模型在正常市況下看來很有用，但在金融危機期間就不是這樣了，然而，危機期間，正是最需要知道到底有多少價值面臨風險的時候。

variable cost ｜ 變動成本

這是企業生產成本中的一部分，會因為產出量的多寡而變動；反之則為「固定成本」。變動成本包括某些原物料的買入價，以及員工的加班費。長期來說，多數成本都會變動。

velocity of circulation ｜ 流通速率

這是指錢在經濟體流動的速度，以白話來說，就是錢轉了幾手的意思。技術上來說，流通速率是用**國民生產毛額**，除以**貨幣供給**，至於貨幣供給的定義是什麼，可能每個人都不一樣。流通速率是**貨幣數量理論**裡的重要元素。

venture capital ｜ 創投

這是協助新公司成長的**私募股權**，是創業者重要的融資替代來源，不然的話，他們只能仰賴銀行的貸款，但銀行的經理人很可能是**風險趨避**者。美國的創投業規模全球最大，某些經濟學家認為，這正是創新的新公司在美國能夠成功的理由。一般的說法是，只要有很棒的構想，再加上一處可以工作的車

庫和一家創投，任何人都可以打造微軟。2000 年時網路泡沫破滅，讓美國的創投業陷入嚴重衰退，破壞了它為可獲利的創新融資的美名。之後，創投業復甦了一大部分，主要是因為供應資金扶植出多家價值幾十億美元的企業，例如 Facebook 和 Uber。

vertical equity ｜垂直公平

建立垂直公平是維持稅捐公平的方法之一。垂直公平的原則是，更有能力支付稅金的人，繳交給政府的稅金應該高於比較沒有能力的人（參見「equity ｜公平」和「horizontal equity ｜水平公平」）。

vertical integration ｜垂直整合

和處於生產流程中不同階段的企業合併，比方說，汽車廠和汽車經紀商或零件商合併。垂直整合和**水平整合**大不相同，進行垂直整合時，只有當其中一家公司享有部分壟斷力量，而且透過整合能將壟斷力量伸入新市場時，才會引發**反托拉斯**的疑慮。

visible trade ｜有形貿易

實體的出口與進口，例如煤炭、電腦晶片和汽車，也稱為「商品貿易」；反之則為「**無形貿易**」。

volatility ｜ 波動性

這是金融市場最廣為接受的風險指標，指證券價格的漲跌幅度。價格波動性越大，證券風險越高。由於沒有其他明顯的替代品，經濟學家通常用過去的波動性來預測證券未來的風險。但是，正如大家常說的，「過去績效不代表未來績效之保證。」

voluntary unemployment ｜ 自願性失業

這是指人們自願選擇不工作造成的失業，就算有職缺他們也不做。即便達成**充分就業**的條件，自願性失業仍然會存在，當中包括人們換工作而引起的**摩擦性失業**、找工作時暫時沒有工作，以及根本不想就業的人。

wage drift ｜ 薪資上浮

指基本薪資和總所得之間的差額。薪資上浮包括加班費、獎金、利潤分紅和績效獎酬，這些項目通常在成長強勁時提高，經濟走緩時下滑。

wage ｜ 薪資

這是勞動的價格。理論上，薪資變動，才能讓勞動市場的供給和需求達成均衡；但實務上，薪資通常有僵固性，尤其難以下滑：當勞動需求下跌時，薪資通常不會跟著跌。在這種時候，需求下滑會提高非自願性失業。產業工會可能會用集體協商的方式，讓薪資高於市場結清水準；此外，許多政府也會制訂雇主必須支付的最低薪資。

企業也可選擇支付高於均衡水準的薪資，以增進勞工的生

產力，這稱為「效率薪資」，可以降低員工跳槽到其他企業的機率，節省雇主的聘用與訓練成本。效率薪資或許可以鼓舞員工表現得更好，也比市場結清薪資更能吸引到優質的勞工。品質高的勞工要求的保留薪資也高於市場結清水準，保留薪資是指他們願意接受一份工作的最低薪資。

近年來，雇主試著減緩薪資的僵固性，提高薪資中和企業績效相連動的比例。當市場需求下滑時，導致雇主的利潤減少，員工的薪資也會自動減少，雇主就不需要像過去一樣解雇這麼多員工。和績效相關的薪資也可以降低**代理成本**，因為這讓員工有更強烈的誘因把工作做好。

wealth effect ｜財富效果

當人們更富有，就會消費更多。這種財富效果會大大影響**貨幣政策**。如果調升利率，在折現股票等資產的未來收益時，必須使用比之前更高的利率，所有權人會因此覺得變**窮**了，並減少花費。調降利率效果則相反。經濟學家對於消費的財富彈性多高莫衷一是，消費的財富彈性是指，當財富增加 1% 時，消費會增加的幅度。不同的消費者可能會有不同的財富彈性。如果大部分的財富增加是進到窮人的口袋，造成的財富效果可能不同於多數財富增加落入本來就已經很富有的人手中。財富增加的原因也很重要，當股價上漲或利率下滑，如果消費者認為這只是暫時的，他們可能會慢慢花掉增加的財富。但如果他們認為股價會一直上漲，但之後股市卻下跌，可能導致消費大減，嚴重到足以引發衰退。房價會引發正面或負面的財富效

果，特別難以確定。

wealth tax ｜財富稅

在多數國家，大多數的財富都集中在非常少數人之手，也因此，財富稅對政治人物來說特別有吸引力，因為可以從相對少數人身上收到大量的稅收，減輕大部分人民的租稅負擔。財富稅的吸引力，也來自於可以減少含著金湯匙出生的情況，有助於推動菁英主義。財富稅拉近財富的差距，而非所得的差距，而財富差距是決定後代位階層級的最重要因素。財富稅可以讓政府收到很多錢，又能以公平之名打動多數選民，還有比這更好的稅制嗎？

一如批評者所說，財富稅有礙創造財富的經濟活動，可能導致效率低落。此外，財富稅的稅收可能也讓人失望，因為最富有的人通常也最精通避稅，尤其是，他們有錢聘用最出色的稅務會計師。即便大量財富集中在少數人手上，但平均而言，整個**經濟合作暨發展組織**的財富稅收，在總稅收中的占比不到2％。

財富稅可以用所得稅辦不到的方式達成**水平公平**和**垂直公平**，讓能力相似的人支付相同的稅金，有能力的人則多付一點。比方說，不管是**窮人**還是富人，沒有所得就不用支付所得稅，但只有富人必須繳納財富稅。

財富稅有兩種主要形式。在財富易手時課徵資本移轉稅，可能是在所有權人死亡（遺產稅）或贈與（贈與稅）時徵收。年度財富稅則是每年課徵，稅額為納稅人財富淨額的一定比

例。有人認為**資本利得**稅是一種財富稅，但實際上這是針對資本賺得的收益課稅，而不是針對資本本身課徵的財富稅。

weightless economy ｜無重經濟

20 世紀初，美國經濟總產出的重量大約等於百年前，但以**實質條件**計算的產出總價值則高了二十倍。產出越來越輕，代表出自**智慧資本**的成果多於實體原物料。生產已經從鋼鐵、笨重銅線和真空管，轉向微處理器、光纖電纜和電晶體。服務在**國內生產毛額**中的占比也提高了。多數經濟學家同意，這種無重，或者稱為「去物質化」的經濟，不只重量更輕，效率也更高了。

welfare ｜福利

美國人以福利一詞指稱政府給窮人的援助，經濟學家則用福利指稱個人或社會的整體福祉，比方說：「減稅是否能提高福利？」經濟學家說的這句話，翻成白話文的意思是：「減稅是否能增進國家的整體福祉？」

welfare economics ｜福利經濟學

這是一門有愛心的經濟學，研究不同形式的經濟活動和配置稀有資源的不同方式，如何影響不同個人或國家的福祉。福利經濟學重視效率的問題，同樣也聚焦在公平上。

welfare to work │ 以工代賑

這是很積極的勞動市場政策，政府提供附帶條件的福利，以激勵領取福利津貼的人盡快重返職場。

windfall gain │ 橫財

指意外的收入，比方說中了樂透彩。人們比較可能把橫財存起來還是花掉，長久以來讓經濟學家爭論不休。根據多數經濟學家支持的**長期所得假說**，人會把大部分的橫財存起來，但現實生活與理論相衝突，問樂透得主就知道了。

windfall profit │ 暴利

這是一個很有爭議的概念，政治人物經常以此為由，徵收企業理論上意外賺得的利潤。當企業賺得的利潤超出掌控，會被視為不應得的利潤，應該讓稅務機關分一杯羹。由於這種利潤不在預期之內，亦非企業努力的成果，課稅應該不會損害公司未來追求最大利潤的動機。但是，當貪婪的政治人物宣稱的暴利，實際上是應得且預料之中的利潤時，問題就出現了。對這種利潤課稅，就是釋放出信號給企業，叫他們不應該太努力賺錢，因為就算他們非常出色，也不能把利潤留下來。如果大家都這麼認定，可能就不會努力，經濟成長的速度也會減慢。

winner-takes-all market | 贏者全拿的市場

讓輸家無立錐之地的市場。在某些工作市場裡，個人薪資不是根據絕對績效，而是相對績效。窗戶清潔工的所得用清了幾扇窗來算，但投資銀行家的薪資看的可能是他們的績效排行。稍有本領的窗戶清潔工確實能讓客戶的窗戶更明淨，但是在銷售債券的市場裡，失之毫釐，可能就差之千里，因此，最頂尖的投資銀行家賺得的薪酬高到不成比例，排不上頂尖的薪水就很低。身處這些專業的人，通常願意用很低的薪水入行，希望有機會爭取最頂尖的工作，以及隨之而來的大獎。

這類的經濟學原則在名人主導的行業裡早已運作多年，比方說娛樂業和體育界，但這樣的薪酬架構正擴及更多職業，包括新聞、法律、醫學和企業管理。全球化擴大了需要技能的市場，讓富有的人有機會更富有。

在正常的市場裡，名人的豐厚收入會引來競爭，招來更多應徵者，把薪資壓低到沒這麼讓人咋舌的水準。但是在贏者全拿的市場裡，不會有這種事。投資銀行只想要最好的分析師與交易員，次佳的不要，它們也付得起。有些經濟學家相信，由於自由化的市場越來越多，多數行業的不平等現象會持續擴大，出現贏者全拿的社會。

winner's curse | 贏家的詛咒

這是拍賣常見的特色，最後得標者的出價高於拍賣標的真實的價值。

withholding tax ｜預扣稅

從源頭就先收取稅金，在納稅人尚未拿到要被課稅的所得或資本之前便先被課稅。換言之，這種稅賦先從納稅人手上拿走部分的所得或資本，他們就無法輕易逃避納稅。利息和股利經常被課徵預扣稅。

World Bank ｜世界銀行

這是 1944 年在**布列敦森林**連同**國際貨幣基金**一同創設的機構，1946 年開始運作。世界銀行有三大分支機構：國際復興開發銀行（IBRD）、國際開發協會（IDA）和國際金融公司（IFC）。總而言之，世界銀行的目標是透過顧問諮商與長期貸款，促進窮國的經濟發展，一年平均貸放 300 億美元，遍及全球一百個國家。

批評世界銀行的人表示，這個機構通常使開發中國家的問題更加惡化。世界銀行的建議通常以經濟風潮為準，因此，在 1960 年代與 1970 年代之間，支持以集中規畫為號召的**發展經濟學**，到了 1980 年代轉向民營化和**結構面調整**，然後是推動民主與經濟透明度，1990 年代末期又轉向攻擊**裙帶資本**主義。一直到最近，世界銀行基本上支持高調的大型專案，而不是經濟上更有益處的小型方案，也無法確保貸款會用在規畫的專案上。而且，由於世界銀行願意把錢投入奮力掙扎的國家，反而招致潛在的**道德危險**，很多國家的政治人物因此缺乏動機妥善管理，因為他們相信，如果做不好，世界銀行會出手相救。民

間在新興市場的借貸與投資增加，也讓越來越多人討論是否還需要世界銀行。

World Trade Organisation (WTO) ｜世界貿易組織

這是反全球化抗爭人士的眼中釘。世界貿易組織是管理世界貿易的機構，制定並執行貿易規則，同時懲罰破壞規矩的人，創建於**關稅暨貿易總協定**的烏拉圭回合（Uruguay Round）談判期間，1995年開始運作，當時會員國有一百三十二國（到了2009年為一百五十三國，占全球貿易的95%。各國過去違反關稅暨貿易總協定的規定也不會受罰，但是他們發現，在世貿組織的架構下不太能這麼做。即便如此，抗議人士仍然抱怨這個組織並未推動**公平貿易**，反而是促成富裕國家從窮國獲得利益。包括《經濟學人》雜誌在內的自由貿易支持者認為，成為規範得宜的國際貿易體系成員，所有國家都能受惠。世界貿易組織可能是提供必要規範最合適的機構，世界貿易組織是一個非常民主的多邊組織，每一個會員國，無論規模大小，都有相同的投票權。即便如此，2001年開始的多哈回合（Doha Round）無法達成重要的新多邊貿易條件，也引發世界貿易組織能繼續存在多久的疑問。

x-efficiency ｜ X 效率

　　這是指以最低的成本生產產出，但並不一定達成最高的經濟效率，因為後者是要在社會中創造最大的**消費者剩餘**和**生產者剩餘**，而 X 效率的產出量可能不是最理想的。比方說，一家**壟斷**廠商可能是具備 X 效率的生產者，但企業為了追求最大利潤，生產的數量可能不同於**完全競爭**中創造最大總剩餘的產量。

I Y

yield │ 殖利率

殖利率是證券的年度收益，以占證券目前市值的百分比來表示。股票的殖利率是股利除以價格，債券的殖利率也就是利率：每年的票息除以市價。

yield curve │ 殖利率曲線

這是用來表示到期日不同的政府公債利率。如果投資者認為，買十五年期的公債，風險高於買五年期的公債，他們會要求長天期的債券要提供較高的利率，也就是殖利率。如果是這樣，殖利率曲線的斜率從左（到期日較短）到右就會是正的。殖利率曲線斜率通常是正值，因為投資人會要求補償額外的風險，才願意持有長天期的證券。從過去的經驗來看，殖利率曲線若出現下斜的情況，就是即將發生衰退的指標，或者說，至

少投資人預期中央銀行近期將調降短期利率。平坦的殖利率曲線代表投資人對於到期風險沒有特別偏好，但是這很少見。當殖利率曲線整體提高時，意味著投資人擔心通貨膨脹在可預見的未來將上漲，因此要求更高的利率；當曲線整體下滑，代表投資人較樂觀看待通膨前景。

就算殖利率曲線的方向（往上或往下）不變，檢視不同到期日，以及相同到期日、但種類不同的債券（例如政府公債或公司債、交易量小的債券或**流動性**高的債券）殖利率，也可以得出有用資訊。

yield gap ｜ 殖利率差

這是比較債券和股票績效表現的方法，定義為股票的平均殖利率，減去債券的平均值利率。因為股票通常是比債券風險更高的投資，投資人會期待股票的殖利率高一點。但實務上，殖利率差通常是負值，也就是債券的殖利率高於股票，並不是因為投資人認為股票比債券安全，反之，因為投資人預期買股票的多數利益來自價格上漲，亦即資本增值，而不是來自股利；但債券投資人通常預期多數收益來自票息，並擔心通貨膨脹會侵蝕以**實質條件**計算的未來票息價值，因此比較看重目前支付的款項，而不是幾年後才能拿到的錢。此外，以股利殖利率作為股票績效指標，效力自 1990 年代初以來已經慢慢下降，因為越來越多企業選擇買回股份，退還現金給股東，而不是發放高額股利。

Z

zero-sum game ｜零和遊戲

　　指一樁經濟交易中贏家的利得等於輸家的損失。這是**賽局理論**中的一種特殊情形。多數經濟交易某種程度上都是「正和遊戲」（positive-sum game），但是一般在討論經濟學議題時，經常有人誤用了零和的精神，例如「利潤是因為剝削薪資而來」、「生產力提高，代表職缺減少」或「進口增加，代表國內的工作會減少」。

INDEX
中文索引

法規鬆綁 deregulation
非價格競爭 non-price competition
非政府組織 NGO
非營利組織 non-profit
菲力普曲線 Phillips curve
繁榮與蕭條 boom and bust
反托拉斯 antitrust
反向選擇 adverse selection
反應過度 overshooting
分工 division of labour
分散 diversification
房價 house price
封閉型經濟 closed economy
風險 risk
風險管理 risk management
風險趨避 risk-averse
風險值 value at risk
風險中性 risk-neutral
風險溢價 risk premium
服務 service
福利 welfare
福利經濟學 welfare economics
附買回協定 repo
負債／債務／債券 debt
負債比 gearing
負債免償 debt forgiveness
負債權益比 debt/equity ratio
負所得稅 negative income tax
傅利曼／米爾頓‧傅利曼 Friedman, Milton
複利 compound interest

ㄅ

搭便車 free riding
大麥克指數 Big Mac index
大緩和 Great Moderation
大數據 big data
大衰退 Great Recession
大宗商品 commodity
代理成本 agency cost
盜竊政體 kleptocracy
道德危險 moral hazard
單利 simple interest
抵押品 collateral
抵押債務憑證 collateralised debt obligation (CDO)
地區性政策 regional policy
地下經濟 underground economy
地位財 positional goods
釘住貨幣制 currency peg
定序 sequencing
多德—法蘭克法 Dodd-Frank Act
對內投資 inward investment
對外投資 outward investment
短視主義 short-termism
動物本能 animal spirit

ㄊ

特別提款權 SDR
太大而不能倒 too big to fail
泰勒法則 Taylor rule
逃稅 tax evasion
套利 arbitrage

套利定價理論 arbitrage pricing theory
投機 speculation
投機性動機 speculative motive
投資 investment
透明度 transparency
貪腐 corruption
彈性 elasticity
體系風險 systemic risk
替代品 substitute goods
替代效果 substitution effect
條件性 conditionality
跳動點 tick
停滯 stagnation
停滯性通貨膨脹 stagflation
土地 land
土地稅 land tax
托賓／詹姆士・托賓 Tobin, James
推力 nudge
通貨膨脹 inflation
通貨膨脹目標 inflation target
通貨緊縮 deflation
通貨再膨脹 reflation
統計顯著性 statistical significance
統制經濟 command economy
痛苦指數 misery index

ㄋ

納許均衡 Nash equilibrium
內線交易 insider trading
內生 endogenous
逆價差 backwardation
牛／看多 bull

年金 pension
諾貝爾經濟學獎 Nobel Prize in Eco-
　nomics
農業 agriculture
農業政策 agricultural policy

ㄌ

拉佛曲線 Laffer curve
累退稅 regressive tax
累進稅 progressive taxation
勞動／勞力／勞工 labour
勞動合成謬誤 lump of labour fallacy
勞動價值理論 labour theory of value
勞動市場彈性化 labour-market flexibi-
　lity
勞力密集 labour-intensive
李嘉圖／大衛・李嘉圖 Ricardo, David
李嘉圖等價定理 Ricardian equivalence
理性 rationality
理性預期 rational expectation
利他主義 altruism
利害關係人 stakeholder
利息 interest
利率 interest rate
利潤 profit
劣等財 inferior goods
流動性 liquidity
流動性偏好 liquidity preference
流動性陷阱 liquidity trap
流動性溢價 liquidity premium
流通 flotation
流通速率 velocity of circulation

聯邦準備體系／聯準會 Federal Reserve System（Fed）

聯合供給 joint supply

良心消費主義 ethical consumerism

量化寬鬆 quantitative easing（QE）

零工經濟 gig economy

零和遊戲 zero-sum game

領先指標 leading indicator

路徑依賴 path dependence

落後指標 lagging indicator

倫敦銀行同業拆款利率 LIBOR

壟斷 monopoly

壟斷性競爭 monopolistic competition

掠奪性放款 predatory lending

掠奪性定價 predatory pricing

《《

格雷欣法則 Gresham's law

個體經濟學 microeconomics

高利貸 usury

勾結 collusion

購買力平價 purchasing power parity（PPP）

干預 intervention

槓桿 leverage

槓桿收購 leveraged buy-out（LBO）

古典經濟學 classical economics

古典二分法 classical dichotomy

股票／股份 share

股票／股份／存量 stock

股票風險溢價 equity risk premium

股東價值 shareholder value

股利 dividend

股權 equity

固定成本 fixed cost

寡占 oligopoly

國民生產毛額 gross national product（GNP）

國民所得 national income

國民所得毛額 GNI

國內生產毛額 gross domestic product（GDP）

國庫券 Treasury bill

國際貿易 international trade

國際勞工組織 International Labour Organisation（ILO）

國際貨幣基金 International Monetary Fund（IMF）

國際收支平衡 balance of payment

國際援助 international aid

國債 national debt

國有化 nationalisation

過熱 overheating

規模不經濟 diseconomies of scale

規範 regulation

規範風險 regulatory risk

規範俘虜 regulatory capture

規範套利 regulatory arbitrage

規範經濟學 normative economics

規範失靈 regulatory failure

櫃檯買賣 over the counter

關稅 tariff

關稅暨貿易總協定 General Agreement on Tariffs and Trade（GATT）

廣泛性成長 extensive growth

ㄐ

基點 basis point
基礎建設 infrastructure
機動性 mobility
機構投資人 institutional investor
機會成本 opportunity cost
機率 probability
吉尼係數 Gini coefficient
集中 concentration
技術進步 technical progress
季節調整 seasonally adjusted
紀芬財 Giffen goods
計量經濟學 econometrics
加值 value added
價格 price
價格彈性 price elasticity
價格管制 price regulation
價格機制 price mechanism
價格僵固 sticky price
價差／利差 spread
結構面調整 structural adjustment
結構性失業 structural unemployment
節儉的矛盾 paradox of thrift
交換 swap
交易成本 transaction cost
尖峰定價 peak pricing
間接稅 indirect taxation
建設國家 nation building
金本位 gold standard
金邊券 gilt
金錢的時間價值 time value of money
金磚四國 BRIC

金融普惠 financial inclusion
金融體系 financial system
金融工具 financial instrument
金融中介 financial intermediary
金融中心 financial centre
金融市場 financial market
金融素養 financial literacy
金字塔底層 bottom of the pyramid
進口 imports
進入（或退出）障礙 barrier to entry (or exit)
經濟規模 economies of scale
經濟合作暨發展組織 OECD
經濟學 economics
經濟指標 economic indicator
經濟制裁 economic sanction
經濟人 economic man
經濟人 *Homo economicus*
經濟租 economic rent
經濟與貨幣聯盟 economic and monetary union
經常帳 current account
景氣循環 business cycle
淨現值 net present value (NPV)
境外 offshore
競爭 competition
競爭力 competitiveness
競爭優勢 competitive advantage
競租 rent-seeking
拒絕往來紅線區 redlining
絕對利益 absolute advantage
均衡 equilibrium

尋職 job search
循環經濟 circular economy
循環性失業 cyclical unemployment
熊／看空 bear
熊彼得／喬瑟夫‧熊彼得 Schumpeter,
　Joseph

业

芝加哥學派 Chicago School
直接稅 direct taxation
殖利率 yield
殖利率曲線 yield curve
殖利率差 yield gap
指數化 indexation
指數值 index number
制度經濟學 institutional economics
治理 governance
智慧資本 intellectual capital
智慧財產 intellectual property
滯後 hysteresis
製造 manufacturing
折現現金流 discounted cash flow
折現率／貼現率 discount rate
債權人 creditor
債券 bond
債務重整 rescheduling
展望理論 prospect theory
正常財 normal goods
政府 government
政府負債 government debt
政府公債 government bond
政府支出 government expenditure

政府收入 government revenue
證券 security
證券化 securitisation
主導企業 dominant firm
主權風險 sovereign risk
主權財富基金 sovereign wealth fund
鑄幣收益 seignorage
追趕效果 catch-up effect
追求風險 risk-seeking
追求最大利潤 profit maximisation
專利 patent
專款專用 hypothecation
轉型經濟體 transition economy
準備 reserve
準備貨幣 reserve currency
準備率 reserve ratio
中期 medium term
中性 neutrality
中央銀行 central bank
中位數 median
重貨幣論 monetarism
重置成本 replacement cost
重商主義 mercantilism
眾數 mode

彳

赤字 deficit
差別取價 price discrimination
超額報酬 excess returns
產能 capacity
產出 output
產出落差 output gap

生命週期假說 life-cycle hypothesis
生產力 productivity
生產函數 production function
生產者價格 producer prices
生產者剩餘 producer surplus
生產要素 factors of production
剩餘風險 residual risk
衰退 recession
水平公平 horizontal equity
水平整合 horizontal integration
稅基 tax base
稅捐 taxation

ㄖ

熱錢 hot money
人頭稅 lump-sum tax
人類發展指數 Human Development Index
人力資本 human capital
人口替代率 replacement rate
人口統計 demographics
人才 talent
弱勢貨幣 soft currency
軟錢 soft dollar

ㄗ

資本 capital
資本密集 capital-intensive
資本利得 capital gain
資本管制 capital control
資本結構 capital structure

資本主義 capitalism
資本成本 cost of capital
資本市場 capital market
資本適足率 capital adequacy ratio
資本資產定價模型 capital asset pricing model (CAPM)
資本外流 capital flight
資訊 information
資訊不對稱 asymmetric information
資產 assets
資產抵押證券 asset-backed security
自給自足 autarky
自相殘殺 cannibalise
自然壟斷 natural monopoly
自然失業率 natural rate of unemployment
自由派經濟學 liberal economics
自由貿易 free trade
自由放任 laissez-faire
自由化 liberalisation
自願性失業 voluntary unemployment
租金 rent
租稅負擔 tax burden
租稅套利 tax arbitrage
租稅歸宿 tax incidence
租稅競爭 tax competition
租稅效率 tax efficient
作空 shorting
最低薪資 minimum wage
最惠國待遇 most-favoured nation
最終放款人 lender of last resort
最適 optimum
最適通貨區 optimal currency area

以工代賑 welfare to work
以物易物 barter
壓力測試 stress test
亞當‧斯密 Smith, Adam
要素成本 factor cost
優惠貸款 soft loan
優先權 seniority
有效匯率 effective exchange rate
有限理性 bounded rationality
有形貿易 visible trade
有形資產 tangible asset
幼稚產業 infant industry
衍生性商品 derivative
演化經濟學 evolutionary economics
銀行 bank
贏家的詛咒 winner's curse
贏者全拿的市場 winner-takes-all market
影響導向投資 impact investing
影子價格 shadow price
影子銀行 shadow banking

Ｘ

無風險報酬率 risk-free rate
無彈性 inelastic
無加速通貨膨脹失業率 NAIRU
無形貿易 invisible trade
無形資產 intangible asset
無重經濟 weightless economy
無異曲線 indifference curve
無謂成本／損失 deadweight cost/loss
外包 outsourcing

外部性 externality
外匯管制 exchange controls
外生 exogenous
威權資本主義 authoritarian capitalism
違約 default
微調 fine tuning
微型貸款 microfinance
委託人─代理人理論 principal-agent theory
完全競爭 perfect competition
穩定化 stabilisation
網絡效應 network effect

Ｕ

預防性動機 precautionary motive
預扣稅 withholding tax
預期 expectation
預期報酬 expected return
預測 forecasting
預算 budget
預算平衡 balanced budget
援助 aid
遠期合約 forward contract
永續成長 sustainable growth

經濟學 A—Z 速查指南——《經濟學人》教你當代最重要的 700 個經濟學關鍵字 / 馬修・畢夏普 Matthew Bishop 著 ; 吳書榆譯 -- 初版 . -- 台北市:時報文化,2018.05;400 面; 14.8×21 公分

譯自:ECONOMICS: AN A-Z GUIDE

ISBN 978-957-13-7402-4(平裝)

1. 經濟學　2. 術語

550.4　　　　　　　　　　　　　　　　　　　　　　　　　　　　　107006163

NEXT 247

經濟學 A—Z 速查指南——《經濟學人》教你當代最重要的 700 個經濟學關鍵字

ECONOMICS: AN A-Z GUIDE

作者 馬修・畢夏普 Matthew Bishop ｜ **譯者** 吳書榆 ｜ **主編** 陳盈華 ｜ **編輯** 劉珈盈 ｜ **美術設計** 陳文德 ｜ **排版** 吳詩婷 ｜ **執行企劃** 黃筱涵 ｜ **發行人** 趙政岷 ｜ **出版者** 時報文化出版企業股份有限公司　10803 台北市和平西路三段 240 號 4 樓 **發行專線**—(02)2306-6842 **讀者服務專線**—0800-231-705・(02)2304-7103 **讀者服務傳真**—(02)2304-6858　**郵撥**—19344724 時報文化出版公司　**信箱**—台北郵政 79-99 信箱　**時報悅讀網**—http://www.readingtimes.com.tw ｜ **法律顧問**　理律法律事務所　陳長文律師、李念祖律師 ｜ **印刷**　盈昌印刷有限公司 ｜ **初版一刷**　2018 年 05 月 18 日 ｜ **定價**　新台幣 450 元 ｜ 缺頁或破損的書,請寄回更換

時報文化出版公司成立於 1975 年,並於 1999 年股票上櫃公開發行,於 2008 年脫離中時集團,非屬旺中,以「尊重智慧與創意的文化事業」為信念。